Development Report of
Anhui Merchants in Guangdong(2017)

广东徽商发展报告

（2017）

广东省社会科学院　编著

·广州·

图书在版编目（CIP）数据

广东徽商发展报告. 2017/广东省社会科学院编著. —广州：中山大学出版社，2017. 12
ISBN 978-7-306-06218-5

Ⅰ. ①广…　Ⅱ. ①广…　Ⅲ. ①徽商—贸易经济—经济发展—广东—2017　Ⅳ. ①F727. 65

中国版本图书馆 CIP 数据核字（2017）第 264526 号

Guangdong Huishang Fazhan Baogao（2017）

出 版 人：徐　劲
策划编辑：曹丽云　李　文
责任编辑：曹丽云
封面设计：曾　斌
责任校对：王　璞
责任技编：何雅涛
出版发行：中山大学出版社
电　　话：编辑部 020-84110771，84113349，84111997，84110779
　　　　　发行部 020-84111998，84111981，84111160
地　　址：广州市新港西路 135 号
邮　　编：510275　　传　　真：020-84036565
网　　址：http：//www. zsup. com. cn　E-mail：zdcbs@ mail. sysu. edu. cn
印 刷 者：佛山市浩文彩色印刷有限公司
规　　格：787mm×1092mm　1/16　16 印张　250 千字
版次印次：2017 年 12 月第 1 版　2017 年 12 月第 1 次印刷
定　　价：68. 00 元

《广东徽商发展报告（2017）》
编辑委员会成员名单

张孟友　广东集成富达基金管理中心（有限合伙）董事长

张柏贤　广东省工程勘察院交通勘测一分院院长

张辉斌　广东屯兴融资租赁有限公司董事长

陈中信　佛山中至信家具有限公司董事长

陈远良　广东省社会科学综合研究开发中心研究员，《企业社会责任》杂志副总编辑，广东省社会责任研究会副秘书长

陈宏道　湖南北山建设集团股份有限公司珠海分公司总经理

林淑惠　广东省社会科学院社会责任评估与研究中心助理研究员

欧阳业东　广州市三泰汽车内饰材料有限公司董事长

房效忠　育萃教育集团董事长

胡德兴　广东宏德电力工程有限公司董事长

查正华　江门市智尊科技电子有限公司总经理

查国兵　广东查氏实业有限公司董事长

姚胆赤　广东信德资产评估与房地产土地估价有限公司董事长

夏　阳　广东银瑞投资管理集团董事长

徐　东　亚太国际企业（香港）有限公司董事长

徐　勇　广东省惠州市中药厂有限公司董事长

徐长海　广州天穗食品有限公司董事长

徐克伟　广东粤宏石油化工有限公司董事长

高　颖　广州市黄埔区统计局统计师

唐少先　安徽水利开发股份有限公司南方公司总经理

陶正国　广州立达尔生物科技股份有限公司董事长

桑成敬　红阳建工集团有限公司广东分公司总经理

章扬定　广东省社会科学院副院长、研究员

蒋道松　中山市状元坊古典家具有限公司董事长

韩　华　兴升精密部件（惠州）有限公司董事长

黎友焕　经济学博士，广东省社会科学综合研究开发中心主任，广东省社会科学院社会责任评估与研究中心主任，广东省社会责任研究会会长，博士生导师、二级研究员

序

600 多年前，“徽商”萌发于厚实的新安文化土壤，开启了中国民营经营飞速发展的先河。明清时期，徽商富甲天下，称雄三百年，足迹遍布大江南北，有“无徽不成镇”“徽商遍天下”之说。

“丈夫志四方，不辞万里游；风气渐成习，持筹遍九州。”进入新的历史时期，尤其是在改革开放、世纪之交和新常态下的中国，徽商迎来了新的黄金发展时期，广东这片改革开放的前沿阵地成为他们开疆拓土的主战场。在这里，他们创新经营模式，推动技术进步，培育自主创新能力，拓展新兴业务领域，缔造了皖粤两地乃至全国、全世界的创新创业奇迹，谱写了风云际会的民营经济发展的新篇章。

沐浴在新时代的明媚阳光下，我们回顾过去 30 多年改革开放以来广东徽商的发展轨迹，研究未来广东徽商的发展趋向，展望中国民营经济的壮丽前景，是一件十分有意义的事情。我们欣喜地看到，“广东徽商”的体系，由众多当代中国行业精英汇聚而成，在经济全球化的今天，他们创造了更新鲜、更全面、更多元的企业发展新格局，成为中国最具影响力的商业力量之一，无论是在世界企业 500 强，还是在中国企业 500 强的行列中，我们都能看到他们茁壮的身影。

党的十六大以来，党中央提出了一系列促进非公有制经济发展的方针政策，民营经济发展的外部环境得到了极大改善。市场经济体制的日益完善也为民营经济发展提供了强有力的保障。随着中国经济的崛起腾飞，“一带一路”的伟大构想开启中国企业走向世界的光辉航程，供给侧结构性改革、创新驱动发展战略、粤港澳大湾区建设、《中国制造2025》以及新一轮科技革命等一系列国家战略规划，给广东徽商的发展带来了前所未有的机遇和挑战。广东徽商世代相传的和平、开放、包容以及互助、互信、互利的精神，更被注入了新的时代内涵。在中国经济转型的新浪潮中，他们担当杰出先锋，重视创新驱动、转型升级，善于发掘新产业、创造新业态，引领皖粤两地经济更深入地融入世界，更紧密地拥抱全球化，创造了更新鲜、更全面、更多元的企业发展新格局。

新时代，新担当；新发展，新要求。2017 年 4 月 4 日，习近平总书记对广东工作做出重要批示，希望广东做到“四个坚持、三个支撑、两个走在前列”。习总书记的殷切期望，更加明晰了广东发展的优势和目标，也为广东徽商的未来发展指明了前进方向。习总书记在党的十九大报告中对社会主要矛盾变化、未来发展的阶段性任务进行新的阐述，也为广东徽商未来的发展思路提供了纲领性引导。未来中国的文明走向，正基于我们今天对过去辉煌历史的深入了解和重新认识。回顾历史，总结经验，展望未来，我们如何继续实现自我超越，再续辉煌？如何不断自主创新、转型发展、书写无愧于时代的历史新篇？这是广东徽商面临的新课题。在实现自我发展的过程中，如何更好地发挥徽商的示范作用，在国际合作与交流中宣扬中国当代企业家精神，传播徽商文化，传承中华文明，提振文化软实力？

这也是广东徽商在新时代肩负的一项重要使命。

在中国经济日益融入世界的今天，我们比以往任何时候都更需要以理性的目光总结过去、展望未来。尤其是近年来，随着中国民营企业的不断发展，商帮再次成为大众关注的焦点，新徽商，尤其是广东徽商也被各类媒体争相报道，但一直以来学术界对广东徽商这一新商业群体的研究少之又少。因此，我们从学习、贯彻、落实党的十九大报告为出发点，对广东徽商进行全面系统的解读，在更好地指导广东徽商发展的同时，为更大范围内民营经济的发展提供参考和借鉴，同时，对进一步完善管理理论、管理方法等理论研究提供实际案例。

在此背景下，我们通过对广东徽商这样一支富有创新精神的商业力量开展系统性的跟踪研究，无论对现有理论的检验和提升，还是对新兴理论的构建与发展，抑或是对推进经济社会的发展，均具有积极作用。一方面，推进徽商理论研究，传承徽商文化精髓，促进徽商文化创新，推动徽商精神的发扬光大，既能为社会协调发展提供文化动力，也能为民营经济转型发展提供智力支持；另一方面，扩大徽商战略共享网络，为徽商企业的发展环境优化提供新的平台。

《广东徽商发展报告（2017）》全景式展现了当代广东徽商在改革开放、世纪之交和新常态下的发展状况、创新实践以及杰出成就，系统总结和分析了广东徽商在创造社会财富、弘扬徽商文化、创新商业文明、支持公益慈善事业等方面的成绩，是一份全面、客观、真实且充分反映广东徽商发展特点的报告，一份与广东徽商实际和当前国内外政策环境相融合并兼具完整性和前瞻性的报告。该报告以“创新、协调、绿色、开放、共享”五大发展理念为主线，以经济学、管理学和社会学等理论

为基础，以广东徽商的实际经营案例为支撑，同时结合科学的分析方法展开研究，并引入党的十九大报告的最新阐述，融合国家最新政策及党的十九大会议精神，其意义不仅仅在于记录事实、展现成果，更在于澄清认识、理清思路、发现问题、把握规律、探索方法、凝聚人心、推进工作，堪称广东徽商发展史上的一座里程碑，对于我们研判未来面临的机遇与挑战，推进企业做大、做强、做优，具有重要的理论研究价值和现实指导意义。

广东省社会科学院作为一所扎根于广东这块创新创业沃土的科研机构，长期以来与广东徽商企业有着密切联系与合作，对徽商企业家也有全面的了解和沟通，由该院组织力量对广东徽商进行全面的剖析无疑最具优势。《广东徽商发展报告(2017)》课题组由该院社会责任研究与评估中心主任、综合研究开发中心主任、二级教授、博士生导师黎友焕担任组长，其研究团队对企业管理、公司治理、商业经济、商帮文化、企业社会责任等多个领域均有深入研究，并取得了丰富的研究成果。该院课题组围绕“广东徽商”这一主题进行全方位研究探索，相信其研究成果的出版和发行，对于指导广东徽商乃至其他民间商帮的发展壮大，以及促进现代商业和民营经济研究，都将起到积极的作用。

承上才能启下，继往方可开来。每当回首走过的路，总是让人心潮澎湃，百感交集。安徽是徽商生命之树生根发芽的地方，广东是广东徽商开创基业的热土。广东徽商的崛起，靠的是直挂云帆的坚定意志，靠的是劈波斩浪的壮志豪情，靠的是锐意进取的创新精神，也靠的是割舍不断的血脉亲情。我愿借此作序契机，衷心祝愿广东徽商继承“徽商”传统，发扬“徽

商”精神，成为新时代中国商帮的领军力量；同时，也衷心希望广大徽商行遍千山万水，莫忘回乡看看！

今年是《广东徽商发展报告（2017）》发布的第一年，我们期待这份报告每年都能够如期与广大读者见面，让更多的“广东徽商故事”和“广东徽商经验”传遍世界；而我们对下一个五年的“广东徽商发展报告”的期待，将不仅仅只是一部关于广东徽商的好书，而是一幅更加精彩的“创新、协调、绿色、开放、共享”的广东徽商“画卷”。

中共安徽省委原书记

卢荣景

2017年11月8日

前　言

党的十八届三中全会以来，国家对经济社会发展做出一系列重要部署，全面创新驱动发展、供给侧结构性改革、“一带一路”倡议、粤港澳大湾区建设等国家战略的深入实施，进一步推动了经济社会的全面发展。2017年，习近平总书记对广东“四个坚持、三个支撑、两个走在前列”的重要批示，更是为广东进入新常态如何发展指明了方向。在党的十九大报告中，习近平总书记提出把发展经济的着力点放在实体经济上，也鼓舞了广东徽商发展实体经济的决心。作为广东经济社会发展的一支重要力量，如何在国家战略之下顺应政策发展方向，抓住国内外，尤其是广东经济社会全面改革的重要历史机遇，积极应对各种挑战，进一步做大做强是广东徽商在新常态下亟待解决的重点问题。

2017年是广东省安徽商会成立五周年。五年来，商会取得了长足的发展，会员企业不断发展壮大，目前会员企业有近2000家，在促进粤皖两地经济社会发展等方面做出了突出贡献。在新常态下，如何发挥广东省安徽商会会员企业的作用，助力广东供给侧结构性改革，率先实现全面建成小康社会，是广东省安徽商会现阶段的重要使命。为此，全面、系统地梳理近年来广东省安徽商会会员企业的发展状况，厘清广东省安徽商会会员企业发展存在的不足以及成功经验，对推进广东省安徽商会会员企业进一步发展，乃至对其他商帮的发展壮大均意义重大。

有鉴于此，广东省安徽商会委托广东省社会科学院编写了广东徽商发展报告，希望通过报告的编写，能够对近年来广东省安徽商会会员企业的发展状况有清晰的认识，对国内外环境发展趋势有相当的把握，对未来的发展机遇与挑战有客观的判断，为广东省安徽商会会员企业未来的进一步发展有科学的建议。因此，本报告的编写，影响深远。第一，本报告的编写有利于广东省安徽商会的会员企业认清自身发展的优势、存在的不足以及未来的方向，助力其在新常态下进一步做大做强，实现转型升级；同时，为其他商帮探索做大做强提供借鉴和参考。第二，本报告的编写有利于广东省安徽商会对过去五年工作进行梳理和总结，厘清其工作成绩以及存在的问题，为未来更好地发挥自身的功能和作用，提升服务能力提供思路和方向。第三，本报告的编写有利于社会大众全方位了解广东徽商，扩大广东省安徽商会及其会员企业的社会影响力，提升社会形象和声誉，为未来争取更多的社会支持打下基础。第四，本报告的编写，为广东徽商与政府的沟通和对话开辟了新的渠道，让政府认识到广东徽商对于粤皖两地经济发展的重要性，为后续推进更多的政企合作，获取更多政策支持埋下伏笔。

本报告以“创新、协调、绿色、开放、共享”五大发展理念为主线。首先，对广东徽商的发展历程进行回顾，在此基础上，对近五年来广东省安徽商会会员企业的发展状况进行梳理，总结其特征及存在的不足，进而通过对国内外发展环境的深入剖析，研判未来很长一段时间内广东省安徽商会会员企业可能

面临的机遇与挑战；其次，分别从创新、协调、绿色、开放、共享的视角解读广东省安徽商会会员企业近五年来运营发展的脉络以及对经济社会发展的贡献，并总结经验做法；最后，结合国家创新驱动发展、供给侧结构性改革、“一带一路”倡议、粤港澳大湾区建设等重大战略，提出进一步推进广东省安徽商会会员企业做大做强做优的对策建议。整个研究报告具体分为七章：第一章主要阐述广东徽商发展的历程、企业发展状况、特征和存在的问题以及面临的机遇和挑战；第二章重点分析广东徽商如何通过创新经营发展模式、增强自主创新能力和丰富创新成果等方面践行创新理念；第三章总结广东徽商在推动区域协调发展、产业协调发展和文化协调发展方面的实践经验；第四章聚焦于广东徽商在绿色管理、绿色产业和提升绿色影响等方面的主要做法；第五章着重介绍广东徽商如何深化国际合作、加快企业“走出去”步伐、提升国际影响力继而全面推进对外开放的路径；第六章基于共享理念，分析广东徽商如何与员工、合作伙伴和社会共建共享；第七章是对广东徽商未来很长一段时间的发展进行展望，并提出对策建议。

历史上徽商之所以成功，根本原因就是勇敢地“走出去”，走出“生于斯、长于斯”的徽州故土，走出“农为本、商为末”的思想窠臼，从而开创了一条“读书好营商好效好便好，创业难守成难知难不难”积极务实的路子。如今，全球经济一体化步伐加快，区域竞争日趋激烈，经济转型日益迫切，在这一大背景下，加强对广东徽商这一新徽商群体的研究，对于广东徽商鼓足劲头奋力崛起，营造“尊商、重商、亲商”的发展环境，促进广东徽商队伍的健康成长，以及促进广东徽商自身的发展，具有重大的现实意义。相信本报告的编写和发布，可使广东徽商更加清晰地认识到自身发展的特点和存在的问题，更加有把握应对未来发展所面临的机遇和挑战；同时，也让社会各界更为深入地了解广东徽商，给予徽商更多的认同。

目　录

第一章　广东徽商概况

商帮在我国古已有之，明清时期，随着资本主义的萌芽，商帮发展尤为迅猛，其中势力最大、影响较为广泛的有徽商、晋商、浙商、苏商和粤商“五大商帮”。随着经济社会的发展，传统商帮渐渐没落，一些新的商业族群逐渐诞生，打破了传统的地域限制，不再以血缘和乡谊为纽带，而是以更加包容开放的姿态融入现代社会。广东徽商则紧紧抓住中国改革开放的大机遇，在中国特色文化形成和制度变迁的大环境中逐渐脱颖而出。

广东徽商生于安徽，长于南粤。经过改革开放30多年的磨炼，广东徽商对粤皖经济社会发展做出了重要的贡献，不仅是中国传统商业精神的继承者，同时也是中国改革开放经济体制创新的践行者。从改革开放初期到21世纪之初中国加入WTO（World Trade Organization，世界贸易组织）进一步深化改革开放，再到当下中国经济社会进入新常态、经济发展模式转变，广东徽商在一次次的社会变革中，抓住机遇，迎接挑战，通过解放思想和开拓创新迅速崛起，成为南粤大地上令人瞩目的商业团体。正威国际集团有限公司（以下简称“正威集团”）的王文银、比亚迪股份有限公司（以下简称“比亚迪公司”）的王传福、融捷投资控股集团有限公司（以下简称“融捷集团”）的吕向阳等都是广东徽商的典型代表。

随着经济社会的深入发展以及国内外环境的不断变革，当前，广东徽商正面临着一系列新的机遇与挑战。在此背景下，广东徽商是否能够抓住这一系列新机遇，直面新挑战，是其未来能否再次脱颖而出、引领社会发展的关键。

第一节　广东徽商的发展历程

改革开放以来，广东徽商顺应时代发展，抓住开放机遇，逐渐发展壮大，一大批优秀企业顺时应势成为国内企业界的领导者，尤其是在南粤大地更是备受瞩目。从改革开放到中国加入 WTO 再到进入新常态，广东徽商的发展历程与我国民营企业的发展历程基本一致，概括起来大致包含三个阶段：改革开放初期的广东徽商、世纪之交的广东徽商和新常态下的广东徽商。

一、改革开放初期的广东徽商

第一阶段为 20 世纪八九十年代。党的十一届三中全会后，我国改革首先从农村着手。农村变化最大、影响最深远的是普遍实行了多种形式的生产责任制（陶世隆，2004）。家庭联产承包责任制的实行，推动了农村社会生产方式和交换方式的变革，少数人手中积累的货币资金已经是“可能性上的资本”，它们的现实存在，最初引发部分积累主体开始与农业分离，开辟了一块非农的投资空间和就业空间，农村出现了产业结构多元化的趋势，为私营经济的再生创造了条件（石束，2001）。农村一系列改革为私营经济的诞生奠定了基础，间接推动了广东徽商原始力量的集聚。

此后，我国城镇私营企业得到快速发展。1981 年 7 月，国务院印发了《关于城镇非农业个体经济若干政策性规定》，明确提出发展和恢复个体经济的重大意义（邓斌豪，2004）。随后，国务院就城乡个体经济的发展，连续出台《关于进一步推进科技体制改革的若干规定》《关于个体工商业户管理费收支的暂行规定》《关于城镇合作经营组织和个体工商业户在登记管理中若干问题的规定》三个“规定”推动个体经济发展。特别

是1992年以后，全国整体营商环境得到较大的改善。1992年，邓小平视察南方谈话和党的十四大召开，充分肯定了改革开放的历史成就，确立了建立社会主义市场经济体制的改革目标，极大地改善了中国的政策环境，激发了社会经商办企业的活力，城镇私营企业迅速发展。截至1997年年底，城镇私营企业占整个私营企业的62%，成为国民经济的重要支柱（石東，2001）。当时的国家政策及经济形势给广东徽商带来了重要的历史机遇，第一批广东徽商抓住重要机遇，迅速创业崛起。

随着政策环境的极大改善以及国家改革进程的不断推进，全国迎来了一波体制内人才和知识分子下海经商的浪潮，这其中不乏广东徽商。在原有体制下，他们改变与上升的机会十分渺茫，而改革吸引着他们，在历史的一推一拉的合力作用下，他们首先跳出了社会的原有结构，走上白手起家、发展企业的道路（孙早，1999）。当时，一批来自政府机关、国有大型企业、高等院校、科研院所的弄潮儿，被经济发展的浪潮所吸引，开始主动创业。例如，易事特集团股份有限公司（以下简称“易事特集团”）董事长何思模，从部队退伍后凭借着从银行借来的3000元钱，承包国有企业，经过将近30年的艰苦创业和用心经营，将企业发展成为国家火炬计划重点高新技术企业、能源网系统集成解决方案的优秀上市公司。目前，该企业拥有全资或控股子公司近50家，在全球设立268个客户中心，产业覆盖全球100多个国家和地区。

广东作为改革开放的前沿阵地，相对宽松的营商环境，尤其是深圳特区，吸引了全国各地的一大批勇于探索、敢于逐梦、才华与胆略兼具的人才到南粤创业。例如，广州金鹏律师事务所主任王波曾任教于中南财经政法大学，有深厚的法律理论功底，1993年到广东创办了广州首家合作制律师事务所——广州金鹏律师事务所，并于1995年完成该律师事务所由合作制向合伙制的改制。实际上，广东徽商的成功并不是偶然的结果，而是在历史的潮流中通过不懈的努力取得的。他们的成功一方面取决于不怕吃苦，信奉“敢拼才能胜”的拼搏精神；另一方面也得益于改革开放以来市场经济发展所带来的一系列机遇。

二、世纪之交的广东徽商

第二个阶段为2000年之后。为了适应经济全球化发展趋势，在更大范围、更广领域、更高层次上参与国际经济竞争与合作，我国于2001年12月11日正式加入WTO（以下简称“入世”），从此，改革开放进入一个新的阶段，为我国经济发展提供新的机遇与挑战（周燕，2011）。广东是中国加入WTO的最大受益者，其中加工贸易获得较大发展，外贸进出口总额从2000年的1700多亿美元发展到2010年的7846.6亿美元，10年年均增长17%。广东作为我国对外开放的第一窗口和改革政策的先行地，在外商投资、私人企业发展、价格闯关、税收改革等方面进行了探索和创新，出台了系列优惠扶持政策。得益于广东的各种优惠扶持政策，在这一时期，广东徽商发展突飞猛进。

加入WTO后，钢材、化肥、成品油和汽车等重点产品和分销领域受到比较大的冲击，这对该领域的广东徽商来说是一次极大的挑战，一些企业由于缺乏国际竞争力而举步维艰。但是，加入WTO对绝大多数广东徽商而言则是一次重大的历史机遇，部分企业在这场与世界的竞争中坚持自主创新，依靠创新拼搏的精神，通过不断增强自身实力，提升产品竞争力，立足于世界舞台；部分企业则抓住“入世”的良好机遇，积极主动地引进资金、技术和人才，等等，通过引进、消化、再吸收提升自身的自主创新能力，积极参与国际竞争。

21世纪初的广东徽商仍拥有土地劳动力等成本优势、外资涌入等资本优势、政策宽松等政策优势，这一时期的广东徽商充分利用系列优势条件，抓住机遇，在“借”上做足文章。

第一，借资金。以深圳为例，2002年，在广东登记的外来投资中，港澳及海外资金占社会固定投资总额的比重为67%，该比重较大，渗透到广东的各个行业。广东毗邻港澳，港澳同胞中祖籍在广东的占80%，而粤籍华侨华人占全国华侨华人总数的70%，随着内地投资环境的不断完善，广大港澳同胞及海外侨胞纷纷到内地进行投资，兴起了内地投资的

热潮。在此背景下，广东徽商依靠涌入的大量资金，完成资本的积累，实现广东徽商的高速发展。

第二，借技术。港澳及海外资金的涌入，也为广东带来了一系列先进的技术和管理经验。自广东曙光无线电厂引进日本设备，率先生产新一代收录机后，家电业、五金制造业、汽车业乃至日用品业等，几乎所有的行业都有外国的技术和设备，或合资或独资，灵活多样，不拘一格（欧人，2003）。技术的涌入对广东徽商来说是一次巨大的机遇，广东徽商凭借着不断学习和拼搏的精神，通过借鉴国外先进的技术和管理经验，为企业发展注入强劲动力。

第三，借人才。经济的高速发展需要引入大量的人才，尤其是高精专类人才。这一阶段，广东徽商凭借广东在全国的优势地位以及良好的创新创业环境，吸引大批国内外人才进入企业，为其实现更快发展服务。为了更好地留住“借来”的人才，广东徽商积极营造宽松的工作环境，通过提供优厚的生活待遇，制定灵活的人才机制以及提供可能的升迁渠道，为全国各地的人才找到另一番用武之地，为世界各地科技人才施展才华创造了空间，更为广东徽商的发展注入无穷的活力。

同时，这一阶段的时代特征也造就了一批新的广东徽商。这一时期正是互联网高速发展的时期，涌现出了一批具有高学历、拥有专业背景、从事高科技行业的专家型广东徽商。例如，比亚迪公司董事长王传福，从有色金属研究院 301 研究室的负责人到 1995 年成立了比亚迪科技有限公司。作为学历高、专业强的专家型广东徽商代表，王传福利用自身的专业背景以及世纪之交的时代特征，通过借资金、借技术、借人才，使得“比亚迪”于 2002 年在香港成功上市，并于 2003 年顺利成长为全球第二大充电电池生产商。随着国家对发展新能源汽车的大力支持，为了更好地发展，这一阶段，比亚迪公司进入新能源汽车领域，并成为中国新能源汽车的品牌领导者。

这一批新崛起的广东徽商起点较高，普遍具有高学历，具备高管理能力和国际化经营能力，能够较准确地把握新技术的发展趋势，运用新的商业运作模式，可以说是 21 世纪广东经济社会发展的重要推动力。

三、新常态下的广东徽商

新常态是不同以往的、相对稳定的状态，是一种趋势性、不可逆的发展状态，意味着中国经济已进入一个与过去30多年高速增长期不同的新阶段（李佐军，2015）。新常态的特征主要表现在三个方面：一是从高速增长转为中高速增长，二是经济结构优化升级，三是从要素驱动、投资驱动转向创新驱动。随着国内外环境的不断变革，当前，中国进入新常态阶段。该阶段，广东徽商将面临新常态带来的重要历史机遇，也面临着新常态可能带来的挑战。

这一阶段，中国经济整体的发展速度放缓，GDP（即国内生产总值）由高速增长向中高速增长转变，因此，加快产业结构转型升级，实现由主要依靠要素驱动、资本驱动的发展模式向主要依靠创新驱动发展模式转变，是当前的重要任务之一。同样的，在新常态阶段，广东徽商也面临转型升级的难题。一直以来，广东徽商中的大部分企业以制造业为主，主要依靠土地优惠、劳动力低廉等低成本优势，采用较为粗放的生产经营模式，在改革开放初期以及世纪之交得以迅猛发展。但是，在新常态阶段，该发展模式难以为继，广东徽商亟须转型升级，挖掘新的赢利点，打造新的竞争优势。

广东徽商敏锐地意识到经济结构转型升级的必要性和紧迫性，紧紧抓住新常态下的机遇，积极采取措施应对面临的新挑战，其中不乏可圈可点的做法。广东徽商中的部分企业通过研发新技术、提升产品科技含量、打造优势品牌等形式提高产品的附加值，进而推动企业由产业链低端的加工制造向产业链中高端的研发“智造”转型。例如，正威集团通过逆势发展，成功迈进世界500强的前200名。部分企业则转向对新兴产业的投资，加快发展科技含量高、环境污染少、经济效益好的新兴业态，通过改变公司的业务方向来适应新常态下的挑战。例如，深圳市至正文博集团有限公司（以下简称“至正文博集团”）是一家多元化经营的大型文化企业，集团以高科技孵化文化产业、以文化产业推动企业转型升级，业务范

围涵盖新材料应用、生物工程等高新技术产业，艺术品博览收藏、古书画研究、艺术品拍卖、艺术品基金、艺术品投融资、艺术品鉴定与教育培训等文化产业领域。近年来，该集团把构建文化与金融相结合的新业态作为发展主攻方向和核心竞争力，推动文博文创产业创新发展，创造了良好的经济效益和社会效益。

随着经济全球化的不断深入，市场区域不断扩大，竞争不断加剧。无国界的市场使得企业的发展空间和市场适应性相应地发生改变。今天的竞争不再是国内的竞争，而是全球的竞争。面对全球经济一体化趋势以及国际市场上日趋激烈的竞争，企业改革、结构调整、退出兼并、生产调整、观念更新和组织重塑等现象频繁发生。广东徽商如何在国内市场和国际市场大融合的环境下，继续保持先发优势，提升国际竞争力，是这一商业族群需要集体解决的终极问题。

第二节　广东徽商的发展现状

经过三个阶段的发展，广东徽商队伍不断壮大，规模和实力也表现突出。2012 年，在粤皖两省政府领导及有关部门的支持下，广东省安徽商会成立。到 2016 年，商会会员企业已发展到近 2000 家，其中，入围《财富》2016 年世界 500 强企业 3 家、《财富》2016 年中国 500 强企业 5 家、广东省企业联合会和广东省企业家协会联合发布的“2016 年广东省企业 500 强排行榜”13 家，并且拥有 A 股上市企业 24 家、行业标杆企业 20 余家。现以广东省安徽商会的 32 家会员企业为样本，其中包括 20 家 A 股上市企业和 12 家“新三板”企业，对其财务状况、经营状况以及竞争力等进行分析，以厘清广东省安徽商会会员企业的发展状况。

一、A股上市企业经营状况

广东省安徽商会的会员企业中，A股上市企业共24家，大部分在2010年左右上市，近年来新增上市企业较少。本研究报告所选取的广东省安徽商会的重点上市企业20家（见表1-1），其中包括深市A股19家、沪市A股1家，由此可看出，广东徽商的会员上市企业中绝大部分在深市上市。20家A股上市企业中，制造业企业13家、信息技术类企业5家、建筑业和批发零售业企业各1家。

表1-1　广东省安徽商会的20家A股重点上市会员企业列表

企业名称	股票代码	企业简介	行业类别	实际控制人
比亚迪股份有限公司	002594	A股市值1400亿元	C制造业	王传福
融捷投资控股集团有限公司	002192	资产超千亿元的控股集团	C制造业	吕向阳
深圳市大富科技股份有限公司	300134	大富科技、配天机器人母公司	C制造业	孙尚传
易事特集团股份有限公司	300376	“智慧城市”领军企业	C制造业	何思模
广东江粉磁材股份有限公司	002600	国内最大的磁材生产商之一	C制造业	汪南东
广东劲胜智能集团股份有限公司	300083	国产智能制造试点示范企业	C制造业	王建
深圳达实智能股份有限公司	002421	建筑智能化、工业自动化领先企业	I信息技术	刘磅
深圳冰川网络科技股份有限公司	300533	国内领先端游制作公司	I信息技术	刘和国
广东冠昊生物科技股份有限公司	300238	再生医疗科技、植入器械领军企业	C制造业	朱卫平

续表 1-1

企业名称	股票代码	企业简介	行业类别	实际控制人
深圳市天源迪科股份有限公司	300047	网络总代理、政府企业软件供应商	I 信息技术	陈友
深圳市长盈精密技术股份有限公司	300115	精密电子器件生产商	C 制造业	陈奇星
广东德豪润达电气股份有限公司	002005	LED 领先企业	C 制造业	王冬雷
深圳歌力思服饰股份有限公司	603808	国际知名高端女装品牌	C 制造业	夏国新
深圳市同洲电子股份有限公司	002052	电视机机顶盒领先厂商	C 制造业	袁明
深圳市新国都技术股份有限公司	300130	POS 机生产厂商	C 制造业	刘祥
深圳市赛为智能股份有限公司	300044	“智慧城市”“智慧制造”领先企业	I 信息技术	周勇
深圳市名家汇科技股份有限公司	300506	照明施工及设计领先企业	E 建筑业	程宗玉
深圳市朗科智能电气股份有限公司	300543	国家级高新技术企业	C 制造业	刘显武
深圳市迪威视讯股份有限公司	300167	视频通信系统领先供应商	I 信息技术	季刚
深圳市英唐智能控制股份有限公司	300131	小家电智能控制器领先企业	F 批发零售	胡庆周

（一）总体情况

从资产负债率来看，2012—2016 年，广东省安徽商会的 20 家 A 股重点上市会员企业资产负债率比较稳定，但是普遍较高，基本保持在 60% 左右（见图 1-1）；从净资产率看，近 5 年的净资产率水平基本稳定，保持在40%的水平（见图1-2）；从长期负债占所有者权益的比重看，5年来比重保持在25%左右（见图1-3），比重不高，债务风险较小。从总体上看，近年来，广东省安徽商会的20家重点上市会员企业的成长性整体表现不错。

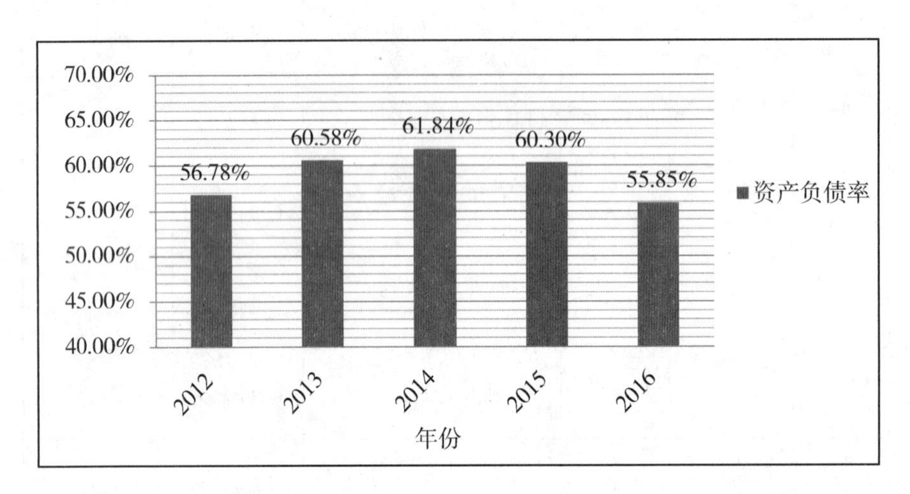

图1-1 广东省安徽商会的20家A股重点上市会员企业资产负债率情况

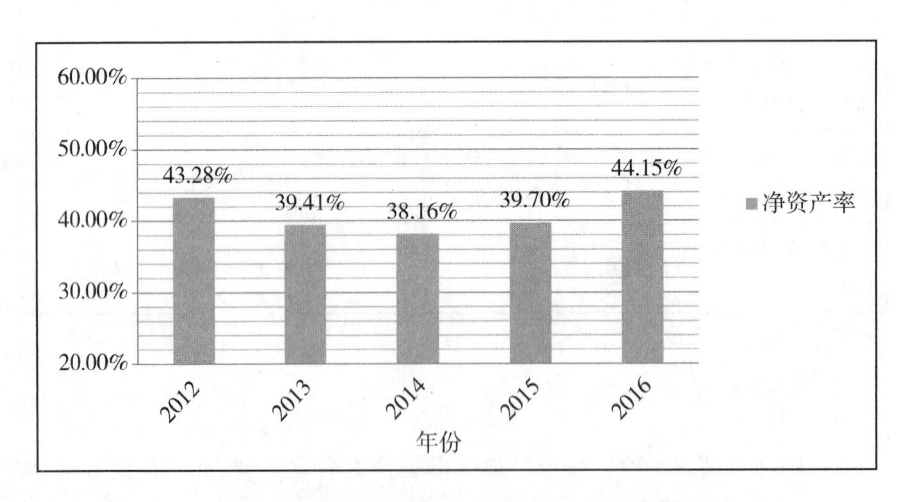

图1-2 广东省安徽商会的20家A股重点上市会员企业净资产率情况

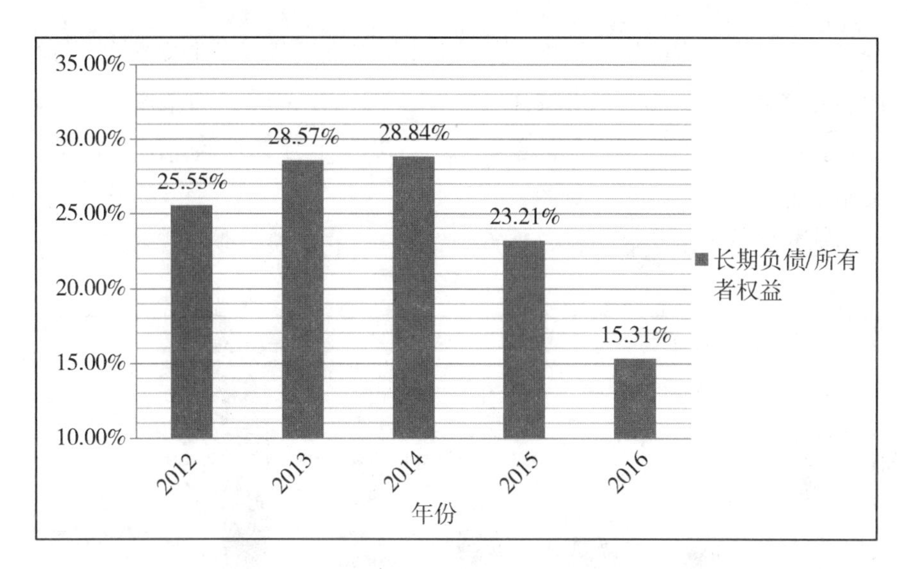

图1-3　广东省安徽商会的20家A股重点上市会员企业长期负债占所有者权益的比重情况

根据经济理论可知，资产负债率反映债权人所提供的资金占全部资金的比重，以及企业资产对债权人权益的保障程度，这一比率越低（50%以下），表明企业的偿债能力越强。但资产负债率的高低也不是一成不变的，对企业来说，一般认为资产负债率的适宜水平是40%～60%（梅青，2013）。然而，从经营者的角度考虑，如果企业不举债，或负债比例很小，说明企业畏缩不前，对前途信心不足，利用债权人资本进行经营活动的能力很差。广东省安徽商会的20家A股重点上市会员企业资产负债率虽然保持在60%，但是其净资产率一直维持在40%左右，近年来也呈小幅增长趋势，且长期负债占所有者权益的比重不高。这一方面说明公司债务压力虽然大，但是债务风险较低；另一方面也表明公司的经营能力较强，发展前景依然较好。总体而言，广东省安徽商会的20家A股重点上市会员企业的经营都比较稳健。

从利润率来看，2012—2015年，广东省安徽商会的20家A股重点上市会员企业利润率波动较小，保持平稳增长趋势，2016年，盈利水平保持在6%左右（见图1-4）。由此可以看出，广东省安徽商会的上市会员

企业一直采取稳定的经营战略，如果未来没有突发状况发生或影响，将继续保持稳定经营，盈利水平将会出现小幅上升。从净资产收益水平看，近5年净资产收益率依然保持稳定上升，且2016年与2012年相比，净资产收益率有着较大的增长（见图1-5）。

利润率是衡量企业经营效益的重要指标，它反映企业经营者通过经营

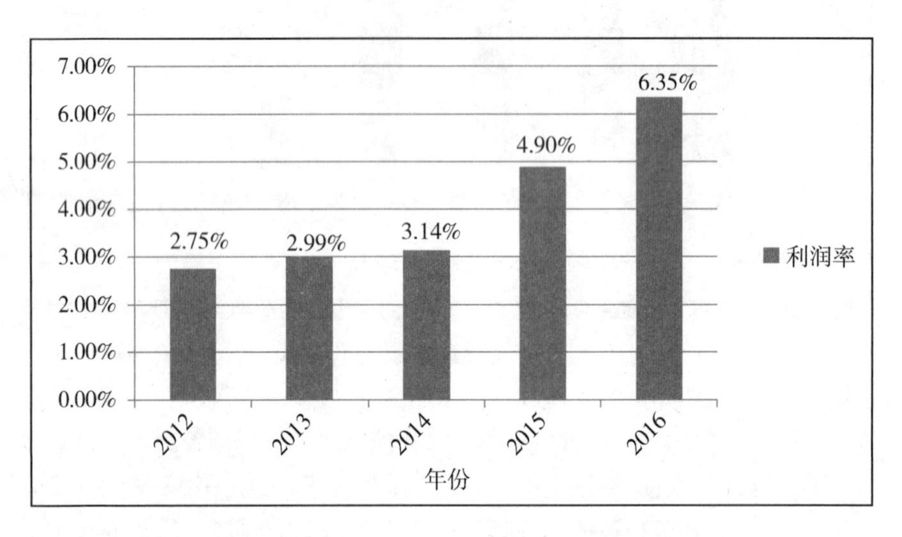

图1-4　广东省安徽商会的20家A股重点上市会员企业利润率情况

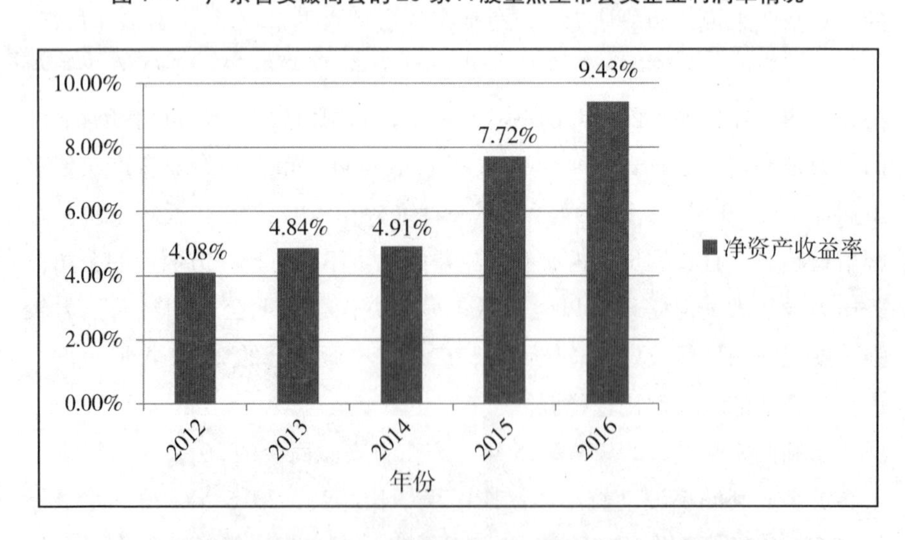

图1-5　广东省安徽商会的20家A股重点上市会员企业净资产收益率情况

获取利润的能力。广东省安徽商会的上市会员企业利润率的逐年提升，既反映出企业经营战略的合理性，也反映出企业经营者经营能力的增强。净资产收益率是企业运用自有资本效率的反映，企业净资产收益率上升表明股东投资的收益水平上升，股东资金使用效率在不断提升。因此，从利润率与净资产收益率水平的综合状态来看，广东省安徽商会的上市会员企业的整体盈利能力较为乐观，资本的使用效率也在逐年提升。

从短期负债与利润之比来看，近几年，广东省安徽商会的20家A股重点上市会员企业的这一比率一直保持着较高水平，2012—2014年一直保持在2500%之上（见图1-6），属于较高水平；2015年和2016年，这一比率降低到了2000%以下，尤其是2016年降低到了1000%左右。虽然上市企业抗风险能力较强，当年利润支撑其偿还债务的压力比较小，高比率对企业经营影响并不大，但是广东省安徽商会的上市会员企业仍重视这一问题，并逐步解决。从短期负债与利润的比率也可以看出，广东省安徽商会的上市会员企业近几年规模扩张较大，但近两年则正在适度减缓企业规模扩张速度，以较为稳健的方式推动企业发展。从盈利能力和偿债能力

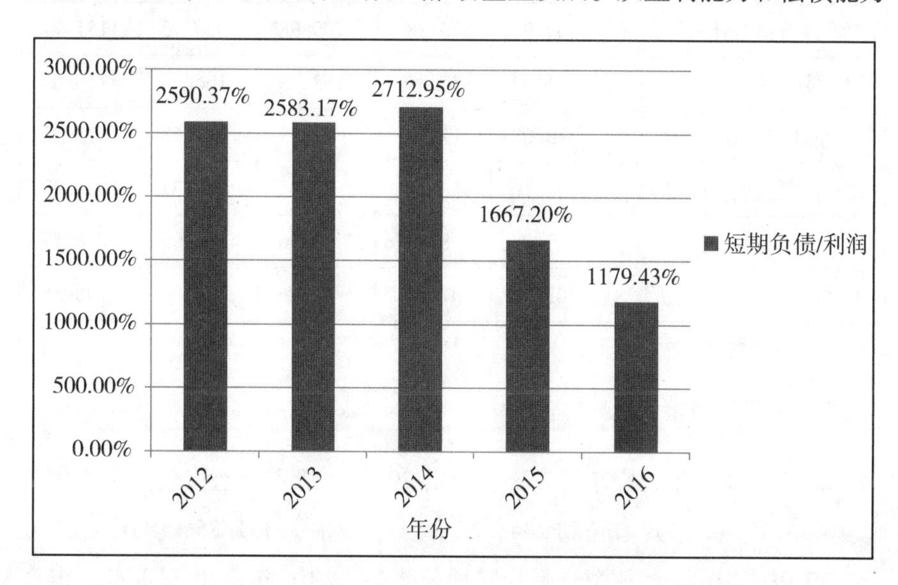

图1-6 广东省安徽商会的20家A股重点上市会员企业短期负债与利润的比率情况

比较来看，广东省安徽商会的上市会员企业的经营状况还有大幅提升空间。

企业上市在提升治理规范性、增强抗风险能力、提升融资能力方面有显著功效。企业规模扩张，有助于增强其经营稳定性和可持续性，扩大市场占有率。

（二）主要财务指标变动情况

广东省安徽商会的20家A股重点上市会员企业经营情况合计汇总见表1-2。

表1-2　广东省安徽商会的20家A股重点上市会员企业经营情况合计汇总

年　份	2012	2013	2014	2015	2016
总资产合计/亿元	1012.40	1157.46	1396.79	1806.96	2346.28
营业收入合计/亿元	649.67	738.05	834.23	1130.64	1538.25
利润总额合计/亿元	17.87	22.10	26.17	55.37	97.65
总负债合计/亿元	574.83	701.22	863.71	1089.63	1310.33
短期负债合计/亿元	462.90	570.88	709.98	923.13	1151.71
长期负债合计/亿元	111.93	130.34	153.73	166.50	158.62
净利润合计/亿元	13.08	17.24	17.59	42.63	75.96
所有者权益合计/亿元	438.16	456.18	533.05	717.31	1035.92
每股收益合计/元	9.05	8.7376	8.36	6.97	8.57
每股净资产合计/元	103.94	97.17	97.06	104.87	108.55

1. 资产变动情况

2012—2016年，广东省安徽商会的20家A股重点上市会员企业资产总额由1012.40亿元增长到2346.28亿元，增幅为131.75%。图1-7显示，2012—2016年，总资产呈稳定增长态势，2016年，20家重点上市企业的总资产达到2346.28亿元。可以看出，广东省安徽商会的20家重点

上市会员企业的资产在近5年内增幅较大，规模扩张特征比较明显。

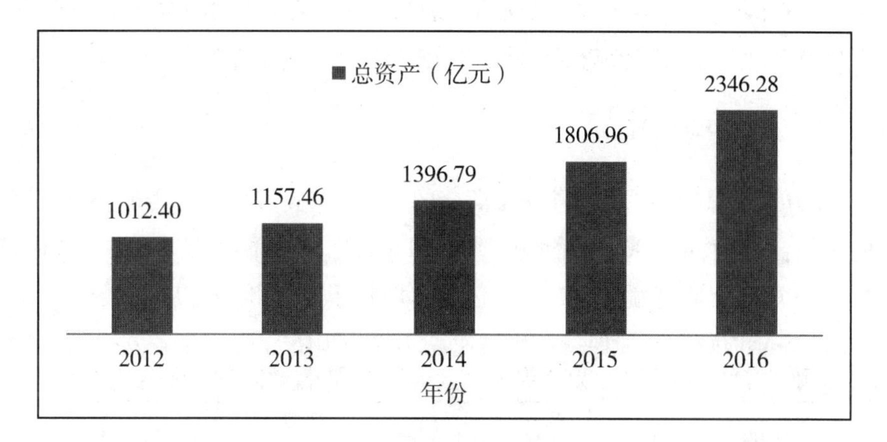

图1-7　广东省安徽商会的20家A股重点上市会员企业资产变动情况

2. 营业收入变动情况

2012—2016年，广东省安徽商会的20家A股重点上市会员企业营业收入由649.67亿元增长到1538.25亿元，5年时间，营业收入增长了将近2.5倍，增幅较大。由图1-8可知，2012—2014年营业收入保持平稳增长，

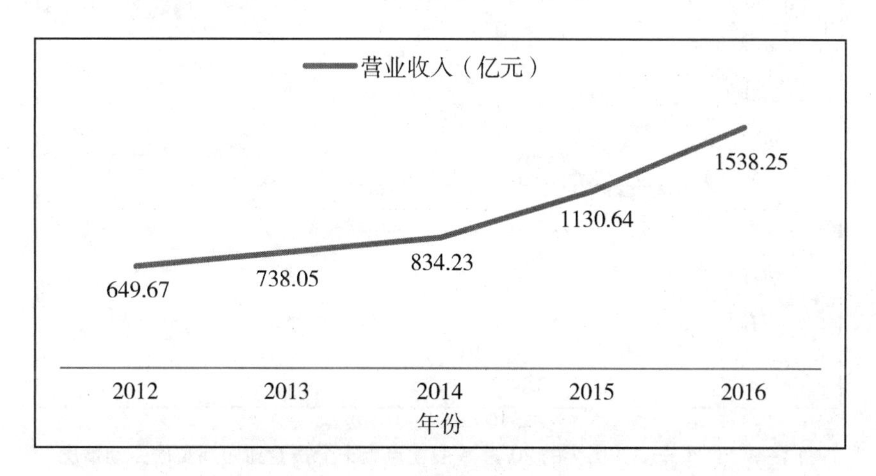

图1-8　广东省安徽商会的20家A股重点上市会员企业营业收入变动情况

增长率约为14%；2015年和2016年增长率则分别达到35%和36%，增速大大提高并且趋于稳定。由此可以看出，近几年，广东省安徽商会的上市会员企业的经营状况较好，稳中有进。

3. 负债变动情况

2012—2016年，广东省安徽商会的20家A股重点上市会员企业的短期负债合计由462.90亿元增长到1151.71亿元，增幅为148%。其中，2016年短期负债总额为1151.71亿元，增长了将近3倍。从图1-9可以看出，5年内短期负债保持较快增速。2012—2016年，广东省安徽商会的20家A股重点上市会员企业的长期负债合计由111.93亿元增长到158.62亿元。从图1-10可知，2012—2014年呈增长趋势，2015—2016年长期负债由166.5亿元减少到158.62亿元。从负债情况和资产情况总体来看，广东省安徽商会的20家A股重点上市会员企业的负债增幅比资产增幅稍高，显示出广东省安徽商会的上市会员企业规模扩张主要是由负债增加支撑。负债增幅超过资产增幅，对企业经营来说是一种消极表现，这也很好地解释了为什么广东省安徽商会的上市会员企业2016年减少长期负债。

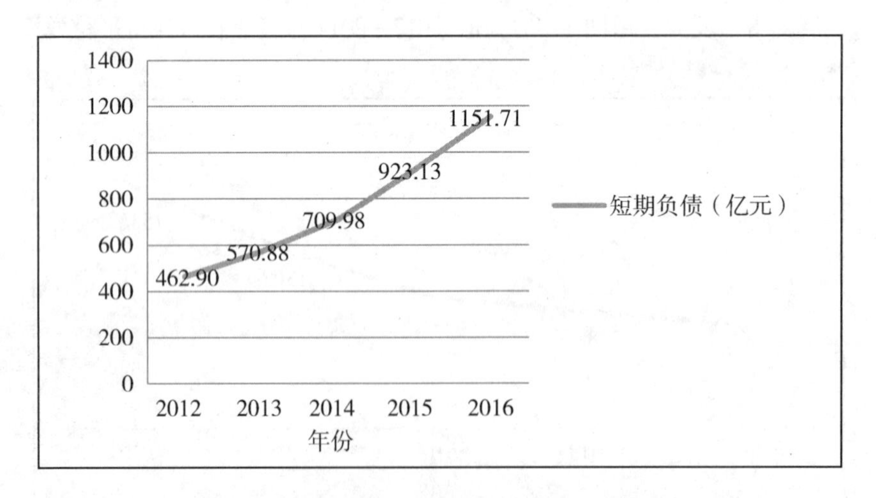

图1-9　广东省安徽商会的20家A股重点上市会员企业短期负债变动情况

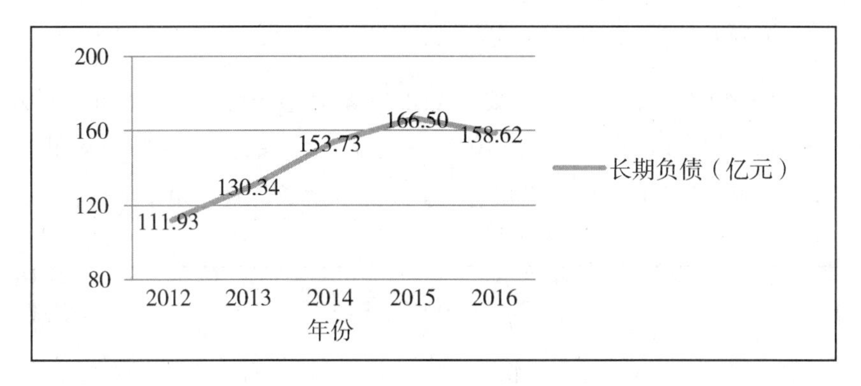

图 1-10　广东省安徽商会的 20 家 A 股重点上市会员企业长期负债变动情况

4. 赢利状况

2012—2016 年，广东省安徽商会的 20 家 A 股重点上市会员企业利润总额呈增长趋势，由 17.87 亿元增长到 97.65 亿元。从图 1-11 可以看出，广东省安徽商会的 20 家 A 股重点上市会员企业的利润总额在 2015 年出现显著增长，2016 年利润总额依然保持着较高的增长速度。总体而言，2016 年，广东省安徽商会的上市会员企业经营灵活，环境适应性和盈利能力均得到快速提升，且抗风险能力越来越强。

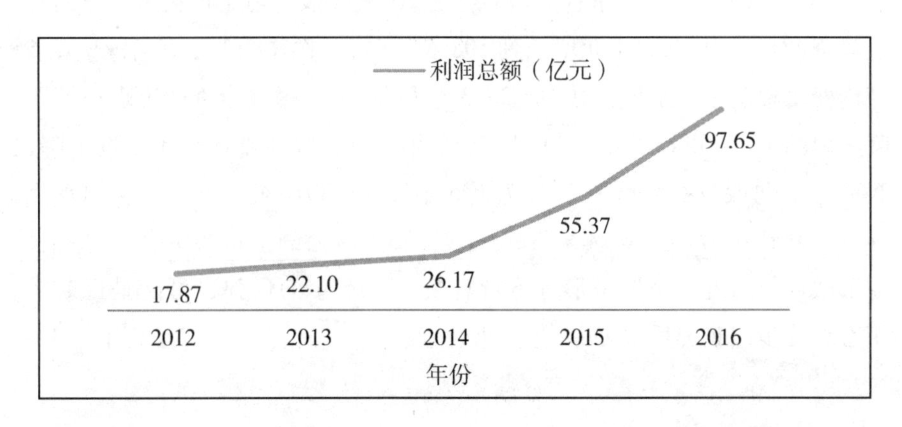

图 1-11　广东省安徽商会的 20 家 A 股重点上市会员企业赢利状况变动

5. 所有者权益变动情况

2012—2016 年，广东省安徽商会的 20 家 A 股重点上市会员企业的所有者权益由 438.16 亿元增长到 1035.92 亿元，增幅为 136.4%。从图 1-12 可以看出，5 年来，所有者权益都呈现持续增长，且近两年增长较快。

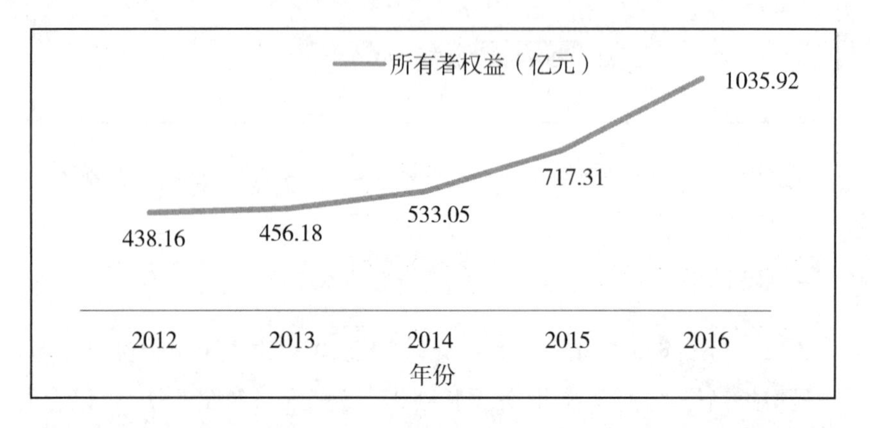

图 1-12　广东省安徽商会的 20 家 A 股重点上市会员企业所有者权益变动情况

6. 股东投资回报变动情况

2012—2016 年，广东省安徽商会的 20 家 A 股重点上市会员企业的每股净资产合计由 103.94 元增长到 108.55 元（见图 1-13），增幅较小，5 年内变动幅度基本平稳，其中，2013 年和 2014 年每股净资产出现小幅下降。由图 1-14 可以看出，2012—2016 年，每股收益整体呈小幅度下降；2015 年，每股收益为 6.97 元，为近 5 年最低；2016 年，每股收益出现反弹，上升到 8.57 元。整体来看，广东省安徽商会的上市会员企业每股收益下滑可能与近年来经济形势下行有关，2016 年的反弹也可能是近期经济态势逐步回暖的反映。

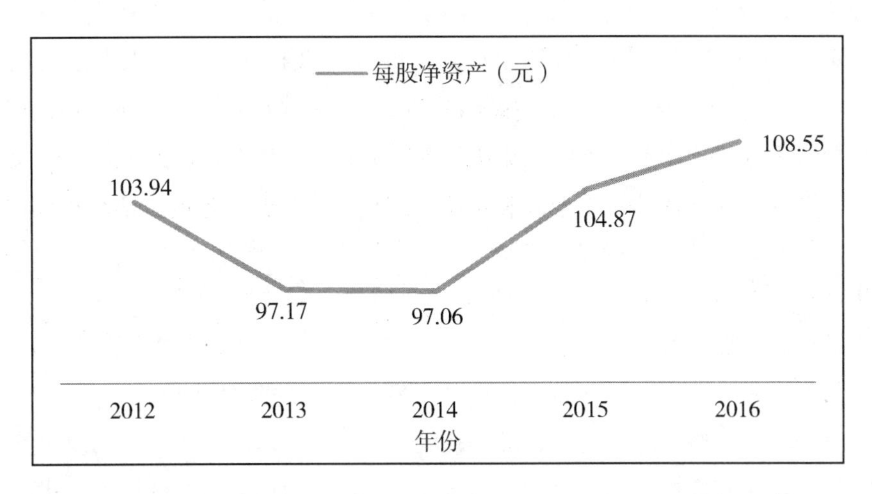

图 1-13　广东省安徽商会的 20 家 A 股重点上市会员企业每股净资产变动情况

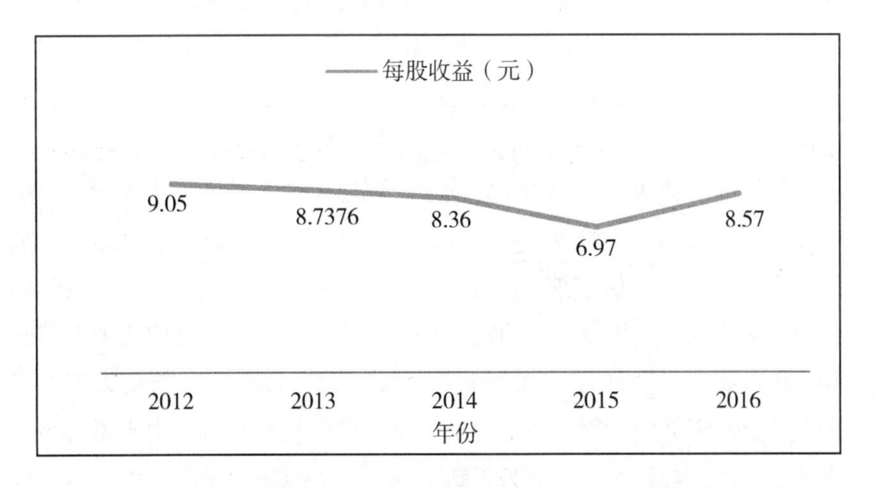

图 1-14　广东省安徽商会的 20 家 A 股重点上市会员企业每股收益变动情况

二、“新三板”上市企业经营状况

为了改善金融服务中小企业的现状，解决中小企业融资难、融资贵的问题，国务院和证监会在 2013 年启动了全国中小企业股份转让系统的建设工作，于2013年年底发布了《全国中小企业股份转让系统有关问题的决定》，明确了全国股份转让系统的法律地位及市场定位。根据这一决定，“新三板”的场外市场属性非常鲜明，主要是为创新型、创业型、成长型中小微企业服务；逐步建成以机构投资者为主体的证券交易场所；交易制度以协议转让和做市商为主；企业挂牌不设财务门槛，信息披露要求较为宽松；监管方面强调中介机构责任和事中事后监管（宋晓刚，2015）。这一整套制度安排，清晰、完整地划定了“新三板”与主板、中小板、创业板的差别。

与主板、中小板、创业板首次公开发行上市的条件相比，“新三板”挂牌对主体资格、财务指标、资产、股本、公司治理等多个方面的要求均有较大幅度的放松，为一些具有创新性和成长性但尚未赢利的企业提供了进入资本市场的入口，将公开市场的服务对象向下延伸了一个层次（彭莹，2016）。在挂牌成本方面，“新三板”挂牌和运作成本包括挂牌费用（包括改制费用、中介机构费用等）和挂牌后费用（包括信息披露费用、持续督导费用等），相比其他板块企业上市的成本，“新三板”挂牌无须支付高额的承销费用，且因为流程简单，耗时较短，也避免了多次进行申报材料更新而增加的中介费用。此外，由于在“新三板”挂牌的信息披露标准低于上市公司信息披露标准（如不强制披露季度报告，需披露临时报告的情形较少，等等），因而，在“新三板”挂牌的运作成本也相对较低。在行业包容性方面，“新三板”一定程度上以较高的投资人准入门槛换来了企业较低的挂牌门槛，容纳了一批国内交易所市场尚未覆盖的一些业态。在证监会行业分类下，“新三板”已经实现了所有19个门类全覆盖，而A股目前仅覆盖18个门类（尚缺居民服务、修理和其他服务业）。

截至2016年12月31日，“新三板”共有10163家挂牌公司，广东省有1585家“新三板”企业，占比15.6%；其中631家企业有市值，占比39.8%。根据挖贝新三板研究院的统计，2016年12月，广东省“新三板”企业市值“TOP100”榜单中，创新层47家、基础层53家，协议转

让56家、做市转让44家。[①]“TOP100”榜单的上榜门槛为8.94亿元，市值在10亿～20亿元之间的企业数量最多，达51家；市值在100亿元以上的企业有5家；市值在20亿～30亿元、30亿～50亿元、50亿～100亿元的企业分别有12家、9家、9家；市值在10亿元以下的企业有14家。榜单中的深圳同创伟业资产管理股份有限公司是广东省安徽商会的会员企业中经营状况较好的一家，在榜单中排名第6，总市值达到88亿元人民币，是广东省安徽商会的“新三板”上市会员企业中的佼佼者，为其他“新三板”上市企业及广东省安徽商会其他会员企业树立了榜样。2016年广东省安徽商会的12家“新三板”上市会员企业经营情况见表1-3，2014—2016年的经营情况合计见表1-4。

表1-3　2016年广东省安徽商会的12家“新三板”上市会员企业经营情况

企业名称	股票代码	主要业务
广东海兴供应链股份有限公司	837032	为国家大型交通基础设施建设工程的水泥采购提供供应链管理服务
深圳同创伟业资产管理有限公司	832793	私募股权投资基金管理业务和其他资产管理业务
广州市德珑电子器件有限公司	835069	电子元器件及磁性材料的研发、生产和销售
深圳金鑫绿建股份有限公司	839696	钢结构产品的设计、制造与安装
广东伟才教育科技股份有限公司	838140	提供幼儿园品牌输出、加盟及幼儿园运营支持等服务
深圳市伟力低碳股份有限公司	838900	电力系统节能服务、节能项目投资及节能产品的开发与销售
广东新基地产业投资发展股份有限公司	837637	产业园区的运营及管理

① 数据来源于挖贝新三板研究院。http://www.wabei.cn/p/201701/1855800.html

续表1-3

企业名称	股票代码	主要业务
广东天圣高科股份有限公司	837680	照明领域的技术检测、代理认证相关咨询服务和其他咨询服务
深圳市艾博德科技有限公司	831753	交互式电子白板、DRAWVIEW 教学互动软件、红外触摸屏等的开发和生产
广州恒福茶文化股份有限公司	832453	茶具的研发设计、销售及茶叶的销售
佛山市万达业机械设备有限公司	833886	除铁机、磁棒的研发、生产和销售
广东瑞德智能科技股份有限公司	833635	电子智能控制器的研发、生产与销售

表1-4　2014—2016年广东省安徽商会的12家“新三板”上市会员企业经营情况合计

年　份	2014	2015	2016
总资产合计/亿元	13.209	20.175	24.571
营业收入合计/亿元	13.813	13.788	15.071
利润总额合计/亿元	1.089	1.849	2.263
总负债合计/亿元	5.193	8.602	10.088
短期负债合计/亿元	3.253	6.914	7.835
长期负债合计/亿元	1.940	1.688	2.253
净利润合计/亿元	0.855	1.457	1.718
所有者权益合计/亿元	3.579	9.619	11.920
每股收益合计/元	5.36	2.48	2.86
每股净资产合计/元	20.37	15.29	20.97

1. 资产变动情况

2014—2016年，广东省安徽商会的12家“新三板”上市会员企业资产总额由13.209亿元增长到24.571亿元，增幅为86.02%。图1-15显示，2014—2016年，总资产呈稳定增长趋势，规模扩张特征比较明显。

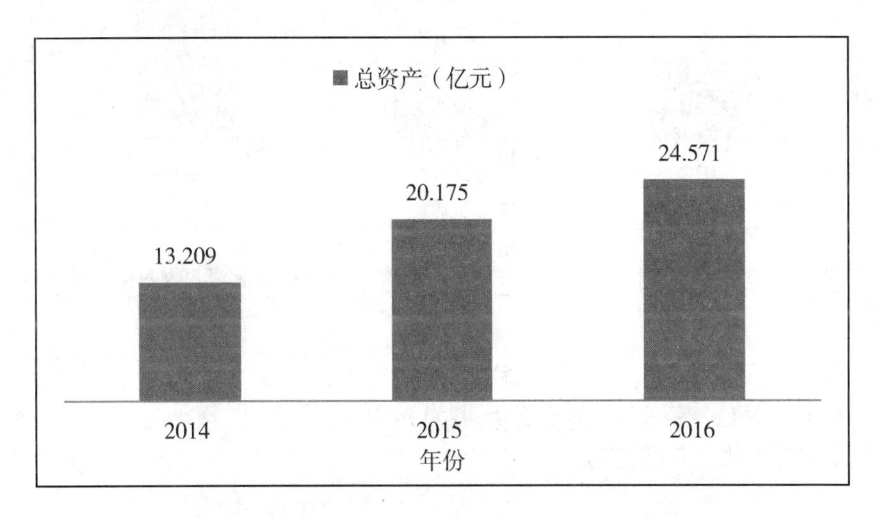

图1-15　广东省安徽商会的12家“新三板”上市会员企业资产变动情况

2. 营业收入变动情况

2014—2016年，广东省安徽商会的12家“新三板”上市会员企业营业收入由13.813亿元增长到15.071亿元。由图1-16可知，3年间营业收入保持平稳变动，2014—2015年虽有小幅下降，但2016年增长了9个百分点，呈稳定上升趋势。

3. 负债变动情况

2014—2016年，广东省安徽商会的12家“新三板”上市会员企业的总负债合计由5.193亿元增长到10.088亿元，3年间增长将近两倍。从图1-17可知，3年间，广东省安徽商会的12家“新三板”上市会员企业负

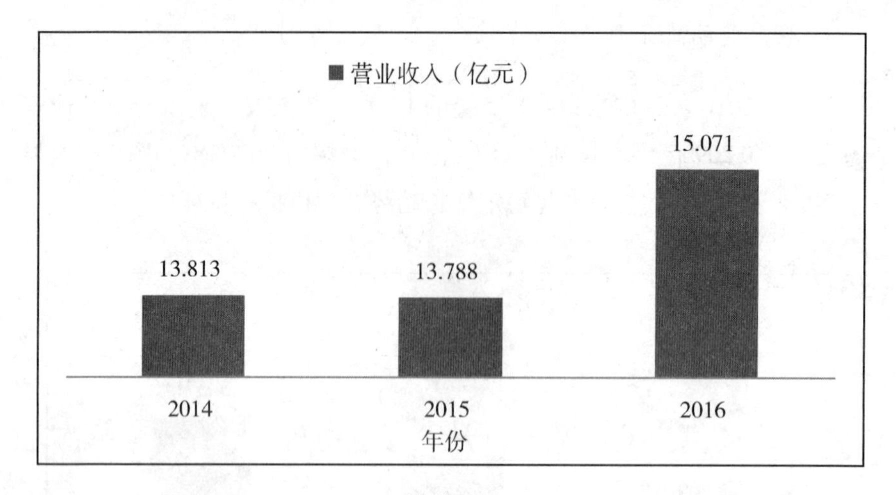

图 1-16　广东省安徽商会的 12 家“新三板”上市会员企业营业收入变动情况

债水平持续稳定增加。从负债情况和资产情况总体来看，广东省安徽商会的 12 家“新三板”上市会员企业的负债增幅与资产增幅基本保持一致，企业呈现出规模扩张态势。

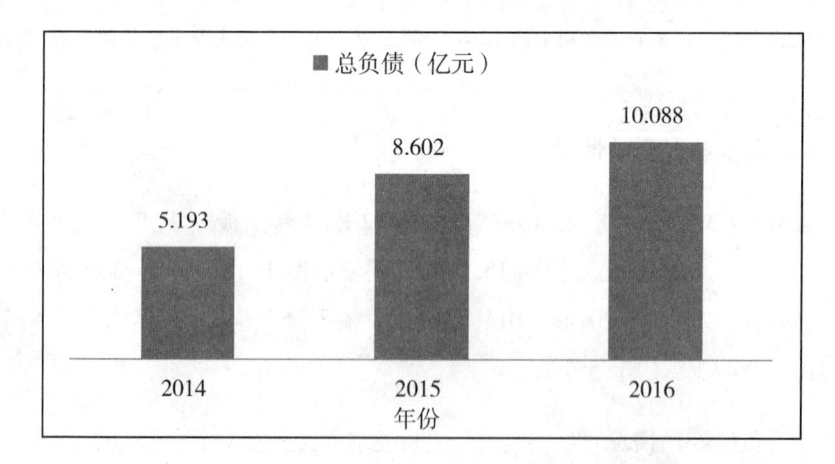

图 1-17　广东省安徽商会的 12 家“新三板”上市会员企业负债变动情况

4. 赢利状况

2014—2016 年，广东省安徽商会的 12 家“新三板”上市会员企业利润总额保持增长趋势，由 2014 年的 1.089 亿元增长到 2.263 亿元。从图 1-18可以看出，广东省安徽商会的 12 家“新三板”上市会员企业的利润总额在 2015 年出现显著增长，3 年间基本保持稳定增长态势，也可反映出“新三板”上市企业的经营状态良好，总体盈利能力在不断上升。

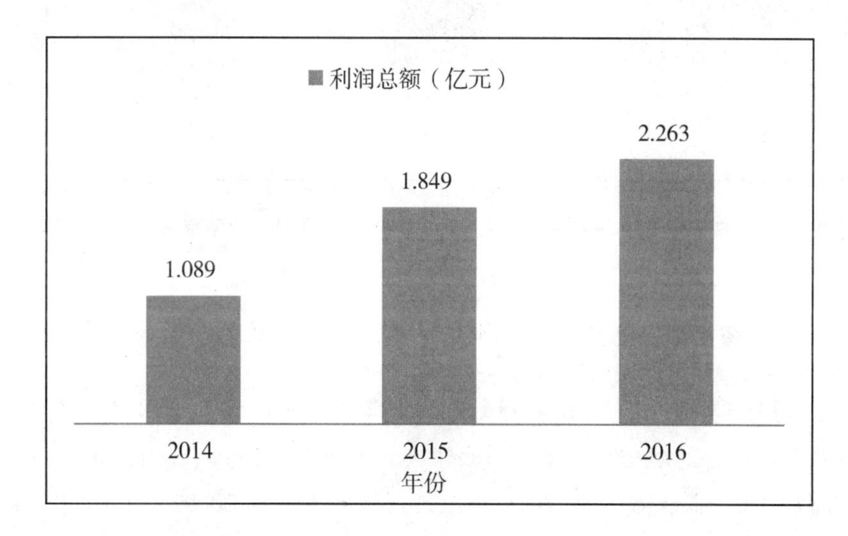

图 1-18　广东省安徽商会的 12 家“新三板”上市会员企业利润总额变动情况

5. 所有者权益变动情况

2014—2016 年，广东省安徽商会的 12 家“新三板”上市会员企业的所有者权益由 3.579 亿元增长到 11.920 亿元，增幅为 233.05%。从图 1-19 可以看出，3 年来，所有者权益呈现持续增长，且 2014—2015 年增长最为明显。所有者权益的增加表示企业股东增资和公司收入增加，公司规模在不断扩大。

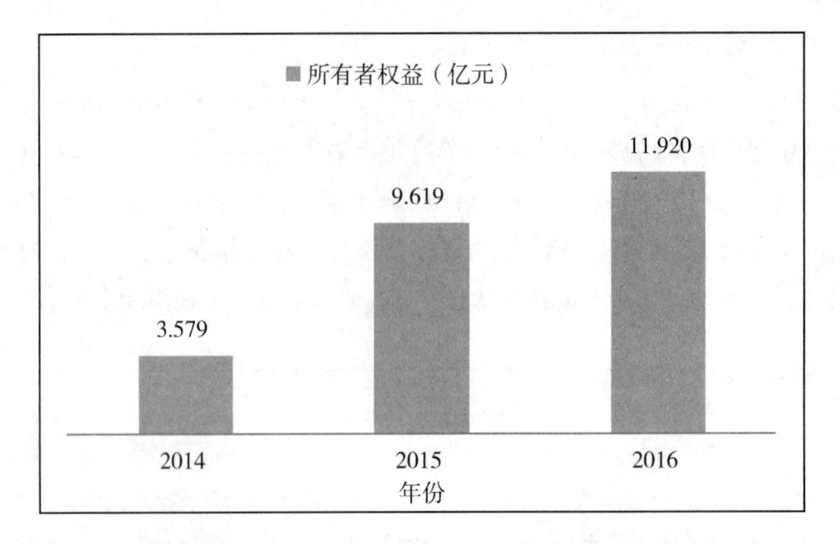

图1-19　广东省安徽商会的12家“新三板”上市会员企业所有者权益变动情况

6. 投资回报变动情况

2014—2016年，广东省安徽商会的12家“新三板”上市会员企业的每股净资产合计呈稳定变动，增幅较小。由图1-20可以看出，2015年每股净资产呈下降趋势，但2016年出现反弹，上升到20.97元的水平。由图1-21可以看出，2014—2016年，每股收益整体呈现下滑趋势，且2014—2015年下滑态势明显，由2014年的5.36元下降到2015年的2.48元，为近3年最低，2016年每股收益小幅上升到2.86元。整体来看，广东省安徽商会的12家“新三板”上市会员企业每股收益下滑可能与近年来整体经济形势下行有关。

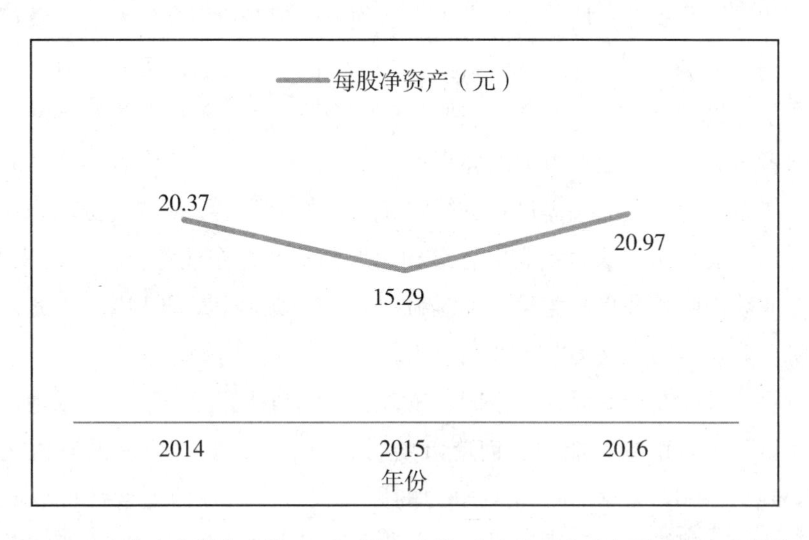

图 1-20 广东省安徽商会的 12 家“新三板”上市会员企业每股净资产变动情况

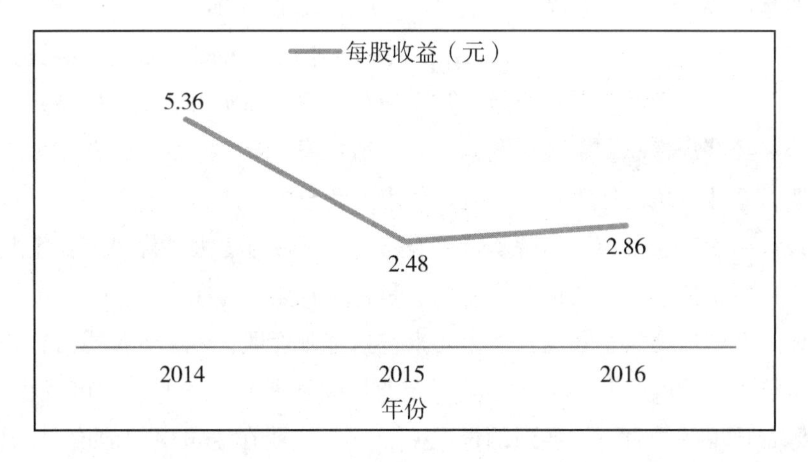

图 1-21 广东省安徽商会的 12 家“新三板”上市会员企业每股收益变动情况

三、广东省安徽商会会员企业的竞争力状况

企业竞争力是一个相对的概念。王锦秀（2007）认为，“一个企业的竞争力是在同国内外市场中的对手竞争的过程中体现出来的，是反映企业

价值的综合性指标，所以企业竞争力必须要体现企业目前的发展以及可持续发展”①。国内外学者对企业竞争力有着不同的阐述，从不同角度对企业竞争力进行定义，一些学者主要从影响企业竞争力的因子进行定义，一些学者认为要从企业竞争力的体现形式来定义，还有一些学者则认为应该从获得企业竞争力的整体过程进行定义。资源学派主要强调资源对企业竞争力的重要作用，认为企业中有形和无形的资源是企业竞争优势的来源，是企业获得收益和提高竞争力的基础（王健、张晓媛，2014）。由此，可以将企业竞争力定义为：企业竞争力就是企业在国内外市场竞争中，与竞争对手比较，在产品设计、生产、销售、品牌塑造等经营活动领域中，产品和服务占有市场的能力、创造市场利润的能力、管理效率的有机构成（李显君，2002）。表现企业竞争力的因素很多，但各种因素都可以归结于企业经济规模总量和质量要素、企业经营能力要素以及支撑企业持续发展要素三大类，企业竞争力是这三方面要素的有机结合（王锦秀，2007）。企业经济规模总量和质量要素是企业用于生产产品或提供服务所占有和应用资源的数量和质量，是企业整体规模和实力的现实反映，它包括企业经济规模总量、企业利润、要素增长率，等等。企业经营能力要素表明，企业竞争力体现企业在国内外市场竞争中，与竞争对手比较，在产品设计、生产、销售、品牌塑造等经营活动领域有更大的优势。在企业的规模和质量要素确定的情况下，企业是否具有竞争力在很大程度上依赖于企业的经营能力。企业经营能力要素包括企业管理、企业运营能力、经营安全能力、资本运营能力，等等。企业持续发展要素表明，在市场容量、资源、环境的约束更为强烈的情况下，一个企业在竞争中的地位和优势，主要取决于其创新及转化为生产力的速度、范围和效益（张蕊，2001）。因此，能否持续发展已成为一个企业获得竞争优势的关键因素。广东省安徽商会的会员企业十分重视企业竞争力的塑造。

---

① 王锦秀：《产业集群竞争力评价指标体系研究》，广东省社会科学院2007年硕士学位论文。

1. 广东省安徽商会会员企业影响力持续扩大

在2016年《财富》杂志发布的2016年世界500强企业排行榜中，广东省安徽商会的会员企业正威集团以477.95亿美元营业收入跃居榜单第190位，较2015年提升57位，表明正威集团在规模、质量和效益上得到快速发展。在2016年《财富》杂志发布的2016年中国500强企业排行榜中，比亚迪公司、安徽海螺水泥股份有限公司（以下简称"海螺水泥"）和安徽辉隆农资集团股份有限公司（以下简称"辉隆股份"）分别位居第72位、第118位和第480位。在广东省企业联合会和广东省企业家协会联合发布的"2016年广东省企业500强排行榜"中，也有13家广东省安徽商会的会员企业入榜。这些企业的上榜充分显示出广东省安徽商会的会员企业在国内外经济中的影响力在持续扩大。（见表1-5至表1-7）

表1-5　广东省安徽商会会员企业在2016年世界500强企业排名变化情况（《财富》）

2016年排名	2015年排名	企业名称	2015年营业收入/百万美元	2015年利润/百万美元
190	247	正威国际集团有限公司	47795.10	1140.50

表1-6　广东省安徽商会会员企业在2016年中国500强企业排名变化情况（《财富》）

2016年排名	2015年排名	企业名称	2015年营业收入/百万元	2015年利润/百万元
72	107	比亚迪股份有限公司	80008.97	2823.44
118	100	安徽海螺水泥股份有限公司	50976.04	7516.39
480	462	安徽辉隆农资集团股份有限公司	9817.79	170.39

表 1-7　广东省安徽商会会员企业在 2016 年广东省企业 500 强排名情况

2016 年排名	企业名称	行业类别	地区	2015 年营业收入/百万元
18	比亚迪股份有限公司	制造业	深圳	80009.00
169	深圳市华讯方舟科技有限公司	制造业	深圳	878.00
173	广东江粉磁材股份有限公司	制造业	江门	4870.00
185	广东德豪润达电气股份有限公司	制造业	珠海	4510.00
200	深圳市长盈精密技术股份有限公司	制造业	深圳	3890.00
209	易事特集团股份有限公司	制造业	东莞	3682.00
218	广东劲胜智能集团股份有限公司	制造业	东莞	3567.00
330	深圳市英唐智能控制股份有限公司	流通业	深圳	1771.00
338	深圳达实智能股份有限公司	服务业	深圳	1711.00
339	深圳市天源迪科股份有限公司	制造业	深圳	1677.00
420	深圳市同洲电子股份有限公司	制造业	深圳	1028.00
428	深圳市新国都技术股份有限公司	制造业	深圳	978.00
456	深圳歌力思服饰股份有限公司	制造业	深圳	835.00

2. 广东省安徽商会会员企业经济实力不断增强

2012 年广东徽商经济增加值占广东 GDP 的比重为 8.40%，而 2016 年广东徽商经济生产总值达 8816 亿元，占广东 GDP 的 10.10%，年增长率高达 12.32%。截至 2016 年年末，广东省安徽商会会员企业达到 2132 家，比 2015 年增加 143 家。2016 年，广东省安徽商会会员企业经济增加值达 808.20 亿元，占广东徽商经济增加值的 13.50%，大大高于同时期广东 GDP 的增速。而且，截至 2016 年年末，广东省登记注册的安徽籍企业达到 10 万多户，从业人员达到 200 多万人，为全社会增加岗位 500 多万个，为社会创造了大量就业机会。可以说，广东徽商已经成为助推广东经

济发展的重要力量，并发展成为广东经济发展的主要组成部分。

3. 广东省安徽商会会员企业创新能力不断增强

创新直接提高企业、区域乃至国家等各个层面的竞争力，是经济增长的主要驱动力。截至2016年年底，广东省安徽商会会员企业中获得高新技术企业认定的有380户，其中376户为民营企业，民营科技企业总数比2012年广东省安徽商会成立之时增加了130户。经过近几年的发展，企业的技术研发能力、科技创新能力以及水平均上了一个新台阶，广东省安徽商会会员企业中涌现出比亚迪公司、正威集团、深圳达实智能股份有限公司（以下简称“达实智能”）、易事特集团、广东冠昊生物科技股份有限公司（以下简称“冠昊生物”）、深圳市赛为智能股份有限公司（以下简称“赛为智能”）等一批自主创新能力较强的企业。

广东省安徽商会会员企业创新能力的不断增强对于广东创新能力的提高具有重要作用，也是推动广东经济发展的重要力量。Richard（2006）指出，企业的创新能力指企业产生新思想，并将其市场化的能力，由内部资源、管理水平、市场竞争等多方面因素决定，需要较高的组织和协调能力（魏莉，2011）。近年来，广东省安徽商会会员企业通过增加创新投入，加强创新管理，完善创新机制，推动创新成果的转化，具备了良好的创新能力，竞争优势不断提高。广东省安徽商会会员企业的创新能力不断提升，连续多年获得多种创新奖项。例如，易事特集团先后获得国家火炬计划重点高新技术企业、国家知识产权优势企业、国家专利优秀奖、国家认定企业技术中心、广东省自主创新100强企业等荣誉。经统计，2016年，广东省安徽商会会员企业获得的各类创新奖项近150项，其中，深圳市大富科技股份有限公司（以下简称“大富科技”）获“2015年度技术创新奖（机器视觉类）金球奖”，深圳市长盈精密技术股份有限公司（以下简称“长盈精密”）获“深圳市首批自主创新型龙头企业”荣誉称号，等等。

4. 广东省安徽商会会员企业品牌数量不断增加

在知识经济时代，无形资产经营对于企业获得持续的竞争优势起着非常重要的作用，而品牌是无形资产经营的核心，是最有价值的，是企业避免陷入同质化竞争的一道重要屏障，更是企业能否获得持续核心竞争力的一个关键所在（廖媛媛，2009）。一个品牌的市场价值越高，就越能创造商业价值。对于现代企业来讲，随着企业组织架构、管理模式、发展战略和企业文化的紧密联系，品牌已超越营销范畴，逐渐成为一种综合性的文化象征，企业竞争已从产品生产和服务竞争转为品牌之间的竞争。截至2016年年底，广东省安徽商会会员企业拥有各类品牌1000多个，比2012年增加2倍，其中有比亚迪、迈瑞、远景园、易事特、至正馆、歌力思、德尚（DESON）、三泰汽车内饰（3T）、新基地、金凤凰等24个知名品牌；有“中国驰名商标”20多个，重点培育品牌200多个，分别比2012年增加1～2倍。经过近几年的发展，广东省安徽商会会员企业的品牌数量不断增多。

广东省安徽商会会员企业品牌数量的不断提升以及知名品牌的打造，在一定程度上表明广东省安徽商会会员企业的竞争力不断增强。品牌作为一种无形资产，在广东省安徽商会会员企业参与市场竞争中的作用已经凸显，并且已经成为广东省安徽商会会员企业获得持续核心竞争力的关键。

第三节　广东徽商的特征及存在问题

近年来，随着广东徽商队伍不断壮大，广东徽商取得了飞速发展，涌现出一批批行业标杆性企业和优秀企业家。企业在发展规模、行业分布以及发展模式上均具有徽商的特质；同样的，企业家队伍也明显打上特色的烙印。虽然广东徽商具有的这些鲜明特征为其发展带来一定的助推作用，但是广东徽商的发展仍存在一些问题亟待解决。

一、广东徽商的企业特征

随着徽商力量的不断壮大，大量企业来粤发展，广东徽商的实力不断增强，企业规模不断壮大。在行业分布上，主要以制造业为主，在发展模式方面主要以创新发展、借力发展和抱团发展等模式发展。

1. 广东徽商的企业规模不断壮大

企业规模的壮大带来企业经营效益的提升。一般而言，企业规模与效益是成正比的，当企业的产量达到一定规模时，这个规模的产量才能够使产品的成本处于最低点，利润处于最高点，规模效益才会产生。规模的提升带来效益的增加，效益的增加进而推动产业结构的转变，这也是越来越多的企业追求规模生产的原因。经过改革开放 30 多年的发展，广东徽商的经济实力不断增强，以智能制造、生物技术和电子通信等为代表的新兴产业迅速崛起。近年来，广东徽商的产值不断提升一定程度上得益于规模的不断壮大。2016 年，广东徽商的产值达到 8816 亿元，规模以上企业达到 130 多家。2012 年，广东省安徽商会首批会员企业有 115 家，分布于深圳、广州、佛山、东莞等 17 个地市，首批会员企业产值超过 6000 亿元。2016 年，广东省安徽商会会员企业有 2132 家，会员企业的单位产值达到 4. 135 亿元。同时，近年来，随着企业规模的不断壮大，广东徽商的产业结构不断调整，以加工制造为代表的传统劳动密集型产业增长放缓，以智能制造为代表的资本技术密集性产业的竞争力在不断增强，并逐渐涌现出一批行业顶尖企业。

2. 广东徽商中的制造业企业占比较高

广东徽商作为广东经济发展的重要力量，从其整体情况看，制造业比重比较大，2016 年，规模以上制造业企业达到 105 家，年主营业务收入为 7000 亿元。从广东省安徽商会会员企业的行业分布来看，同样制造业占比也相当大。统计显示，2016 年，广东省安徽商会会员企业中，制造业企业占80%、服务业占10%、农业和金融业仅各占5%，制造业企业大部分分布在冶金、制造、工业科技、工业加工、房地产、医药制药、网络科技等领域。从广东省安徽商会20家A股上市会员企业的经营情况看，制造业企业占比为65%，2016年主营业务收入达到1413.26亿元，占A股上市会员企业主营业务总收入的92%。从以上分析可以看出，广东徽商不仅制造业企业数量占比较高，制造业企业的经济实力也较其他行业企业强大。

对于一个国家来说，没有强大的制造业就不可能成为世界强国。从世界范围来看，制造业是工业化进程中的核心要素，工业化推进到哪里，哪里的经济就蒸蒸日上。一方面，制造业带动就业，推动地区经济发展；另一方面，制造业产业基础雄厚，资源整合能力强，推动技术进步的作用较强。“全球百位思想家”之一的瓦科拉夫·斯米尔（Vaclav Smil）曾在其《美国制造：国家繁荣为什么离不开制造业》（*The Rise and Retreat of American Manufacturing*）一书中写道，“如果没有一个强大而且极具创新性的制造业体系，以及它所创造的就业机会，那么，任何一个先进的经济体都不可能繁荣发展”①。对任何一个现代经济体来说，制造业都是关键的组成部分，其重要性远非其对GDP的贡献率所能反映出来。制造业企业对于促进中国制造水平，改造传统制造，发展绿色制造、智能制造，加快3D打印、高档数控机床、工业机器人等智能技术和装备的运用方面有着积极意义。广东徽商中的制造业企业比重大在一定程度上奠定了其在区域经济发展中的重要地位，对推动广东经济发展、提升广东就业水平以及加速广东制造业转型升级等方面发挥重要作用。

3. 广东徽商的持续发展主要依靠创新

创新是社会发展的动力，更是企业实现成长的根本。广东徽商在近20年来的发展历程中，涌现出一大批通过商业模式创新或者技术创新实

① ［美］瓦科拉夫·斯米尔（Vaclav Smil）：《美国制造：国家繁荣为什么离不开制造业》，刘寅龙、李凤海译，机械工业出版社2014年版。

现快速发展的企业。企业依靠创新商业模式谋求发展的形式多样，包括通过重新定义目标市场或者重新组合运营模式或盈利模式，等等，从而占领市场空白点或获得更强有力的竞争优势。例如，比亚迪公司经营范围从电池领域转向新能源汽车领域，打造中国新能源汽车品牌，抢占新能源汽车市场；又如，随着高端旅游消费市场的不断扩大，广州勤天集团有限公司（以下简称“勤天集团”）通过转型升级，完成了以房地产开发和提供旅游度假及酒店行业产业链解决方案的“双引擎”战略部署，实现由房地产企业向健康养生旅游服务供应商转型；等等。这些都是广东徽商通过商业模式创新谋求企业发展的典型。技术创新发展是指企业通过持续开发新技术，或将已有技术应用于新领域，从而改进现有产品或创造新的产品、生产工艺或服务方式，赢得竞争优势来获得持续发展。在知识经济时代，通过在经营生产活动中持续进行技术创新，企业在激烈的市场竞争中处于主动地位，并获得技术溢价。广东徽商中的大部分科技型企业往往采用技术创新发展模式来推动企业发展。例如，易事特集团围绕 IDC［internet data center，互联网数据中心。含 UPS（uninterruptible power system/uninterruptible power supply，不间断电源）、高压直流］、光伏发电站（含逆变器、储能）和智能微电网（含电力轨道交通、新能源车及充电桩）等高新技术产品的研发、制造、销售和服务对产业进行结构调整和优化升级；冠昊生物立足再生医学产业，拓展生命健康相关领域，不断致力于再生医学领域产业化的创新与开发，以生物材料技术和细胞与干细胞技术两大技术体系为支撑，坚持自主创新与国际先进技术相结合；等等。

从广东徽商近年来的发展可以看出，创新发展模式已经成为广东徽商崛起的重要模式。一方面，广东徽商越来越重视开发全新的市场、产品或服务，注重创新的系统性和信息技术应用，依靠商业模式创新为企业谋求发展；另一方面，广东徽商注重对技术的开发，以市场为导向充分发挥技术引领作用，依靠技术创新发展模式推动企业的持续发展。

4. 广东徽商的快速发展关键在于借力

科学技术的飞速发展，客户需求的日新月异，企业面临的经营环境日趋复杂，单凭企业内部的资源与能力往往难以应对日趋激烈的市场竞争。正因为如此，许多广东徽商通过与世界一流企业或者行业领先企业的合作，即借力发展，实现优势互补、风险共担与资源共享，加速企业发展，提高企业回报率，实现单靠自身能力所无法实现的快速增长。

所谓借力发展是指企业通过与其他有优势和实力的实体经济合资合作，克服自身在技术、行业经验、市场能力等方面的不足，分散研发风险与市场风险，加速新产品开发，方便新市场的进入，有效提高资源利用率，从而取得更快发展。借力发展一般适用于自身拥有一定核心能力的企业，合作方式一般包括建立合资公司、委托管理、签订项目合作协议，等等。例如，2017 年 8 月，融捷集团与美国康宁公司达成新型柔性玻璃复合装饰材料项目合作协议，双方共同投资的柔性玻璃复合装饰材料总部、研发及生产基地项目正式签约落户安徽省芜湖市。通过该项目合作，融捷集团借助美国康宁公司在特殊玻璃、陶瓷和光学物理领域的专业知识，助力企业发展，并且对国内外装饰市场产生重要而深远的影响。从广东徽商的成功实践可以发现，企业通过借力来助力企业发展，在日新月异的市场变化中获得成功。在制造业企业中，广东徽商通过自身拥有的生产能力和较低的制造成本获得品牌企业的青睐，通过为一流品牌企业加工产品，提升自身品质和制造能力，从而进入一流企业行列；当企业拥有一定的品牌和资金实力后，往往通过优势互补的形式，与其他行业的优秀企业合作，获取进入新行业所必需的经验、技术等，实现多元化发展。

广东徽商近年来与其他企业保持良好的合作关系，在协商一致的基础上共建合作框架，相互借力，共同发展的趋势明显。通过与国内外一流企业合作，引进先进的制度、管理方法和技术等进入新兴领域，从而取得持续高速发展。总的来说，借力发展已经成为广东徽商发展的加速器，过去借力发展为广东徽商带来企业规模的扩大和行业地位的提高，未来借力发展将为广东徽商抢占新兴领域、打造新兴市场创造条件。

5. 广东徽商的集群效应发挥在于抱团发展

近些年，广东徽商通过抱团发展，根据各自不同特色，形成了若干类

型的产业集群，成为推动广东经济发展的重要力量之一。抱团发展依托当地文化背景，面向市场需求，通过主动作为或自发形成，这是广东徽商近年来越来越关注的发展模式。广东徽商在南粤大地，与具有相关关联的企业、金融机构、相关产业的厂商及其他相关机构在竞争与合作关系的双重作用下形成相关的业务网络，从而获得外部经济性，取得规模效应，促进企业持续成长。广东徽商抱团发展主要表现在两个方面：一是基于徽商之间的乡谊和凝聚于广东的地域优势形成的抱团发展，主要表现是广东各地市安徽商会的成立，这种抱团发展模式提升了广东徽商的资源整合能力，广东各地市安徽商会会员企业通过整合外部资源从而获得企业发展所需要的各种资源和能力，创造出更大的价值。二是基于行业优势而形成的抱团发展，主要表现是各种产业集群的形成，集群企业根据专业化分工的原则，在一定地理区域内集中，形成具有业务往来的完整价值链，在核心企业的推动下，包括配套企业与专业化服务机构在内的所有组织通过共享资源与相互学习，共同推动产业集群的整体发展，从而使企业获得集体竞争优势（吴迪，2012）。例如，比亚迪公司抓住“深圳东进”的发展机遇，积极融入深圳“西有南山，东有坪山”的产业格局，发挥其作为新能源汽车龙头企业的作用，通过与沃特玛（动力电池著名企业）、巴斯巴（电动连接器著名企业）等为代表的一批新能源企业的产业集群，形成了从新能源汽车动力电池装备到制造，从新能源汽车的电机、电控到整车制造的完整生产能力，提升了整个深圳的新能源产业能级。广东徽商通过这种抱团发展而形成各种产业集群，从而获得规模效应。集群化发展使得企业更加充分发挥自身优势，整个产业链可通过规模效应降低整体的运营成本。

从广东徽商近年来的发展可以看出，越来越多的企业开始注重抱团发展，注重产业集群，通过资源整合以达到“1 + 1 > 2”的效果。广东徽商之间的抱团发展，一方面，将会进一步壮大徽商队伍，提升广东徽商对粤皖两地的经济贡献；另一方面，有利于形成集群优势，进一步降低企业生产成本，提升企业经济实力，建立行业领先优势。

二、广东徽商的企业家特征

随着广东徽商整体实力的不断增强，企业家队伍也不断壮大，在企业家年龄、文化素质、精神特质、政商关系等方面均呈现出一些显著的特点。

（一）广东徽商的企业家年龄与学历结构状况

企业家的年龄代表了企业家的经验。相对而言，年龄越大，企业家的知识储备和决策经验越多。据统计，广东徽商在41～50岁年龄段的人数最多，比重为40%，其次为31～40岁的，比重为32%，这两个年龄段的比重之和为72%；而30岁以下和51岁以上的，各占12%和16%。从广东徽商的企业家年龄结构可以看出，年龄在30～50岁之间的企业家占广东徽商的比重较大，企业家队伍呈中年化趋势，这在一定程度上说明广东徽商拥有一定的人生阅历和企业经营经验。

具有良好教育背景的企业家更容易通过自己的认知水平和专业水准对内外部环境进行研判，通过科学决策、及时调整战略、合理优化配置资源等，使得企业能够较好地适应经济社会变革，立于不败之地。为了提升自身的经营管理能力，不少企业家参加各种在职教育学习，如参加MBA课程教育等。同样的，近年来，广东徽商重视自身素质的提升，通过各种途径加强学习教育，整体素质有了很大的提升。对广东徽商学历水平的调查发现，广东徽商中具有大学本科以上学历的占60%，具有大专学历的占25%，中专、高中以下学历的仅占15%。由此可以看出，广东徽商企业家的学历水平普遍较高，整体素质较好。

（二）广东徽商的企业家精神特质

自改革开放以来，广东作为改革开放的前沿阵地，涌现出一批优秀的安徽企业家。他们抓住开放机遇，在南粤大地上精耕细作，逐渐成长为我国经济发展的重要力量。除了广东为其发展带来的优越条件外，广东徽商

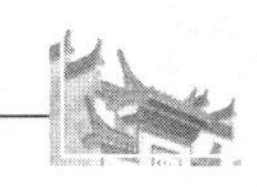

的快速发展很大程度上得益于其自身所拥有的内在精神特质。广东徽商在充分继承传统徽商优秀特质的基础上，进一步通过思想变通，形成了一种适应当前营商环境和经营规则的新徽商文化。在改革开放30多年的发展中，广东徽商凭借着自身的文化特质，在岭南甚至全国、全世界摸爬滚打，造就了一大批全国知名企业，并且成为国内外备受瞩目的商业族群。广东徽商的企业家精神归纳起来有以下三点。

第一，生存压力下养成的拼搏进取精神。“丈夫志四方，不辞万里游；风气渐成习，持筹遍九州。”这句民谣自古便在安徽大地流传。胡适先生曾把徽商形象地比喻成“徽骆驼”，徽商不畏苦寒、拼搏进取的精神可见一斑。明清时期，徽州山区生存资源极为贫乏。穷则思变，敢为天下先，如此生存之道于改革开放之后亦一脉相承。“比亚迪”创始人王传福可谓“徽骆驼”的代表，他出身贫寒，父母早逝。1995年，创办比亚迪公司。创业初始，以镍镉电池为主打产品。由于条件困难，资金不够建新的生产线，王传福亲自带领20多名员工组建人力流水线，整日在一间旧车间里“打打敲敲”；进入锂离子电池领域后，艰难的处境仍没难倒王传福，他通过拆解、改造、创新，组建半自动化流水线，用人工代替机器，以添加吸水药剂替代干燥室，最终将业务做到世界前列。面对种种挫折，是他拼搏进取的精神支撑着“比亚迪”迎来转机。

第二，儒学文化与市场理念融合的以义为利精神。“商贾好儒，徽商崇文。”徽商行事作风，无不受儒家思想程朱理学的影响，看重“财自道生，利缘义取”。广东徽商深受这种儒商精神之影响，加上身处广东这一市场经济繁荣之地，形成了与众不同的广东徽商精神。这是广东徽商在长期的经商实践中逐渐形成并为人所接受、认可的思想意识、道德操守和价值取向，广东徽商在新的历史条件下成长壮大，不仅受到安徽本土地域文化的影响，也受到广东的地域文化、海外不同类型的异质文化及其他积极的先进文化的影响。因此，广东徽商的商业特征与行为方式在商业活动中的表现要比历史上的徽商丰富得多。以诚信为例，历史上的徽商以诚实守信为经商理念，是争取客户和维护自身利益而催生的一种理念，这种理念是一种道德理念、一种文化理念；而广东徽商在现代市场经济条件下所形成的信用体系不仅是一种道德理念和文化理念，更是一种市场的概念、一种商品的概念、一种品牌的概念。

第三，注重商品质量、品质至上的精神。没有细节，就没有品质；没有品质，就没有品牌。广东徽商一直坚持品质至上的理念，发扬传统徽商注重商品质量、以品质说话的精神，努力塑造企业的工匠精神。广东徽商通过广泛开展质量提升行动，加强全面质量管理，从而健全优胜劣汰的质量竞争机制。质量之魂，存于匠心。通过弘扬工匠精神，厚植工匠文化，恪尽职业操守，崇尚精益求精，培育出众多中国工匠。例如，格力集团的董明珠非常注重产品的品质，一直坚持用技术提升产品的质量，为了向消费者保证品质，"格力"提出并实践了6年免费服务的承诺，"格力让世界爱上中国造"的口号更是将"格力"注重产品品质的精神带向全世界。正是因为对产品质量的重视，格力空调连续多年产销量、销售收入、市场占有率均居全国首位。

今天的安徽优秀企业或企业家，对"儒"进行了继承式创新，将仁义道德嬗变为"以诚待人，以信接物，以义为利，仁心为重"，秉承用户至上，注重产品质量，维护企业品牌信誉。放眼广东徽商，董明珠、王传福、王文银等人，身上的烙印更多得益于改革开放的大潮、互联网时代的大趋势，以及挣扎跳出中国传统政商关系的旧壳和对市场常识的追逐与坚守。

（三）商而不腐的政商关系

2016年，习近平总书记在看望参加全国政协十二届四次会议的民建委员和工商联委员时指出，新型政商关系，概括起来就是"亲""清"两个字，对构建新型政商关系做出新的阐述。发展社会主义市场经济，政商关系是始终绕不开的重要话题。构建健康、清廉、公开、透明的新型政商关系，是顺应经济新常态的大势所趋。习总书记以"亲""清"二字定调新型政商关系，将政府与企业家的关系比作"裁判"与"球员"的关系，对其形态与内涵准确生动地进行了诠释。政府与企业家既相互依存，又职责各异，应当有底线、有距离，构建新型政商关系，需要双方厘清边界、

各司其职和相向而行地鼎力协作。

在中国，政商关系自古以来就是一个既复杂又敏感的话题。在古代社会，由于政治在社会资源分配中的统摄作用，经济作为政治的附庸存在，政商关系虽然纠结但是不成为制约社会发展的主要矛盾。人类进入工业社会以后，政商关系越来越不可或缺，对现代化的进程产生了重要影响（佟德志，2015）。在中国，政商关系在不同时代表现为不同的模式，但是官与商之间的博弈一直存在。从中国反腐的数据来看，在2000—2014年被查处的795个副厅级以上贪官案例中，大约95%的贪腐官员涉及接受商人贿赂。[①] 官员的权力和商人的金钱、物质或美女之间的交换，几乎是所有贪污腐败的标准模式，官商勾结的腐败模式将政企关系逼入险境。广东徽商却始终做到洁身自好、严于律己。广东徽商作为徽商的一个支系，虽然一直以来都保持着与政府的亲密关系，积极与政府合作，但是自“十八大”加强反腐败以来，在诸多经济热点领域涉及权钱交易、权色交易的案件中，广东徽商无一人被查出有不正当政商关系。这种现象的存在，一方面得益于广东徽商对优秀徽商传统的继承和对历史经验教训的汲取，另一方面也得益于他们对新型政商关系的正确认识。

三、广东徽商发展存在的问题

经过多年的持续快速发展，广东徽商经济规模明显扩大，产业结构和经营管理水平不断优化和完善，但在发展过程中仍存在一些问题。

1. 广东徽商持续发展能力有待进一步提高

广东徽商持续发展的瓶颈因素依然存在。首先，在转型升级过程中，广东徽商面临发展空间、资源瓶颈和环境质量等因素制约，需进一步完善集约化发展水平；其次，原材料价格快速上涨，融资成本不断上升，劳动

① 参见聂辉华：《起底中国特殊官商关系的制度根源》，和讯网2015－06－02。http://opinion.hexun.com/2015－06－02/176377991.html

力成本大幅上涨，税收负担沉重，直接加剧了企业的负担，利润空间受到挤压；再次，产业集群水平低，广东徽商的产业集群并未形成，相关企业数量过少，不利于竞争和技术升级，产业链企业之间的合作也尚未形成，产业集群发展水平不够高；最后，产业结构尚需优化，现代服务业发展比重偏低，发展滞后，产业结构不甚合理。

2. 广东徽商从事领域需进一步拓宽

古徽商多从事贸易流通行业，产业基础不雄厚，这也被有关学者认为是古徽商逐渐衰落的一个原因（蔡敏、杨玉华，2007）。如今，广东徽商大多以制造业起家，从事制造业的广东徽商所占的比重为80%。虽然制造业比重领先其他商业团体，产业基础雄厚，但是行业分布不均，服务业占10%，农业和金融业各占5%，这导致广东徽商在未来的发展中空间较为有限。虽然广东徽商的制造业比重较大，但整体水平较低，从事智能制造的企业比重仍然较小，转型升级尚面临困难。就广东徽商制造业发展的水平来看，关键智能制造技术及核心基础部件主要依靠进口，真正实现智能制造生产仍需很长的一段时间才能实现。因此，广东徽商不能局限于制造业，应抓住当前新一轮产业变革带来的机遇，在推进制造业转型升级的过程中，发展新业态，形成多元产业发展的新格局。

3. 广东徽商发展的产业链亟待延伸完善

广东徽商普遍存在的一个问题即价值链较短，尤其是制造业企业，一些中小型企业的产品附加值较低，产业价值链不完整，存在某些环节缺失的情况，以致上下游企业配套协作不足，上游产业和下游产业发展不平衡。部分广东徽商中的中小型企业仍位于产业链低端，主要体现在：服务贸易相对货物贸易发展滞后；工业生产中，资本、技术密集型的装备制造业不具有竞争优势，生产产品中，成套机械设备、交通运输设备、精密仪器等高附加值产品比重较小；等等。此外，部分中小型制造业企业的产业分工和专业化程度不高，集中在产业价值链的某些环节，导致产业集群效应不强。正是由于广大徽商中的中小型企业自主创新能力不足，缺乏自有

品牌，产品主要以国内外知名企业贴牌生产的方式打入市场，大大压缩了产品的利润空间，削弱了企业的市场竞争力。

4. 广东徽商的企业品牌亟须进一步培育发展

经过多年的发展，广东徽商越来越注重品牌的培养和发展，越来越多的企业正逐步从加工制造向自主品牌过渡。虽然广东徽商的企业品牌培育初具成效，但是仍存在不少制约因素。主要表现在以下方面：一是高层次的创新机构数量偏少，尤其是省级以上的企业技术中心、工程中心、工程实验室等机构偏少；二是高端人才缺乏，部分广东徽商缺乏高端人才，尤其是缺乏具有国际化品牌视野和战略思维的复合型人才以及能熟练开展企业品牌化战略策划和处理高端业务的服务型人才；三是企业创新投入不足，大部分中小型企业创新投入不足，难以支撑品牌经济塑造过程中所需的人才与技术投入。正是受这些因素的制约，广东徽商通过多年努力发展而形成的几大较强的区域品牌，如兰江地产、比亚迪新能源汽车以及歌力思高端女装等，其区域品牌优势及效应正逐渐削弱。

第四节　广东徽商发展面临的机遇与挑战

从国际来看，世界经济正处于缓慢复苏态势，经济形势总体有所改善，新一轮技术革命孕育而起，科技创新浪潮涌动，全球产业结构调整快速推进；从国内来看，工业规模扩张空间收窄，经济转型升级步伐加快，外贸拉动经济增长动力有限，“资本输出”进入重要发展期，经济结构战略性调整及“一带一路”倡议带动经济稳定增长，粤港澳大湾区建设如火如荼（张亚雄、张晓兰，2015）。一系列的国际国内经济形势及政策变动都预示着“十三五”时期，国家经济社会发展将面临复杂的内外部环境，并且有利因素与不利因素叠加交织。这对“十三五”时期广东徽商的发展既带来重大机遇，也带来巨大挑战。

一、供给侧结构性改革带来的机遇与挑战

推进供给侧结构性改革，是以习近平总书记为核心的党中央着眼于新常态下国际宏观环境的复杂多变、国内“三期叠加”阶段新旧矛盾交织的状况所做出的重大战略部署，对解决当前经济下行带来的矛盾、加快我国产业转型升级和新旧动能转换、保持经济社会持续健康发展的意义和作用重大。在中央财经领导小组第十二次会议上，习近平总书记明确提出：“供给侧结构性改革的根本目的是提高社会生产力水平，落实好以人民为中心的发展思想。要在适度扩大总需求的同时，去产能、去库存、去杠杆、降成本、补短板，从生产领域加强优质供给，减少无效供给，扩大有效供给，提高供给结构适应性和灵活性，提高全要素生产率，使供给体系更好适应需求结构变化。”2017 年 10 月 18 日，习近平总书记在党的十九大报告中又提出，“坚持去产能、去库存、去杠杆、降成本、补短板，优化存量资源配置，扩大优质增量供给，实现供需动态平衡”。

当今世界经济复苏疲弱、需求不振，中国经济也难以独善其身。2007 年以来，中国经济增速逐年下滑已成常态化，2016 年 GDP 增速已跌至 6.7%。尽管国际金融危机爆发后，中国政府曾尝试通过加大投资力度来扩大需求，推出了 4 万亿元刺激计划和十大产业振兴规划，此举虽然让过剩产能得到暂时释放，但投资形成的产能孕育着更为严重的过剩风险（倪红卫，2016）。2015 年以来，央行多次降息降准，国家发展和改革委员会新批基建项目规模也不断增大，但需求刺激效果甚微，投资依然萎靡，同时，资源和环境约束不断强化。从消费需求来看，尽管国内消费增速降级而下，消费者在海外市场的购买力却不断上升；国内航空客运增速缓慢下行，跨境出游却一直持续高增长态势。这意味着，当前中国经济面临的问题，并不在短期需求，而在中长期供给，且个性化、多样化需求趋势日益明显；同时，过去资源环境对经济发展的约束不强，现在资源环境承载能力已经达到或接近上限，主要靠资源要素投入的粗放型发展方式到了非转变不可的地步。

当前，全球价值链重新构造，传统产业向成本更低的国家转移，我国的比较优势正在发生变化。发达国家纷纷实施“再工业化”战略，重塑制造业竞争新优势，加速推进新一轮全球贸易投资新格局；一些发展中国家也在加快谋划和布局，积极参与全球产业再分工，承接产业及资本转移，拓展国际市场空间（郭朝先、王宏霞，2015）。我国制造业不仅面临着内部环境变化带来的严峻压力，同时也面临着发达国家和其他发展中国家“双向挤压”的严峻挑战，传统产业不转型升级就没有出路。广东徽商中的制造业企业占80%，其中大部分企业还未完成转型升级，仍然属于传统制造业。随着国内供给侧结构性改革的推进以及国际经济形势的变化，大部分广东徽商同样面临着国际和国内的双重压力。因此，厘清供给侧结构性改革给企业带来的机遇与挑战对于广东徽商加快转型升级，淘汰落后产能，跟上国际步伐意义重大。

（一）供给侧结构性改革给广东徽商带来的机遇

1. 传统产业将重获助力

一是广东省主要从化解落后产能，界定并分类处置“僵尸企业”，管增量、控存量、去房地产库存这三方面着手，建立专项资金，减少产能过剩，加快传统过剩产业的并购重组步伐。这在一定程度上减轻传统行业的产能过剩，为身处过剩产业困境的广东徽商中的优势民营企业提高行业集中度，充分发挥规模经济的效应提供有力的政策支持。二是为提高传统产业产品质量，政府鼓励加大在传统产业技术改造上和技术原创性上的投入，加大适应市场需求的高品质产品的有效供给。通过减轻企业税赋、降低企业社会综合成本费用等方式，让传统产业领域的企业有更多的利润去支撑提质增效和创新发展，从而引导传统产业领域的广东徽商创新发展。三是供给侧结构性改革的推进，将倒逼广东徽商发展经营的“旧领域”的转型升级，并结合改革的需要催生新的发展领域，逐步形成个性化、层次化、多元化的供给市场，衍生新的市场需求，这有助于传统产业领域的广东徽商找到新的发展方向。

2. 新兴产业将备受重视

供给侧结构性改革的“去产能、去库存”，将使发展新兴产业的广东徽商更便捷地获取发展资源。随着供给侧结构性改革的深入推进，广东的钢铁、煤炭等过剩行业的“去产能、去库存”，必将带来资金、技术、人才等资源的流出，这为新兴产业企业输送更多的劳动力、资金和技术，对于发展新兴产业的广东徽商而言是极大的利好，为其做大做强提供了丰富的资源；同时，政府为支持新兴产业的发展提供系列政策支撑。例如，对新兴产业企业研发给予贷款补贴，加强企业品牌保护，加大对知识产权侵权行为的处罚力度，等等，为新兴产业的发展营造良好的环境。

3. 民营经济与国有经济竞争将更加公平

供给侧结构性改革的政策手段主要包括简政放权、放松管制、金融改革、国企改革、土地改革、提高创新能力，等等。其中，国企改革支持有条件、有实力、有比较优势的民营企业参与水利、电力、天然气、金融服务等行业和领域兼并重组，市场准入标准和优惠扶持政策对所有经济主体一视同仁，不对民营资本设置附加条件等政策，为民资进入很多产业领域提供了机会，这将有助于广东徽商进入新的发展领域，探索新的发展模式。

（二）供给侧结构性改革给广东徽商带来的挑战

1. 传统行业环境恶化带来挑战

随着供给侧结构性改革的全面推开，广东省正加速化解过剩产能与过剩库存。这些改革措施将直接使大部分身处“去除”行业的广东徽商受到前所未有的大挑战，大量经营能力较差、效益不高的企业将被清理出局。一方面，我国的经济改革有明显的政府主导特征，民营企业对政府的经济政策有较高的依存度，在当前背景下，处于传统行业之中的广东徽商将面临资金、人才、市场等资源要素大量撤出的发展困境。另一方面，

“去除”领域的广东徽商资金来源减少，银行的利率优惠、政府的税费优惠的取消将增加此类广东徽商的资金使用成本；同时，银行等金融机构出于风险因素考虑，将收缩对这些企业的贷款，这部分广东徽商的融资更加困难，发展更是举步维艰。

2. 市场竞争日益激烈带来挑战

供给侧结构性改革将促使市场平台不断扩大，市场资源日益丰富，市场结构日趋优化，市场竞争日益激烈。在此背景下，无论是留存下来的实力较强的传统民营企业，还是作为经济增长新动能的新兴行业的民营企业，一旦发展效益不好，将面临被吞并、被淘汰的风险。首先，对于那些有优势、有竞争力的传统企业，政府鼓励其兼并重组并给予政策支持。因此，面临“去产能、去库存”压力的传统广东徽商只有竭尽全力地充分整合企业的有效资源，提高自身竞争力，积极推动与有实力的外部企业兼并重组，才有可能使企业脱离困境、重获新生；否则，企业将会面临破产倒闭的命运。其次，新兴领域的民营企业竞争异常激烈。新兴民营企业加紧争夺从传统行业流出的优势资源，并积极收购有市场价值的外部企业，抢占企业发展先机。广东徽商想要抓住发展机会，就必须及时适应开放市场的需求，从创新、技术、文化等方面全方位提升企业的软硬实力，提升企业核心竞争力；否则，实力不足的企业将会被实力更强的企业兼并或吞并，同样面临被市场淘汰出局的危险。

3. 创新发展面临挑战

实现创新发展是供给侧结构性改革的重要目标。广东徽商要实现创新发展，可能面临来自创新资金、创新制度等方面的挑战。在创新资金方面，虽然政府鼓励一些创新性、战略性新兴民营企业发展，但是更加具体的在各个领域的资金支持政策还未落地。另外，如果只有政府的财政资金补贴，对于处在新兴领域的广东徽商则远远不够。就创新的制度障碍而言，税收减免、信贷优惠的力度仍不够，激励体制机制尚未形成体系，在鼓励创新问题上，政府往往是“主角”，而企业这个微观市场主体则成为

“配角”，尚未能发挥企业作为市场创新主体的作用，在一定程度上影响企业的创新积极性，从而导致创新效率低下、创新成果不足等一系列问题。

二、“一带一路”倡议带来的机遇与挑战

2013 年，习近平总书记先后提出了“丝绸之路经济带”和“21 世纪海上丝绸之路”的战略构想，初步勾勒出一幅横跨欧亚非的陆上与海上经济带，在国际社会中引起了广泛关注。“一带一路”沿线总人口约 44 亿，经济总量约 21 万亿美元，分别约占全球总量的 63% 和 29%，“一带一路”作为中国首倡、高层推动的国家战略，是现代经济全球化的需求，对我国现代化建设具有深远的战略意义（文瑞，2015）。2015 年 3 月 28 日，国家发展和改革委员会、外交部和商务部联合发布了《推动共建丝绸之路经济带和 21 世纪海上丝绸之路的愿景与行动》，明确指出了“一带一路”倡议的时代背景、构建原则、框架思路、合作重点、合作机制和我国各地方开放态势，从而使“一带一路”建设有了明确的行动指南，加快了“一带一路”倡议的推进和实施。以“一带一路”为契机，推动中国企业走出去，支持周边互联互通、重大基础设施建设，促进各国经济发展、人民生活改善，既有助于深化国际合作，优势互补，取长补短，促进区域繁荣发展，也有助于增进沟通交流，加强信任，减少摩擦，维护地区安全稳定（徐念沙，2015）。广东徽商应当抓住这一难得的历史机遇，在政府引导下，充分发挥“走出去”的主体作用，努力成为“一带一路”建设的先行者。

过去 10 多年，广东徽商“走出去”取得了辉煌成就，今天，更需要在全球产业链中占据更高价值的先进制造业和服务业方面发挥重要的作用。因此，广东徽商应抓住“一带一路”带来的机遇，积极应对各种挑战，提升自身创新能力，促进产业转型升级，不断做强做大海外市场。

（一）“一带一路”倡议给广东徽商带来的机遇

1. “一带一路”倡议给广东徽商带来更大的发展空间

首先，改革开放30多年来，广东徽商积累了丰富的产业资源、先进的技术水平、成熟的管理经验，已经具备了“走出去”的能力。“一带一路”的提出，将有助于广东徽商扩大海外业务比重，更好地顺应企业“走出去”和多元化发展的需要。其次，在要素成本低、市场需求大的其他国家，部分传统产业可以得到合理估值，重现生机。随着“一带一路”建设的推进，广东徽商积极布局海外市场，推进产业转移，将有助于引导企业产业转型升级，为企业带来新的机遇。最后，“一带一路”的实施，必将推动不同国家和地区的区域创新，包括区域发展模式、产业战略选择、经济技术路径、区域间合作方式，等等。在克服“水土不服”、适应不同国家和区域环境的同时，广东徽商可通过学习借鉴海外成功企业的经验，推动企业发展模式、产业战略、技术路径、商业模式等方面的改革和创新，增强企业的国际竞争力。

2. “一带一路”倡议为广东徽商中的制造业企业“走出去”带来机遇

一方面，“一带一路”区域基础设施建设力度大。目前，“一带一路”倡议涵盖亚非欧诸多经济体，多为新兴经济体和发展中国家，是全球贸易和跨境投资增长最快的地区之一。为了满足工业化、城市化等的要求，各经济体均加大基础设施建设力度，但由于基础薄弱，各类基础设施缺口较大。在中亚和东盟地区，除新加坡外，大部分国家工业化水平低、城市基础设施和公共服务发展滞后，低于世界平均水平，不能满足需求。“一带一路”沿线国家的基础设施建设需求能够与广东徽商企业阶段性、结构性的基础设施产能过剩对接，为广东徽商中的制造业企业提供“走出去”机遇。另一方面，“一带一路”区域经济体产业合作空间大。“一带一路”倡议提出之前，沿线经济体已经有深厚的经济合作基础，“一带一路”倡议提出之后，经济结构的相似性和互补性使各方经济合作更为深入，这将进一步拓展广东徽商中的制造业企业的产业转移、产业投资的路径。

3. “一带一路”倡议为广东徽商带来新的金融支持

随着“一带一路”倡议的推进，多项金融扶持政策呼之欲出，各地银行机构也纷纷加入。例如，开发性和政策性银行倾向于发挥融资及财务顾问的作用，为境内外企业、大项目提供低成本融资；而在海外有分支机构的大型商业银行则倾向于通过资金结算、内外机构联动进行担保或者贷款，提供融资便利。此外，地方银行机构结合具体情况，针对区域内“一带一路”项目设立多种专项产业基金。在广东徽商参与“一带一路”建设过程中，各大金融机构的金融扶持政策以及各地方银行专门基金的设立为其带来新的金融支持，对其更好地融入“一带一路”，推动项目建设创造更多机会。

（二）“一带一路”倡议给广东徽商带来的挑战

1. 广东徽商“走出去”企业面临复杂的海外环境

“一带一路”建设为广东徽商“走出去”提供了难得的契机，但也充满了挑战。从海外投资环境看，中国企业与西方跨国公司相比有明显的“后发劣势”，大部分只能到投资环境差、风险高的国家和行业去寻找机会，有的市场看似空间巨大，实则有效需求不足，盲目进入将带来高风险。① 从企业管理能力看，我国企业海外投资起步较晚，部分广东徽商不熟悉国际市场，缺乏海外投资经验，会计、律师、咨询等中介机构发展程度低、风险评估能力弱等问题比较突出（王卫星，2015）。海外国家和地区的政治、经济、社会环境复杂多变，语言文化、商业规则、法律体系、行业标准等与国内大相径庭，对企业的适应能力和管理水平提出更高要求。此外，“一带一路”沿线国家和地区的金融环境并不完善，对中国企

① 参见中央党校省部级干部进修班（第57期）“战略思维与领导能力”研究专题第二课题组、王卫星：《“一带一路”战略面临的风险挑战及对策研究》，载《理论视野》2015年第8期。

业的金融支持有限。

2. 广东徽商参与“一带一路”建设能力不足

自从“走出去”战略提出以后，广东徽商对外直接投资的规模逐年加大，目标地区的选择日益多元化，投融资方式更加灵活，这为企业更好地参与国际竞争积累了宝贵的经验。但也必须看到，广东徽商“走出去”并非一帆风顺，诸如环境保护、生产流程管理、质量控制等存在的问题，极大地阻碍了企业的跨国整合。一是应对国际市场的灵活多变的能力有待提高。国外全新的社会、经济、政治、文化环境对企业的技术条件、管理手段、整合能力将提出更高的要求，简单采用国内通行方法可能“水土不服”。二是缺乏共同的价值基础。在官方的愿景与行动中，明确将“绿色丝绸之路”作为重要目标，指出生态保护在企业开展对沿线国家的基础设施建设过程中应得到重视，然而，部分广东徽商在环保方面意识不强，因此，易受到东道国的抵制和制裁。三是广东徽商同政府间的对接力度须加强。在“一带一路”建设的推行过程中，政府的政策应当为企业“走出去”提供便利，发挥保驾护航的作用，但在实际操作过程中，有的企业对政府政策研究不够细致，导致无法充分利用各种利好政策，助其发展。四是人才紧缺。部分广东徽商缺乏通晓东道国文化、熟悉国际化经营运作、懂管理的高端国际化人才，对广东徽商境外投资会造成很大障碍。

三、粤港澳大湾区建设带来的机遇与挑战

湾区经济是以湾区自然地理条件为基础，以发达的港口物流运输为依托，逐步发展形成的一种滨海型区域经济形态。湾区经济因湾而聚、依港而生、靠海而兴，具有开放的经济结构、完善的产业链条、便捷的港口运输、高效的资源配置、强大的集聚辐射功能和发达的国际交往网络等特征，是国际经济版图的重要构成（单菁菁，2017）。综观当今世界，那些经济发展条件最好、最具竞争力的城市群，大多聚集在沿海湾区，并成为带动全球经济开放创新发展的重要增长极。

2016年，广东省政府工作报告提出“开展珠三角城市升级行动，联手港澳打造粤港澳大湾区”等内容；2017年，“粤港澳大湾区建设”被写入我国政府工作报告，粤港澳大湾区建设上升为国家战略。粤港澳大湾区包括广州、佛山、肇庆、深圳、东莞、惠州、珠海、中山、江门9市和香港、澳门两个特别行政区。“大湾区城市群”的提出，实质上是包括港澳在内的珠三角[①]城市融合发展的升级版，它将改变过去30多年前店后厂的经贸格局，升级成为先进制造业和现代服务业有机融合最重要的示范区，由区域经济合作上升到全方位的对外开放。广东徽商遍布粤港澳大湾区的各个角落，湾区的发展时刻影响着企业的壮大，粤港澳大湾区的规划建设将给广东徽商现在以及未来的发展带来诸多机遇与挑战。

（一）粤港澳大湾区建设给广东徽商带来的机遇

1. 完善的产业体系给广东徽商带来发展新机遇

在产业配套上，粤港澳大湾区内产业配套体系完备，对比世界三大湾区[②]具有明显的产业配套优势。例如，深圳以高新技术产业集群为主，集聚了电子信息产业、新能源和新材料、生物医药以及正在培育的军工、人工智能等未来产业；东莞是全球最大的传统制造加工业基地之一；广州的汽车制造业、重大装备、造船等高端产业发展较快；佛山拥有电气、陶瓷和机械制造等传统优势产业；珠海形成精密机械和石油化工的主导产业；中山形成电子电器、五金家电等特色产业集群。这为不同行业的广东徽商加强优势合作，降低运营成本，提升创新绩效带来了新的机遇。

2. 巨大的经济体量和现代服务业优势给广东徽商带来发展机遇

一方面，粤港澳大湾区的经济体量十分庞大，2015年GDP总量约1.22万亿美元，是旧金山湾区的2倍，接近纽约湾区水平，而且发展速

---

① 珠三角，即珠江三角洲。

② 世界三大湾区是指日本的东京湾区、美国的纽约湾区和旧金山湾区。

度较快，GDP 逐年上升，从 2011 年的 6.24 万亿元增长至 2015 年的 8.44 万亿元，年平均增速约为 7.2%。粤港澳大湾区的庞大经济体量和发展速度，为广东徽商的发展提供了良好的环境。另一方面，湾区以现代服务业为主，与世界三大湾区的经济结构相似。粤港澳大湾区拥有世界上最大的海港和空港群，区域内拥有香港、深圳、广州三个全球性大港，港口集装箱吞吐量达 7200 万标箱，是世界三大湾区总和的 5.5 倍；粤港澳大湾区进出口贸易额约 1.5 万亿美元，是东京湾区的 3 倍以上；湾区内香港证券交易所及深圳证券交易所两大交易所在亚太乃至全球有着举足轻重的地位，香港依托国际市场发展服务业、金融、航运物流、信息以及专业服务等国际领先，深圳的 VC/PE（VC：venture capital，风险投资；PE：private equity，私募股权投资）机构累计近 5 万家，金融机构数量和管理资本总额约占全国的 1/3。粤港澳大湾区服务的快速发展为广东徽商创新和创业注入发展活力。

3. 良好的资源整合能力给广东徽商发展注入新活力

粤港澳大湾区拥有香港、澳门的国际级商务和科研资源，广州、深圳的科技产业孵化能力以及东莞、佛山、珠海、惠州等地的制造与应用转化基础，这为广东徽商融入粤港澳大湾区建设，促进企业转型升级提供了丰富的资源和支撑。粤港澳大湾区的融合发展，不仅能够糅合香港国际金融中心的优势、深圳科技创新优势以及广州的商贸传统，而且将构建共建共享机制，这对于广东徽商而言是极大的利好，能够为其搭建更加宽广的平台。

（二）粤港澳大湾区建设给广东徽商带来的挑战

1. 粤港澳三地存在的制度差异给广东徽商跨境创新合作带来挑战

粤港澳大湾区内，香港、澳门与其他城市在政治体制和法律制度上存在较大差异，一定程度上阻碍了三地企业之间的创新合作。其中，粤港澳大湾区的 9 个城市的法律属于大陆法系，香港、澳门的法律属于英美法系。在知识产权保护方面，香港法律体系比较完备，香港以所得税为主，鼓励企业创新；而其他内地城市税收以流转税为主，支持企业科技创新主要采取税收优惠的方式，实际执行较难。在科研经费的使用上，内地城市的科研经费无法跨境在香港、澳门使用，等等。诸如此类的制度差异对广东徽商与港澳地区企业及科研机构等的跨境创新合作带来巨大的挑战。

2. 粤港澳大湾区创新要素跨境流动存在的障碍给广东徽商发展带来挑战

跨境创新人才的流动受到两种体制的限制，区域内职业技术资格不能互认，香港科研创新人才被视为“境外人员”，须在内地和香港同时交税，导致很多香港人才“来了又走”，目前尚没有互通互认的完善制度，严重限制了香港国际化创新人才的引入和回流。粤港澳大湾区城市交通体系缺乏一体化规划和建设，跨境基础设施的衔接存在严重问题。粤港澳大湾区通关便利化尚无大的突破，研发设备出入境关税较重。此外，粤港澳大湾区存在创新要素跨境流动性不强更是广东徽商参与粤港澳大湾区建设所面临的棘手问题。

3. 粤港澳大湾区生产要素成本上升给广东徽商带来挑战

广东徽商大部分以制造业为主，其中部分企业尚处在全球价值链的低端，附加价值不高，产业层次较低，同质化严重。当前，国际市场发生剧烈变化，湾区内部分广东徽商中的制造企业不仅面临生产要素成本持续上升的压力，还需面对东南亚代工企业的挑战，以及发达国家制造业回流带来的冲击，因此，广东徽商中的传统产业存在着被替代的风险。

四、世界科技创新浪潮下的机遇与挑战

科技进步对经济增长的贡献率，在农业经济时代不足10%，在工业经济后期为40%以上，在知识经济时代将超过80%（任立良、黄林楠，2000）。当前，随着第三次科学革命的纵深发展，全球科技创新呈现出新

的发展态势和特征。2014 年 6 月 3 日，习近平总书记在国际工程科技大会发表的主旨演讲中指出，“信息技术、生物技术、新能源技术、新材料技术等交叉融合正在引发新一轮科技革命和产业变革。这将给人类社会发展带来新的机遇”。

据有关专家分析，在今后的 10 ～20 年，很有可能发生一场以绿色、智能和可持续为特征的新的科技革命和产业革命。新一轮科技革命主要表现出以下几个特征：一是在信息技术领域，作为 20 世纪最重大科技发明之一的互联网，正日益成为创新驱动发展的先导力量。目前，拥有 30 亿用户的互联网真正让世界变成了“地球村”，实现了网络互联、信息互通。而在互联网基础上出现的云计算和大数据技术，不但可以让人们体验每秒 10 万亿次的运算能力，还可在几秒钟内完成海量存储，这将深刻地改变人们的生产生活。二是在能源技术领域，革命正风起云涌。鉴于人类自身生存和发展面临着的较大的资源制约，新动力能源革命是人类满足自身生存和发展的必然要求。与 100 多年前煤炭、石油等化石能源的崛起时代有所不同，这场新能源革命将会转变整个能源利用方式，以可再生能源重构人类使用能源的创新体系，继而催生新一轮的以能源为主导的全球新技术、新产业变革。三是在工业技术领域，工厂自动化将朝向“智能工厂”发展。在智能工厂里，互联网将工厂里的所有机器设备联系起来，使之能自律地协调动作，再利用大数据，对有关设计、开发、生产、出货、流通等所有数据“一条龙”地进行采集和分析，而且信息技术的使用范围正在大幅度地扩大，已经超出了工业领域。智能工厂不仅可望前所未有地大幅提高生产效率，杜绝整个供应链条中的一切浪费环节，还可望解决现代社会面临的种种问题。四是在机械技术领域，机器人的用途将不断扩大。无论是制造业、农业，还是服务业，机器人都可以在很多场合承担工作。机器人和工厂智能化的发展，不仅影响“如何”制造产品，而且影响“在哪里”制造产品。五是新材料应用。随着科学技术的发展，人们根据现代科技的研究成果，在传统材料的基础上开发出新的材料。21 世纪科技发展的主要方向之一就是新材料的研制和应用。新材料的研究，是人类对物质性质的认识和应用向更深层次的迈进，它的应用极大地改变

了生产、生活及国防等领域，并带来一系列新的产业。

未来，如果广东徽商能够厘清科技创新浪潮下的机遇和挑战，紧紧把握机遇，积极应对挑战，抢占高新科技领域的制高点，将能够成为更具竞争力和影响力的商业群体。

（一）世界科技创新浪潮下广东徽商发展的机遇

1. 制造技术与信息技术融合为广东徽商带来机遇

新一轮的科技革命和产业变革，将给传统制造业带来颠覆性的变革，主要表现为将数字技术和人工智能技术融合于产品，应用于产品设计、制造、生产过程，以及以数字技术为基础，在互联网、物联网、云计算、大数据等新兴技术的支撑下，推动传统广东徽商制造业向开放型、服务型方式转变。近年来，由信息技术引领的新一轮科技革命和产业变革正席卷全球，信息化与工业化的深度融合，促使制造业向数字化、网络化、智能化、服务化方向发展。具有代表性的是德国提出的“工业 4.0”战略，被称为是以智能制造为主导的第四次工业革命。这为广东徽商中的制造业企业转型升级、促进工业化和信息化的深度融合提供了新的方向。

2. 高端制造迎来发展黄金期为广东徽商带来机遇

高端制造迎来发展黄金期为广东徽商中的高端制造企业以及正在向高端制造转型的企业带来发展新机遇。一直以来，广东徽商中从事高端制造的企业处境十分尴尬，一方面，国内制造业领域所使用的高端制造装备几乎被国外垄断，用户宁可花高价购买进口品牌也不选择国产品牌，国产高端制造装备在国内市场进退两难；另一方面，受全球金融危机影响，新兴发达国家需求萎缩，使得国内的高端制造装备在国外市场受到挤压。2013 年以来，习近平总书记曾先后指出，“国家强大要靠实体经济，不能泡沫化”，“深入实施创新驱动发展战略，增强工业核心竞争力”，“推动中国制造向中国创造转变、中国速度向中国质量转变、中国产品向中国品牌转变”。2015 年 3 月 5 日，李克强总理在政府工作报告中指出，要实施“中

国制造2025”，加快从制造大国转向制造强国。2015年5月，国务院印发“中国制造2025”，部署全面推进实施制造强国战略，这是我国实施制造强国战略第一个十年的行动纲领。在国家“中国制造2025”战略部署以及新一轮科技革命和智能制造模式的推动下，全球制造业将会更加开放，将形成一个高度互联互通的有机网络。这将为广东徽商的高端制造装备产品走向国际市场提供了极佳的机遇。

（二）世界科技创新浪潮给广东徽商带来的挑战

1. 传统制造业优势逐步丧失给广东徽商带来挑战

2008年金融危机后，世界发达国家和发展中国家争相介入新一轮的国际分工争夺，全球制造业分工因此而重构。我国制造业一方面受到世界发达工业国家的“再工业化”发展战略的挤压，另一方面面临印度、越南、印度尼西亚等国家低成本优势对我国制造业的强势竞争。目前，智能化工业装备已经成为全球制造业升级转型的基础，发达国家大多将制造业升级作为新一轮工业革命的首要任务。美国的“再工业化”风潮、德国的“工业4.0”和“互联工厂”战略以及日本、韩国等国制造业转型都不是简单的传统制造业回归，而是伴随着生产效率的提升、生产模式的创新以及新兴产业的发展，特别是德国“工业4.0”战略更是被视作新一轮工业革命的代表。这些都给广东徽商中的制造业企业带来巨大的压力。与此同时，随着广东人力成本不断上升，资源、环境等方面的问题日益突出，传统规模型、资源消耗型的生产制造方式已经走到了尽头，传统的广东徽商中的制造业企业的优势逐渐丧失。

2. 技术创新能力不足给广东徽商中的制造业企业带来巨大挑战

近10年来，通过引进、消化、吸收国外先进技术，广东徽商中的制造业企业技术水平有了大幅度的提升。然而，在广东徽商中的制造业企业高速发展的过程中，仍存在十分突出的问题，具体表现在以下几方面：首先，广东徽商中的制造业企业数量众多，但质量不高，大而不强。广东徽商中的制造业大多依靠要素驱动，而缺乏创新驱动、知识驱动，在国际产业分工链中尚处于技术含量和附加值较低的“加工、组装”环节，在附加值较高的研发、设计、工程承包、营销、售后服务等环节缺乏竞争力。其次，核心技术仍受制于人。基础制造装备核心技术受制于人，核心装备与部件、关键原材料、器件严重依赖进口。最后，支撑产品核心技术的基础研发投入不足，产品核心竞争力缺乏。与发达国家制造业企业相比，广东徽商在基础技术研发投入方面仍存在不足，这直接导致其在产品核心竞争力方面与国外企业相比存在明显差距。

第二章　创新引领新常态

党的十八届五中全会通过的《中共中央关于制定国民经济和社会发展第十三个五年规划的建议》提出，“创新是引领发展的第一动力”。党的十九大报告也指出，“创新是建设现代化经济体系的战略支撑”。这是对“科学技术是第一生产力”重要思想的延伸，是新时期、新阶段必须坚持的发展理念。我国经济发展已进入新常态，表现为增长速度从高速向中高速转变，本质上体现了经济增长动力的转变。同时，新材料技术、新能源技术、信息技术、生物技术等技术的交叉融合发展正引发着新变革，一些关键核心技术和重要科学问题正呈现着革命性的突破，大量企业的生产模式正由大批量集中的粗放型生产向网络化、个性化、智能化的集约型发展转变，全球经济结构和竞争格局正在进行重大调整。广东徽商作为岭南地区经济繁荣的重要力量和推动广东创新发展的主力军，积极适应新常态，加快转变经营发展方式，从投资驱动为主转变为创新驱动为主，坚持把发展基点放在创新上。

经过30多年的不懈努力，广东徽商科技实力、管理体系、经营机制都发生了根本性变化，拥有雄厚的物质和人力资源、一流的技术管理水平、良好的技术装备、强大的科技创新能力。在激烈竞争中，广东徽商要立于不败之地，必须在更高层次上构建开放创新的新机制，以更为主动的姿态融入创新网络，以更为积极的策略推动标准和技术输出，努力抢占技术创新的高地，并不断推进理论创新、制度创新、科技创新、文化创新等各方面的创新，真正落实创新发展新理念，培育经济发展新动力。

第一节　创新经营发展模式

在企业的长期发展过程中，经营发展模式发挥了核心作用，一定程度上促进了企业的可持续发展。现阶段，社会经济形势不断变化，传统的经营发展模式及机制的不足逐渐凸显，严重制约了新形势背景下的企业发展。因此，要想在知识经济时代脱颖而出，紧跟时代发展步伐，满足经济体制深化改革的具体要求，最关键是改革并全面创新企业的经营发展模式。然而，经营发展模式的创新并不仅是对管理方式改变那么简单，而是要推动观念、制度以及管理对象等多个方面的创新和完善，从本质上提高企业的经济效益，进而推动企业可持续发展。广东徽商对经营发展模式创新十分重视，全面进行投融资机制、企业经营战略与商业模式等多方面创新，并采取有效措施推动创新，以实现企业的持续健康发展。

一、投融资机制创新

投融资是影响经济发展最重要、最活跃的因素，是市场经济条件下配置资源的重要手段，是经济新常态下供给侧和需求侧两端发力的重要引擎。深化投融资机制创新是加强供给侧结构性改革的重要内容。2014 年 11 月，《国务院关于创新重点领域投融资机制鼓励社会投资的指导意见》（国发〔2014〕60 号）发布，旨在推进加强薄弱环节建设、经济结构战略性调整，促进经济持续健康发展。这就迫切需要在基础设施、公共服务、资源环境、生态建设等重点领域进一步创新投融资机制，充分发挥社会资本特别是民间资本的积极作用（王佳宁、盛朝迅，2016）。2015 年 7 月，广东省出台了《关于创新完善中小微企业投融资机制的若干意见》，制定了有关政府基金支持、融资服务平台建设、间接融资、直接融资、增信支撑、政府服务、创新融资工具等七个方面十八条具体措施。2015—

2017年间，广东省财政统筹安排了66亿元资金支持，要求省直有关职能部门和各地市政府紧密配合、多措并举、积极推进，切实缓解中小企业融资贵、融资难问题。

广东徽商认真贯彻文件精神，充分利用政策条件，积极引导企业创新投融资机制。广东徽商创新投融资机制的基本思路是，以企业不同发展阶段对资金需求的特点为出发点，制定出风险小、效率高、投融资成本低的最优方案，在风险、效率、成本决策中寻找合理平衡点。从广东徽商投融资机制的创新实践看，其创新方式主要表现在以下三个方面。

（1）注重企业经济效益与社会效益相结合。广东徽商正努力探寻合理有效的投融资机制，不断健全投融资运作模式。例如，广东中盈盛达融资担保投资股份有限公司（以下简称“中盈盛达”）在全国担保行业“商业性、政策性、互助性”三种结构模式基础上，融会贯通，创建出全国担保行业独具特色的“第四种模式”——“1+1+3”模式，即以“政府引导、社会参与、规范化经营、市场化运作”为指导思想，以“股权多元、股权分散、三权分立、专业化团队运作、商业化公司经营”为基础的现代企业法人治理机构，并包括以“共”理念为核心的企业文化体系、以全程全员的风险管理为特征的业务运作体系、以中小企业发展战略联盟为平台的社会服务体系三个运营体系。中盈盛达正是凭借“第四种模式”，围绕佛山市政府产业发展战略，以“融资新理念，成长共体验”的服务理念，肩负起中小企业系统化融资服务供应商的职责，为佛山及周边地区的广大中小企业及时提供担保融资服务。截至2016年年底，中盈盛达已累计为6000多家中小企业提供650多亿元担保和融资，通过服务这些中小微企业，累计新增产值超1000亿元，新增纳税超100亿元，新增就业岗位约60万个，有力推动了中小企业和民营经济的发展，创造了良好的经济效益和社会效益。

（2）注重“推力”和“引力”共同作用。广东徽商创新投融资机制的“推力”包括政府推力和社会推力，“引力”则包括政府引力和市场引力。地方政府通过PPP（public-private partnership，政府和社会资本合作）模式融资有利于缓解财政资金不足，符合党的十八届三中全会提出的

“建立透明规范的城市建设投融资机制，允许地方政府通过发债等多种方式拓宽城市建设融资渠道”要求（查勇、梁云凤，2015）。社会资本参与公共基础设施建设，有利于企业优化投融资机制，带来更为稳定的利润。例如，正威集团充分发挥PPP模式的政策效应，于2017年8月2日与云南省玉溪市政府签订了战略合作协议，双方在智能终端制造、金属新材料产业园（含金银提炼加工项目）、非金属新材料产业园、东南亚总部项目、庭院式酒店及花园住宅项目、特色小镇、文化创意、大健康产业、智慧农业、高新技术研究院、孵化器、大数据、物联网等方面展开合作，总投资额预计超过500亿元。正是利用PPP模式这一创新举措，正威集团在项目建设和运营过程中，通过专业服务推进投融资进程，促进各参与方顺利完成投融资任务。

（3）坚持渠道和资本结构多元化。任何一种投融资渠道都有其优点，也有其局限性。为了取得最佳组合，广东徽商采取投融资的资本结构和渠道多元化策略。一般说来，企业创建初期处于研发阶段，所需的启动资金不多，所以，在研发阶段主要是争取国家和地方政府的政策性投入，特别是国债资金和各种专项基金以及政府的风险投资。企业投产后处于成长期，也是企业的迅速扩张期，生产规模不断扩大，所需的资金量不断增加，是风险较高的时期，获得商业银行贷款比较困难，这时主要通过政府的政策性投资或国际性金融机构支持，寻找租赁公司合作采取融资租赁或利用相关的产业发展基金融资，以及积极争取非政府的风险投资。在成熟期，企业达到一定规模，取得较好的经济效益，并有较高的品牌信誉度，许多企业会根据市场需求实施进一步的扩张计划，资金需求量大，往往采取低成本大额度的融资渠道，企业既有条件争取境外大公司的战略性投资，也可以采取企业并购、重组的方式融资，以迅速扩大企业规模（张敬伟，2012）。例如，正威集团在创建初期以自有资金为主，合理规划上游拿货和下游收款的时间节点，使自有资金流动性和效益实现最大化；在企业成长期以间接融资为主，直接融资为辅，主要通过银行贷款实现融资；在企业成熟期则以直接融资为主，间接融资为辅，主要通过发行股票、企业债以及募集投资基金等方式进行融资。如2016年3月，中原航

空港产业投资基金管理有限公司为正威集团提供战略支持资金50亿元，助力正威集团入驻中原，使正威集团在河南省郑州航空港区的“2亿部手机产业园”项目获得重大进展。

广东徽商在新形势下积极探寻各类合理有效的投融资机制，并不断健全投融资运作机制，这对企业和行业的发展都具有重要意义。一方面，对企业经济效益的增长起着促进作用，企业通过增加科学与教育投入、研究与开发投资，提高了人力资本和物质资本中的技术存量；另一方面，对相关产业有辐射作用，当广东徽商对具有较强变动效用的产业进行资源配置时，虽与其相关联的资源投资没有得到直接注入，但通过市场需求刺激，获得了投资需求动力，进而诱导资源流入，使得整个产业产生更大的效益。

二、企业经营战略创新

随着我国改革开放的不断推进以及市场化制度的逐渐完善，我国企业面临着更加激烈的市场竞争。而企业想在激烈的市场竞争中立于不败之地，对经营战略的创新必不可少（黎友焕、廖子灵，2017）。李大元（2008）认为，“通过全面准确地掌握市场经济的发展情况以及变化规律、按照市场需求进行经营战略调整、探索全新领域，可以大大增强企业的市场竞争力”①。广东徽商积极适应我国社会主义市场经济发展进程要求，积极应对国际市场竞争的挑战，优化配置资源，科学创新企业经营战略，谋求企业经济效益最大化。

（1）积极学习和交流企业的先进经营理念。经济全球化对企业的竞争理念提出了更高的要求，建立统一的经营战略创新目标体系可以提高企业的应变能力，实现经营的人性化，使经营风险得以规避，在激烈的竞争中获得更大的市场份额，保证企业利润的实现（杨宝珍，2012）。为倡导

① 李大元：《不确定环境下的企业持续优势——基于战略调适能力的视角》，浙江大学2008年博士学位论文。

先进的经营理念，促进广东徽商之间的交流，2016 年 7 月，广东省安徽商会与中国建设银行广州利雅湾支行联合主办了“中小企业经营新理念交流沙龙”活动，通过沙龙形式组织部分会员企业中高层管理人员探讨和学习先进经营理念，沙龙围绕中小企业在经济新形势下如何发展展开对话和交流，倡导中小企业及时转变经营思路，利用新兴手段制定经营战略，抓住机遇，加快发展。

（2）把握企业经营战略创新方向和市场定位。广东徽商根据其竞争者产品在市场上所处定位，针对消费者或用户对产品的特征、属性和核心利益的重视程度，强有力地塑造广东徽商企业产品与众不同、个性鲜明、令人印象深刻的特点，并通过一系列特定的市场营销组合把这种形象准确、迅速而又生动地传递给消费者，进而影响消费者对企业产品的总体认知。企业通过对目标市场的定位，找出自身相比竞争者更具竞争优势的特性，从而有的放矢，创新企业经营战略（Fengxian，2015）。广东徽商坚持先锁定目标市场，再从定位出发制定或创新企业经营战略。例如，深圳歌力思服饰股份有限公司（以下简称“歌力思公司”）董事长夏国新将目标顾客聚焦在高档消费人群，坚持“高定位”和“不打折”原则，打造“歌力思”雅致、简洁的风格，同时注重培育品牌忠诚度，让顾客在未看到商标的情况下，依然能够分辨出服饰出自“歌力思”。正是像这样独具一格的经营战略和明确的市场定位促成了广东徽商的成功。

（3）加强企业经营结构的优化和调整。企业经营结构的调整是适应市场结构变化的必然选择（李艳，2013）。广东徽商认真研究市场需求，积极适应市场、占领市场，时刻以市场需求为工作的出发点和落脚点，并依据自身特点和优势，明确自身市场定位，不断调整优化经营结构，推进企业业务转型，提高企业市场竞争力。例如，2008 年，深圳市同洲电子股份有限公司（以下简称“同洲电子”）审时度势，创新经营战略，从机顶盒制造企业转型成为数字视讯端到端整体解决方案提供商，与中央数字电视传媒有限公司、深圳市天威视讯股份有限公司联手共推高清互动业务，实现华丽转身。由此不难看出，多年来，广东徽商积极应对宏观经济形势和市场政策的调整和变化，启动并有序推进经营战略调整，深化经营

体制改革，加快战略转型和经营结构调整，强化全面风险管理，推进业务规模持续增长，盈利能力稳步提升。

（4）对行业传统经营模式进行创新。邝兵（2011）认为，“传统经营战略中的传统营销是结合广告宣传和渠道推动来完成销售，是以‘我’为主；而移动互联时代则是以‘他’为主，传统营销很难做到超越用户的期望，难以引发共鸣，而移动互联时代，则可以从用户痛点出发，用粉丝营销引爆社群”[①]。广东徽商充分利用互联网优势，对传统经营模式进行创新。例如，前海保险交易中心彻底打破了现有保险营销渠道的格局，以互联网经济的长尾理论为基础，对市场资源进行碎片化整合，依托现代互联网技术，通过机制创新、模式创新和服务创新，实现了现代互联网与传统保险业的完美融合，开创了一个完全不同于传统保险销售模式的新业态，成为全国首家保险交易创新服务平台。又如，勤天集团锁定高端旅游市场，改变传统经营战略，完成了以房地产开发和提供旅游度假及酒店行业产业链解决方案的“双引擎”战略部署。勤天集团针对市场的特点及需求，将集团“熹乐谷”品牌进行资源整合，相继成立了建筑设计公司、环境艺术设计公司、酒店装饰公司、酒店管理公司及智慧酒店科技公司等，采用跨界思维，成功在安徽省合肥市为五星级酒店提供室内设计、环境设计及全权委托管理。该公司不断创新的经营战略和明确的市场定位，为其在市场赢得了新的竞争优势。

广东徽商为达到企业的内部条件、经营目标、外部环境三者的动态平衡，对企业经营战略进行了探索和创新。其经营管理人员审时度势、统筹规划，深刻认识到企业核心竞争力的重要性，不断吸收并借鉴先进的企业经营管理经验。广东徽商对经营战略的有效创新，使其在激烈的市场竞争中找到了自身定位，并持续提升了自身的经营管理能力，确保了企业持续健康平稳发展。

---

① 邝兵：《标准化战略的理论与实践研究》，武汉大学2011年博士学位论文。

三、商业模式创新

商业模式创新已成为当今企业界和学术界共同关注和讨论的热点。在全球化浪潮冲击、技术变革加快以及商业环境更具不确定性的时代，人们越来越意识到决定企业成败的重要因素，不仅仅是技术，还有它的商业模式。研究和实践也表明，无论是传统产业还是新兴产业，不同的商业模式决定了它们不同的结局。左特和阿米特（Zott & Amit）在2007年提出了商业模式的活动系统观，认为，“商业模式创新可以理解为企业通过变革或重构活动系统的要素或主题，以开发创业机会从而实现价值创造的活动”①。如果说战略能够决定企业的定位和提供给客户的价值，商业模式则可以决定如何实现企业定位和传递期望的价值。创新是当今企业发展的主题。商业模式创新是继产品创新、组织创新、技术创新、工艺创新之后的一种新的创新类型，在成功的创新案例中有60%都是商业模式创新（孙连才，2013）。一项新技术的经济价值一开始总是潜在的，必须以某种形式商业化后才能以具体形式表现出来，即使同样一项技术，采用不同的商业模式带给企业的盈利也是不同的。创新并设计出好的商业模式已经成为商业界关注的新焦点。

第三次工业革命与中国转型期重合使得企业生存发展的环境发生了根本改变，随着人工成本、原材料价格等成本的上涨，部分广东徽商原先奉行的差异化、低成本和技术领先战略已难以适应企业发展的要求，广东徽商同样面临着全面的转型和升级。面对新的商业环境，仅从技术、组织行为战略、营销等方面调整改善，已难以奏效，广东徽商审时度势，通过创新商业模式，推动企业持续发展，保持竞争优势，并不断探寻适合自身且与时俱进的商业模式，以提高企业的核心竞争力。广东徽商的商业模式创新能够为企业带来战略性竞争优势，是新时期广东徽商具备的关键能力，

---

① C. Zott, R. Amit. Business model design and the performance of entrepreneurail firms, *Organization Science*, 2017, 18 (2) .

如正威集团、比亚迪公司、长盈精密等广东徽商正是依靠独特的商业模式进行创业或革新，获得了巨大成功。

（1）从客户角度出发创新商业模式。彭苏勉（2013）认为，“每个企业都有一定数量的客户群，企业只有对客户的需求进行深层次研究，才有可能带来更多的商业机会”①。广东徽商进行商业模式创新的出发点，就是从根本上为客户创造价值。商业经营是必须由双方构成的交易统一体，不为客户着想，不重视客户的利益，没有客户至上的精神，就难以得到客户的青睐，经营也就难以进行。在大部分广东徽商的商品交换过程中，客户购买的目的是取得商品的使用价值，而且商品需要符合它本身的价值，并且客户在购买过程中得到良好的服务。由于客户是购买的主体，有着选择的权利，客户的这种本质就决定了商业模式创新必须遵守“客户至上”的原则。因此，广东徽商逻辑思考的起点是客户的需求，根据客户需求考虑如何创新商业模式。例如，长盈精密的商业模式就是将客户的需求放在第一位，为满足客户需求不遗余力地工作，同客户进行良好的沟通，加强合作交流，建立良好的合作伙伴关系，实现双赢。又如，深圳市建筑装饰集团有限公司（以下简称“深装集团”）从客户角度出发，坚持“每一个酒店都是私人定制”的商业理念，创新商业模式，主打精品工程，发展“私人定制”。“私人定制”模式使其获得客户的信赖，树立了良好的企业形象，自成立以来，在全国30多个省、自治区、直辖市承接了近千家酒店装饰项目，其中五星级酒店项目超过百家，并荣获“酒店装饰工程专业承包商”“酒店类最佳专业化装饰企业”“中国建筑装饰30年酒店空间类专业化百强企业”等多项荣誉。

（2）以互联网为媒介整合传统商业类型。我国互联网已基本形成规模，互联网应用走向多元化。互联网的广泛应用带来了思维的变革、管理的变革以及经营发展的变革，整个商业模式跟着发生了一系列的变化，同时给企业带来很多的机遇，先知者就会先受益（欧晓华，2015）。广东徽

① 彭苏勉：《基于价值网的软件企业商业模式创新研究》，北京交通大学2011年博士学位论文。

商采用具有高盈利、高价值、高风险、高创新的全新组织构架和商业运作模式，包括传统的移动互联网商业模式和新型互联网商业模式。例如，安徽古井集团有限责任公司（以下简称“古井集团”）将我国悠远流传的白酒文化与互联网相结合，构建线下线上融合的全渠道运营商业模式，并借助苏宁大数据平台，通过数据驱动，实现面向市场的精准铺货和精准营销，借助苏宁的线上线下融合的全渠道服务能力为用户打造便捷的消费体验，从而实现定制生产、精准铺货、渠道覆盖以及市场营销的全方位打通，大大提升了产品的库存周转率和销售规模。

（3）探寻更为系统和根本的商业模式。这常常涉及商业模式多个要素间的重构，需要企业在组织战略上进行较大的调整，是一种集成创新。例如，达实智能的商业模式创新就是一种多元化创新，它以合同能源管理这一商业模式为用户提供节能投资服务，其本质上是“技术 + 金融”的商业模式创新，竞争优势可以归结为三大点：首先，采用投融资服务的模式，与传统的工程模式相比，更能为用户节省资金，和同行的其他企业相比，达实智能在上市平台能够提供更充裕、更低成本的资金；其次，在改造或者是建造服务中，达实智能拥有节能领域的多项专利和版权，而且参与了多项国家标准的制定工作，节能技术更先进、更全面；最后，在运营服务环节，与普通的“交钥匙工程”相比，在工程建造完成以后，达实智能不会将这个系统直接全部移交给用户来使用，而是通过远程能耗监测系统长期跟踪用户的项目实施情况，帮他们实行长期的节能效果。

商业模式创新作为一种企业能力正面影响着企业绩效，这表明如果企业想要获得更好的绩效，实施商业模式创新是一个明智的选择。广东徽商具备良好的整合能力，有效地促进对市场机会的识别、资源与能力的匹配、合作伙伴的选择和对风险的控制，这是实施商业模式创新的基础。因此，在广东徽商的管理实践中，应更重视商业模式创新的作用，积极推动对现有商业模式的变革，以提高企业绩效。

第二节　增强自主创新能力

企业作为市场经济的主体，也是自主创新的主体。2013 年 11 月，习近平总书记在山东考察时指出："企业是创新主体，掌握了一流技术，传统产业也可以变为朝阳产业。"党的十九大报告中也提到，要建立以企业为主体、市场为导向、产学研深度融合的技术创新体系，加强对中小企业创新的支持，促进科技成果转化。企业要掌握核心技术，科技创新投入和科研人才引进是基础，同时，要借助外部科研力量，形成自主创新的合力。在改革发展实践中，广东徽商作为自主创新的重要力量，始终坚持发挥市场在资源配置中的决定性作用，协同优化配置各类外部创新资源，着力推动科技创新工程化，有效实现了科技创新的产业化。

一、增加创新投入

企业生存与发展的基础主要依靠科技创新，而科技创新的动力源泉就是创新投入。自从 2008 年金融危机后，世界各国的经济都受到了影响，市场需求降低，企业面临着巨大的竞争和挑战（White，2008）。为了生存，企业开始意识到科技创新的重要性，并希望从增加创新投入等方面提高企业竞争力，扩大市场需求，以达到维持企业生存和发展的目的。随着经济全球化和信息技术的发展，企业间的竞争越来越激烈，新产品的推出、产品的改进和成本的降低成为常见的竞争手段（刘玮，2013）。广东省高新技术从 20 世纪 90 年代以来发展迅速，成为带动全省经济发展的重要支柱。高新技术产业建立在高技术水平上，而研究与实验发展（R&D）投入是技术创新的重要基础。（见图 2－1）

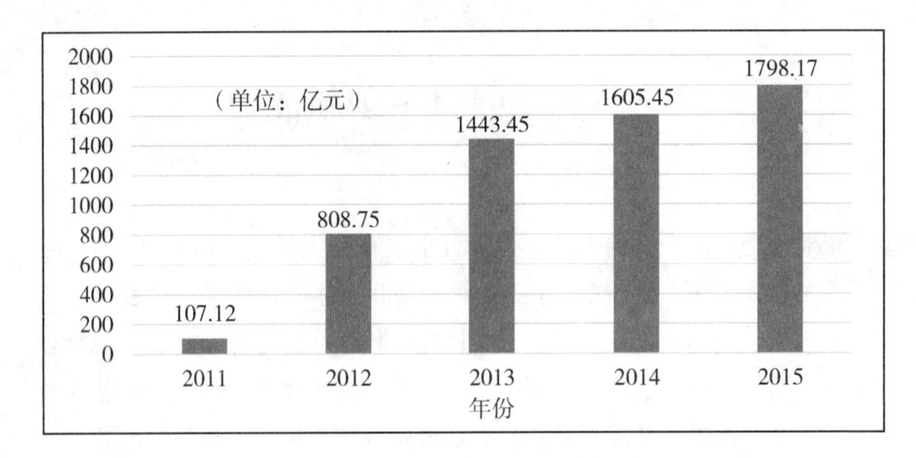

图2－1　2011—2015年广东省研究与实验发展（R&D）经费投入情况

注：根据《广东统计年鉴2016》相关数据整理所得。

从图2－1可以看出，广东省研发经费投入呈逐年上升态势，2013—2015年，研发经费投入一直维持在很高的水平。由此可知，广东省政府、企事业单位等主体已经有意识地对创新科技研发与成果转化加大投入，通过研发拉动企业长远持续发展，增强企业核心竞争力。伴随着广东省研发投入的不断增长，越来越多的企业成为创新主体，科技创新对经济增长的贡献也不断提高，创新驱动正逐步替代要素驱动成为经济增长的主动力。

在这样高度重视创新的经济环境下，广东徽商积极推动企业强化自主创新导向，加大创新投入，加大激励和绩效考核力度，充分发挥广东徽商在科技创新和战略新兴产业中的重要作用。2016年，广东徽商继续加大创新资金投入，建立适应科技创新需求的融资体系，确保投入到创新的资金稳定增长、企业主体性资金的投入持续增长、多元化资金的投入大幅增长。例如，比亚迪公司历来重视新产品和新技术的开发和创新，将新产品研发作为企业保持核心竞争力的重要保证，目前，已在各个产业链、创新平台上加大科技创新投入，并投入巨资成立比亚迪股份有限公司中央研究院、汽车工程研究院以及电力科学研究院，成功打造具有国际水平的技术

创新平台，在IT、汽车等多个领域不断推出领先世界的创新成果。（见图2－2）

图2－2　2012—2016年比亚迪公司研发投入金额情况

从图2－2可以看出，比亚迪公司2016年的研发投入高达452161.40万元，比2015年增加了23%，几乎是我国自主品牌中研发投入最多的一个品牌。近年来，比亚迪公司通过增加新能源汽车创新投入，研发出了多种新能源汽车车型，如矿山车、出租车、公交车、货车、卡车，等等，把电动大巴和出租车卖到了国外，成为世界新能源汽车销量冠军。其中，比亚迪公司的“秦唐宋元”系列汽车，无论是动力加速还是超低油耗方面，均领先同行业的产品。

企业的研发投入越高，企业在未来的发展中就具有越强的竞争优势，即成长性就会越好（高良谋、马文甲，2014）。广东徽商通过加大研发投入，获得核心知识和能力，运用自身掌握的新知识、新技术和新能力，开发出进一步满足市场需求的新产品。其凭借新产品的高技术性和新颖性迅速占领了市场，同时，产品的竞争力大大提高，强大的竞争力又使企业在市场中具有良好的表现，这些优良的市场表现又进一步促进了企业自身的成长。

二、引进科研人才

2010年4月1日，中共中央、国务院印发了《国家中长期人才发展规划纲要（2010—2020年)》，提出要培养和造就一批高水平的创新型科技人才队伍。党的十九大报告也提出，要培养造就一大批具有国际水平的战略科技人才、科技领军人才、青年科技人才和高水平创新团队。可见，高水平创新型科技人才队伍的建设对企业乃至国家的发展都具有十分重要的现实意义。在经济发展新常态的大背景下，传统的经营方式、运营模式面临着前所未有的挑战，企业转型升级势在必行。企业能够顺利实现转型升级，核心是关键领域的关键人才。谢辛（2011）认为，“人才资源是推进科学发展、建设一流企业的关键资源和紧缺资源，也是企业战略发展的核心资源”①。科学规划人才引进方案是做好人才引进工作的基础，在人才引进问题上，企业要站在战略和全局的高度，更新人才引进理念，明确企业发展所需的岗位数量、岗位类别，并通过进行岗位分析，制定出明确详细的职位要求和工作说明书，增强企业人才招聘的战略性和系统性，建立行之有效的招聘体系。

广东徽商主要运用以下三种战略，科学引进企业所需的科研人才。

（1）与猎头公司和人才服务中心合作。当前，广东徽商积极引进高层次创新型人才，借鉴国外猎头行业和人才服务中心发展经验，发挥猎头机构和人才服务中心在高层次人才引进中的积极作用。其中，猎头公司主要倾向于“高职位、高价位、高学历”群体，对于用人单位来说，人才市场（招聘会、报刊招聘广告）上的人才多为流动人才，极少高级、特殊人才。猎头公司对人才的选拔是通过素质考核、业绩核定、专家鉴定、电脑测评等多种手段来进行。部分广东徽商通过与猎头公司合作引进了高质量的科研人才。人才服务中心是高科技人才的摇篮，它通过不断推进人

---

① 谢辛：《人力资本与人才开发的历史纵深及传承——基于人才强国战略改革》，载《改革》2011年第8期。

才教育的制度化、规范化、法制化建设，加强与各大高校的联系与合作，拓宽培训渠道，创新培训方式，开展一系列内容丰富、形式多样的培训，有效促进人才队伍能力素质的提升。部分广东徽商充分利用人才服务中心的优势，引进科研技术人才。例如，广州至信药业股份有限公司（以下简称“至信药业”）通过与各级人才服务中心的合作，引进中医药领域的重要专家，大大推动了公司的发展。又如，广东珠江燃气集团有限公司（以下简称“珠江燃气”）通过与猎头公司合作，引进天然气存储及应用相关方面的专家，使公司年专利申请数量大幅增加，并通过了高新科技企业认证。

（2）设立孵化器。孵化器是开展创新创业的重要载体，是培育高新技术和企业家的摇篮，也是完善区域创新的重要环节（张明明，2011）。部分广东徽商通过设立孵化器，引进科研创新人才，推动科技创新。例如，广东徽商广东品源集团有限公司科学搭建孵化器载体，于 2016 年 8 月 8 日在广州市番禺区落成并开放了 88 号科创小镇。这是一个集聚和服务创新创业人才的重要载体，它为众多有志青年提供了一个全方位的创业平台，吸引了更多的优秀科研人才和企业，帮助更多创意人不断优化和提升其创作的产品和品牌的价值，使其获得市场认同。88 号科创小镇主要面向科技从业人员和科技型中小微企业，科技从业人员和科技型中小微企业不仅能享受房租优惠政策、投融资政策，还能享受创新人才、科研人员、大学生扶持政策以及税收优惠政策。园区所有科技创新成果可与广东省制造业协会上万家企业形成直接高效的对接；同时，园区还结合天使基金和种子基金，为入驻的企业和团队提供最为完善的专业化服务和企业发展必要的资源。

（3）“引人”与“引智”相结合。广东有中山大学、华南理工大学等高校资源，高校专家学者和硕士博士人才能够为企业提供技术研发、市场开拓、基本建设、环境保护、资本运作、经营管理等方面的技术支持，助力企业发展。例如，易事特集团技术中心通过引进国内外人才，聚集了 700 多人的强大科研队伍，其中，工程院院士 2 名、教授 8 名、博士和博士后20多名、高级工程师15名、硕士52名。又如，同洲电子高度重视研发，实行高起点的发展战略，坚持自主创新的发展道路，2006年成立了企业博士后科研工作站，引进了一批行业精英人才，从事高、新、尖前沿技术和行业共性问题的研究。再如，深圳市伟力低碳股份有限公司（以下简称“伟力低碳”）引进国内外知名行业专家、教授，并与西安交通大学强强联合，共同打造中国自主创新百年民族品牌，其引进的科技创新研发团队中，博士占6%、硕士占20%、本科生占58%、大专生占16%，拥有具前瞻性的软件、电子、机械、系统、结构等项目工程师，打造了一支技术力量雄厚、实践经验丰富的中外设计师队伍，致力于国际最先进节能技术及其产品的开发和设计。广东徽商引进的高校科研人才为企业发展提供了强大的智力支持，推动了企业研发技术进步。

科研人才引进是企业发展的重要环节，是企业开展研发活动的前提。企业研发行为的主体是企业的科研人才，引进科研人才的数量和质量将会直接影响企业的研发能力，而研发能力的强弱直接影响企业的创新能力，进而影响企业的成长性（Haogai Xue & Yawen Xu，2017）。广东徽商高度重视人才培养和引进工作，突破传统人才引进机制的刚性制约，积极采取各种机制灵活的人才引进方式，以达到让科研人才为企业所用的目的。

三、深化研发合作

随着科学技术研究的不断发展，各个领域的知识、技术的难度和深度日益增加，新技术的研究与开发不断复杂化，跨部门的合作特征也日益明显，各个技术、学科和领域之间的相互补充变得日益重要。在此背景下，企业很难仅仅依靠自身资源来实现所有的创新目标，因此，实施合作研发格外重要。田宇（2012）认为，“研发合作可以使合作各方发挥各自优势，共同完成技术创新和研发成果的转化，推动产品走向市场，占领新的

市场领域，合作双方也可以实现利益共享”①。目前，合作研发的形式多种多样，既可以以资金、人才、成果形式合作，也可以以资金入股形式合作，还可以以技术供方、技术中介和技术需方进行合作，等等（刘世陶，2012）。

经过多年来的不断探索，广东徽商的研发合作不断深化，领域不断拓宽，研发合作机制不断完善，在研发合作过程中所表现出的特征也日益显现。

（1）研发合作的领域不断拓宽。研发合作促进了广东徽商产业结构调整、企业经营转型、技术能级提升，等等。例如，冠昊生物与北京大学于2014年7月31日合作共建“干细胞与健康研究院”，开辟了干细胞与再生医学研究和产业创新发展新模式，在国内率先提出了细胞治疗技术的“前店后厂”模式，并获得业内权威专家的高度认可。该项目坚持以人类健康需求为导向，以北京大学邓宏魁教授及其团队和其在干细胞方面研究成果为基础，充分利用广东创新的政策环境和产业转化优势，聚集干细胞研究与临床转化领域全球顶尖人才、技术成果和资金，建立与完善知识产权保护体系，把研究院建设成为世界一流的干细胞研究与临床转化中心。在此基础上，冠昊生物还建设一批以“医院—实验室”联合模式的干细胞及临床应用研究的临床医学中心、自体细胞治疗临床规范研究和示范中心，形成干细胞产业集群。

（2）研发合作的质量不断提高。广东徽商始终注重合作双方关系的维护，将校企合作作为科技创新的重点，研发产品日新月异，取得了阶段性的进展。例如，2002年12月，深圳迈瑞生物医疗电子股份有限公司（以下简称“迈瑞生物”）与国家科技部组建了“国家医用诊断仪器工程技术研究中心”。该研究中心在生命信息监护领域完成了7项关键核心技

① 田宇：《产学研技术联盟的稳定性研究》，大连理工大学2012年博士学位论文。

术研发，实现了产业化，并且通过了 CE 认证及 FDA 的市场准入①，进入了国际市场；在临床检验领域完成了 6 项关键核心技术研发，高精度加样技术和高精度恒温控制技术已经应用于全自动生化产品中；在数字超声诊断成像领域完成了 6 项关键核心技术研发，并进入国际市场，超声系列产品在 2007 年产值超过 7 亿元，在国内市场取得领先地位。又如，广州立达尔生物科技股份有限公司积极开展研发合作，从 2004 年起先后与南京农业大学和国家饲料工程技术研究中心合作建立“南京农业大学广州立达尔功能性饲料添加剂研究中心”“国家饲料工程技术研究中心天然色素研究基地”，并与多家著名高校、科研单位建立了良好的合作关系，其中，“广州市立达尔功能性天然产物工程技术研究开发中心”被认定为“省级企业技术中心”。

（3）研发合作的层次不断提高。一些研发合作已开始从过去单纯的技术成果转让，提高到人才重组、资产重组、技术重组等高层次合作（Jingtao Yi，2017）。广东徽商建立稳定的、长期合作的经济实体已成为企业和科研单位的共识。例如，比亚迪公司于 2016 年 10 月 21 日召开第五届董事会临时会议，会议审议通过关于比亚迪公司与青海盐湖工业股份有限公司、深圳市卓域成投资有限公司合作成立“青海盐湖比亚迪资源开发有限公司”的事项，共同开发青海盐湖锂资源。比亚迪公司披露的数据显示，青海盐湖比亚迪资源开发有限公司的注册资本金 5 亿元，由各股东以现金方式出资到位，其中青海盐湖工业股份有限公司持有 49.5% 股份，现金出资 2.475 亿元；比亚迪公司持有 49% 股份，现金出资 2.45 亿元；深圳市卓域成投资有限公司持有 1.5% 股份，现金出资 750 万元。比亚迪公司通过与企业合作成立新公司，研发的技术水平得到了新突破，

① CE（European conformity）认证，即只限于产品不危及人类、动物和货品的安全方面的基本安全要求，而不是一般质量要求。“CE”标志是一种安全合格标志而非质量合格标志，被视为制造商打开并进入欧洲市场的护照。在欧盟市场，“CE”标志属强制性认证标志，商品要想在欧盟市场上自由流通，就必须加贴“CE”标志。FDA（Food and Drug Administration）是食品药品管理局的简称，FDA 有时也代表美国食品药品管理局。美国 FDA 是国际医疗审核权威机构，专门从事食品与药品管理的最高执法机关，是最早以保护消费者为主要职能的联邦机构之一。

保障了比亚迪公司实现新能源产业战略目标中锂电池对上游原材料碳酸锂的需求。

广东徽商不断深化研发合作的趋势越来越明显，一方面，减少时间成本。如合作一方单独研发，则需要耗费大量的人力、物力和财力，与另一方合作研发可获得一定的资金帮助；广东徽商拥有雄厚且稳定的资金支持，合作方与广东徽商合作研发新产品，可以快速抢占市场，获取利润，减少双方的时间成本，使得获益达到最大化。另一方面，有力推动科技成果转化成生产力。研发合作可以提高双方间的研发效率，加强双方间的研发质量，并推动科技成果转化速度，提高转化效率，使科学成果更快地应用于生产。

第三节　丰富企业创新成果

随着我国经济发展进入新常态，科技创新已成为经济增长的新动力之一。但我国科技资源利用效率低、配置不合理，大量的科研成果变“陈果”、不能及时转化为应用技术的问题仍十分突出。有数据显示，我国科技成果转化率仅为10%左右，另据世界银行统计，我国的科技成果转化率平均只有15%，远低于发达国家40%～50%的水平（周良武，2015）。因此，科技成果转化率较低的问题是当前我国企业面临的普遍问题。为把自主创新落到实处，广东徽商积极整合资源，不断加强团队建设，改善科研环境，加快成果转化，为企业创新提供强有力的科技支撑。

一、专利数量增多

企业竞争优势的内生来源在于拥有异质性资源，无形资产中的专利既是技术创新的产出，又是企业生产经营中的主要投入。杰伊·B. 巴尼、

德文·N. 克拉克（Jay B. Barney & Delwyn N. Clark，2011）认为，“专利是企业的主要生产经营性资源，专利的法律特性也赋予了其异质性、稀缺性和难以模仿性等特征。因此，专利是能够为企业带来持续竞争优势的重要资源，是企业打开市场、占领市场、最终取得市场竞争有利地位的法宝”①。企业的专利工作既是企业改革和发展的重要内容，也是建立现代企业制度的重要组成部分（袁中华，2011）。对部分广东徽商来说，专利战略是企业技术创新的重要组成部分。在企业经营上，运用专利战略，可以有力排挤和对抗竞争对手，以较小的投入来获取较大的市场份额，同时也能增强企业自身竞争实力。在技术的研究与开发方面，可使自身发明创造得到及时的法律保护，并及时掌握技术发展的前沿动态，从中借鉴和寻找出自身技术创新的出路，这样既可以有效避免重复研究，又可以节约大量人力、财力、物力和宝贵时间。

为推进专利工作，广东徽商充分发挥专利战略在增强企业核心竞争力、推进企业技术创新中的重要作用，努力提高企业创造、运用、管理和保护知识产权的能力。截至2016年，广东徽商已拥有大量专利，且重点分布在高新技术行业和医疗电子行业（见表2－1）。

表2－1 截至2016年年底部分广东省安徽商会会员专利数量情况

公司名称	专利数量/项
易事特集团股份有限公司	660余
深圳市达实智能股份有限公司	206
广东冠昊生物科技股份有限公司	100余
深圳市天源迪科股份有限公司	300余
广州德豪润达电器股份有限公司	500余
深圳市新国都技术股份有限公司	56

① ［美］杰伊·B. 巴尼、［新西兰］德文·N. 克拉克：《资源基础理论：创建并保持竞争优势》，张书军、苏晓华译，格致出版社、上海三联书店、上海人民出版社2011年版。

续表2－1

公司名称	专利数量/项
深圳市名家汇科技股份有限公司	40余
深圳市伟力低碳股份有限公司	80
广州立达尔生物科技股份有限公司	10
广州市三泰汽车内饰材料有限公司	30

近年来，广东徽商不仅专利数量增加，专利质量也得到显著提升。例如，高新技术企业易事特集团于2017年4月发布了“关于取得发明专利证书的公告”，展示取得的4项发明专利证书。第一项发明专利是“提高基于6脉冲整流的UPS经济运行模式效率的方法”，它应用于支撑工频UPS电源，是一种新型经济运行模式的实现，已逐步应用于易事特集团相关UPS电源产品；第二项发明专利是“三路电源切换电路以及三路电源切换方法”，该专利提出一种新型智能配电系统设计技术，已应用于易事特集团大功率不间断电源系统、智能微电网系统；第三项发明专利是“一种谐波阻抗特征函数构建方法”，这是实现并网逆变及储能变流器孤岛精准检测的新技术，已在易事特集团智能微电网示范工程中得到应用，将推广应用于分布式光伏发电系统，提升产品技术竞争力；第四项发明专利是“分层分布式微电网储能电池配置方法”，它指导智能微电网储能单元优化配置，已应用于易事特集团智能微电网示范工程及分布式储能系统设计。上述四项发明专利技术均属于与易事特集团产业技术发展密切相关的关键核心技术，专利的取得对于易事特集团进一步完善知识产权保护体系，发挥自主知识产权优势，巩固易事特集团在微电网储能及UPS电源领域的技术领先地位，提升其核心竞争力起到巨大推动作用。易事特集团荣登“2016年度广东省企业专利创新百强榜”，其专利数量规模、质量水平、结构布局和转化效益获得社会高度认可。

在市场激烈竞争的严峻形势下，广东徽商积极提升专利数量和质量，对其在国内外市场中“求生存、图发展”具有十分重要的现实意义。一方面，推动了企业技术创新。广东徽商通过专利法保护企业的技术和创新产品，并在研究新产品、新技术的同时，合理运用知识产权保护法保护企业自身在市场上的优势地位。另一方面，为企业技术产业化奠定基础。广东徽商及时申请专利，可避免产品或技术被人仿制的风险，为专利商品保留了一定的市场空间，为企业的发展和下一轮开发打下了坚实的基础。

二、创新奖项丰富

创新奖励制度是我国科技政策的重要内容，是党和政府“尊重知识、尊重人才”方针的具体体现，同样也是企业有效管理和促进科学技术研究活动的一种手段，是社会给予广大科研人员独创性贡献的承认及肯定。2017 年 5 月 31 日，国务院办公厅印发了《关于深化科技奖励制度改革的方案》，制度的颁布和实施，充分发挥了科技奖励对科技创新事业的评价、激励和导向的作用（李哲，2017）。刘耀（2009）认为，“创新奖励制度与自主创新战略相辅相成，共同促进创新型企业的发展。科技奖励制度在激励人才、促进自主创新方面具有重要作用，主要通过认可机制、导向机制、激励机制和竞争机制四个方面表现，直接或间接推进企业自主创新战略的优化和升级”[①]。广东徽商充分认识到创新奖励对于企业自主创新的积极作用。一方面，认真贯彻落实《国家科学技术奖励条例》《广东省科学技术奖励办法》，抓住机会加强自主创新，努力赢得政府科技奖励；另一方面，发挥自身社会团体的组织作用，制定符合广东徽商实际情况且具有激励作用的非政府科技奖励制度，推进自主创新战略。如图 2－3 所示。

为进一步鼓励创新、弘扬徽商精神、展示广东徽商风采，广东省安徽商会开展了 2016 年度广东杰出徽商荣誉评选活动，对 2016 年发展过程中积极创新转型、稳健发展、乐于奉献、贡献突出的优秀企业或企业家进行

① 刘耀：《创新型企业发展模式及其实现持续创新机制研究》，南昌大学 2009 年博士学位论文。

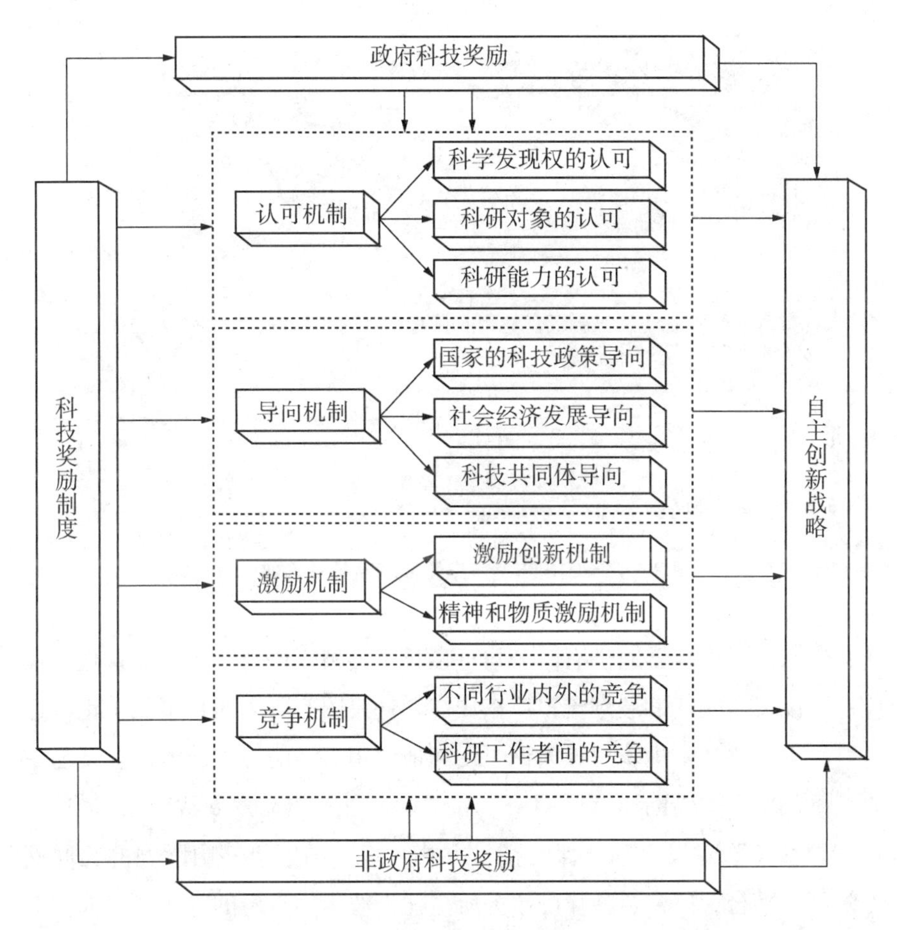

图2-3　科技奖励制度促进自主创新战略的作用机制示意

表彰，树立广东徽商新形象，并就如图2-4标准评选2016年度广东徽商创新领军人物。

依据2016年度广东徽商创新领军人物标准，广东省安徽商会评选出了10位广东徽商企业家，这10位企业家及他们的企业在创新领域均贡献突出。其中，广东新基地产业投资发展股份有限公司（以下简称“新基地公司”）董事长吴云坚持做好“大众创业，万众创新”的服务，发展孵化器；广州至信药业股份有限公司董事长魏平用创新手段发扬中医药文

1.具有创业激情与梦想，精益求精、勇于领先、善于率先，在领域上取得突出成绩、做出突出贡献，在创业创新、带动就业中起到引领作用

2.科技创新及成果转化的领军人物优先，新兴产业领军人物优先，自主创业典型人物优先，带动就业成效显著的团队领导者优先

3.具有清晰的商业模式，所经营的企业具有良好的成长性和发展潜力，在业内或企业界有一定的影响力

4.经济实体遵纪守法，照章纳税，信用良好，无重大不良记录

图2－4　2016年度广东徽商创新领军人物标准

化；广东海兴供应链股份有限公司董事长张昊植入创新、服务、管理于供应链，以适应时代发展潮流；广东珠江燃气集团有限公司董事长牛正峰通过科技创新、技术进步，让人们更便利地使用清洁能源；前海保险交易中心董事长梁洪杰借助“互联网＋”和“国家创新驱动发展战略”，加速推进“保交所”建设，创新保险交易方式，打造国家级、国际型的互联网保险创新平台；广州金鹏律师事务所主任王波运用自身的专业赢得人们对法律的尊重和敬畏；广东伟才教育科技股份有限公司董事长罗骇浪积极创新教育事业，重儒重教；佛山市柏克电力设备有限公司（以下简称“柏克电力”）董事长叶德智坚持“创新驱动发展”战略；新徽国际教育集团有限公司董事长高德富致力于打造中国的“哈佛”，使“新徽”成为一个享誉全球的平民教育金字招牌；深圳市伟力低碳股份有限公司董事长江耀纪倡导“节能创造财富、低碳健康你我”，以“我投资、你节能”合同能源管理为主要业务模式，服务节能减排产业。

在国家的政策支持和广东省安徽商会的引导鼓励下，广东徽商奋力在竞争中脱颖而出，形成良好的激励机制，努力争取科技创新荣誉，增强科

技创新动力。近年来，广东徽商所获的各类创新奖项令人瞩目。如大富科技获“2015年度技术创新奖（机器视觉类）金球奖”；长盈精密2016年获“深圳市首批自主创新型龙头企业”荣誉称号；易事特集团先后获得国家火炬计划重点高新技术企业、国家知识产权优势企业、国家专利优秀奖、国家认定企业技术中心、广东省自主创新100强企业等荣誉；中盈盛达获广东省人民政府颁授的“2010年广东省金融创新奖三等奖”。这些创新奖项对内激发企业科研人员的创新激情和热情，对外使广东徽商的知名度大大提升。

三、成果转化突出

在当今世界范围内，经济的竞争越来越表现为科学技术的竞争，也表现为创新成果（特别是高技术成果）转化数量、质量和速度的竞争。创新成果转化是落实“科学技术是第一生产力”的关键，只有把科技成果广泛应用于生产实践中，才能有效提高企业的经济增长质量。如今，企业正处于新一轮科技革命的前夜，重大基础研究的突破将会快速转化为现实生产力，带来新的产业和技术变革（李媛，2013）。广东徽商牢牢把握住这一重大战略机遇，加大成果转化领域投入，实现创新成果的突破。

（1）通过技术进步助力成果转化。创新技术是提高区域经济整体竞争力和企业竞争力的有效手段，能够使创新成果在实际生产领域得到转化（宋丽萍，2014）。例如，广东徽商易事特集团运用“机器换人”技术，推动了传统制造业实现产业转型升级。易事特集团一直致力于提升智能装备水平，通过生产、管理自动化建设，通过引进欧洲自动化数控加工中心、PLM（product lifecycle management，产品生命周期管理）、MES（manufacturing execution system，制造企业生产过程执行系统）管理系统以及自动老化、测试、检验系统，成功打造了全球最先进的SMT&AI（SMT：surface mount technology，表面组装技术；AI：artificial intelligence，人工智能）自动生产线，使原本需要800名员工才能完成的工作，现在只需60人就能完成。通过实施“机器换人”计划，为企业和工人带来了“双赢”的局面。一方面，企业通过“机器换人”有效提升劳动生产率和品质，同时降低成本，有利于企业腾出更多的资金投入到核心技术的研发，提升企业的核心竞争力；另一方面，“机器换人”促进了员工素质的提升，倒逼员工积极学习技术，提高个人素质，增加劳动的技术含量，获得更广阔的就业空间。

（2）利用政策补贴推进成果转化。我国政府按照产、学、研、用一体化要求，制定出了相关成果转化的补贴措施，围绕国家战略性新兴产业发展方向，支持部分重点领域科技成果向现实生产力转化（于新东、牛少凤、于洋，2011）。广东徽商充分利用政策条件，促成成果转化。例如，达实智能申报的“中央空调电机系统效率优化技术产业化”项目，于2011年8月18日获得了国家财政部、工业和信息化部2011年重大科技成果转化项目补助资金600万元，占企业2010年度经审计净利润的19.00%。在得到项目补贴资金后，达实智能的全国拓展战略初见成效，2011年重点沿大型公共建筑（轨道交通）、大型商业建筑（高星级酒店）、大型住宅建筑（小区）、大型工业建筑（厂房）四个产品线拓展。

（3）以市场为导向开发成果转化。广东徽商通过找到符合市场需求的产品和服务，加速科技创新成果转化。例如，广东劲胜智能集团股份有限公司（以下简称“劲胜智能”）多年来完成了国家、省、市和企业等多项重大科技成果转化工作或新技术新产品开发工作，解决了关键性的技术问题或重大疑难问题，满足了市场需求。以“铝合金塑胶超强结合纳米成型技术研究与应用”为例，该项目不仅打破了日本的技术垄断，还把日本原先的技术从市场上淘汰出局。该项目申请并获得了3项中国发明专利和1项韩国发明专利的授权，实现了科研成果的成功转化，每年为劲胜智能带来近3亿元的销售收入。

企业利用市场机制将科技成果转化为现实生产力，其技术市场的发育

状况及科技成果供给方运用市场的能力起着决定性的作用（丁堃、唐焕文，1999）。就目前广东徽商的实际状况来看，一方面，应不断建立和完善技术水平；另一方面，应积极与科研单位、大学合作，利用技术市场从事研究开发与成果转化活动，特别是运用技术市场细分来确定目标市场和研究开发策略，从而加速科技成果向现实生产力的转化。

第三章　协调发展谋突破

历经改革开放30多年的高速发展，我国正面临着一系列不协调、不平衡、不可持续的问题，新常态下的全面深化改革需要新的理念来指导行动，协调发展理念应运而生。党的十八届五中全会提出，“坚持协调发展，必须牢牢把握中国特色社会主义事业总体布局，正确处理发展中的重大关系，重点促进城乡区域协调发展，促进经济社会协调发展，促进新型工业化、信息化、城镇化、农业现代化同步发展，在增强国家硬实力的同时注重提升国家软实力，不断增强发展整体性。”对于国家来说，协调发展，就要找出短板，在补齐短板上多用力，通过补齐短板挖掘发展潜力、增强发展后劲。对于新常态下的企业来说，处理解决各种复杂的矛盾如同弹钢琴，统筹兼顾各方发展如同指挥乐队，只有协调，才能奏响企业健康发展的“进行曲”（梁双陆，2008）。广东徽商为全面实现“十三五”时期发展目标，一直牢牢把握“十三五”发展总体布局，正确处理发展中的重大关系，推动协调发展，形成区域协调、产业协调、文化协调的平衡结构，不断增强发展整体性。

第一节　推动区域协调发展

《中共中央关于制定国民经济和社会发展第十三个五年规划的建议》指出，要打造要素有序自由流动、主体功能约束有效、基本公共服务均

等、资源环境可承载的区域协调发展新格局，这是“十三五”时期实施区域发展总体战略的关键要点。党的十九大报告也强调，“要实施区域协调发展战略，加大力度支持革命老区、民族地区、边疆地区、贫困地区加快发展，强化举措推进西部大开发形成新格局，深化改革加快东北等老工业基地振兴，发挥优势推动中部地区崛起，创新引领率先实现东部地区优化发展，建立更加有效的区域协调发展新机制”。由于地理环境、历史、发展基础等诸多方面的原因，广东在经济发展过程中呈现出较为明显的地区经济差异，区域空间经济差异的形成与产业的空间转移、资源的配置密切相关，这一差异是转型时期经济发展存在的必然现象。促进区域协调发展是广东实现科学发展最重要、最坚定的任务之一，未来5年，广东将把促进区域协调发展作为全省转型升级的主攻战略方向。在此背景下，广东徽商具备新思路、新办法，合理把握区域发展现状，不断加强粤皖两省经济互通，对广东地区发展较为落后的粤东西北地区积极投资和建设，同时加大对我国中西部地区的投资力度，积极适应并采取措施协助推动区域协调发展，发挥广东徽商在促进区域协调发展中的积极作用。

一、加大中西部投资力度

我国依然处于社会主义初级阶段，从改革开放到现在，虽然经济迅速发展，但在经济发展过程中的区域不平衡现象仍十分明显，中西部地区的发展远远落后于东部地区，中西部人民的生活水平总体也比不上东部沿海城市（宋文生，2014）。近年来，我国积极推进实施区域发展总体战略，不断拓展开放型经济发展空间，中西部地区基础设施和投资环境有了显著改善。中西部地区发挥自身优势，依托“一带一路”建设的带动作用，积极承接国际和沿海地区产业转移，取得了很大成绩。2012—2016年，中西部地区吸引外资达986.7亿美元。有特点、有规模、有影响的外向型产业集群逐步增多，对促进区域经济增长、产业升级、对外贸易发挥了积极作用（蔡冬青、刘厚俊，2017）。但同时也应看到，中西部地区吸引外资占全国总量的比重仍有待进一步提高，集聚效应有待进一步发挥作用。

“走向全国”是广东徽商进一步拓展市场的需要。在当前东部地区市场已经基本饱和，国际市场竞争力更加激烈的情况下，广东徽商应将视野投向中西部地区，寻找投资机会，将更多的资本投向中西部地区。这对促进中西部地区开发开放，增强中西部地区竞争力，更好地吸引外资具有重要意义。

（1）加大对中西部地区电子信息产业投资。中西部的高新技术产业与东部沿海地区相比差距较大，广东徽商加大对中西部相关产业的投资力度，不仅能够为企业软件产业和信息化应用带来新的发展机遇，更能够带动中西部地区的经济发展。具有代表性的是正威集团投资的“兰州新区正威电子信息产业园”项目，该项目总投资200亿元人民币，涵盖了年产50万吨低氧光亮铜杆、电气化铁路架空导线系列、铜精深制造、铜箔、覆铜板、铜线路板、FPCB板等项目。此外，该项目还包括生产所需的研发中心、物流中心、培训教育基地、专家公寓、职工宿舍等配套设施。该项目投产将为“西部大开发”“一带一路”“中国制造2025”等国家重大战略的落地实施提供助力。更为重要的是，该项目在为甘肃省创造数十万个就业机会、上百亿元利税收入、上千亿元GDP的同时，也对兰州新区加快培育战略性新兴产业、打造高端制造产业集群具有重要的推动作用。

（2）参与中西部地区基础设施建设。基础设施建设在我国过去30多年的经济高速增长过程中扮演了极为重要的角色，相关领域的投资一直是拉动经济增长的重要手段（聂鹏，2011）。但中西部地区的基础设施建设前期发展滞后，现阶段投资中西部地区的基础设施建设对广东徽商而言是契机，对社会来说是福祉。例如，2017年1月12日，比亚迪公司与四川省广安市签署“云轨”项目合作协议，决定2017年2月在广安启动建设四川首条跨座式单轨技术示范线，同时在广安设立“云轨”生产基地，在四川推广其“云轨”技术。

（3）积极投资中西部地区生物医疗产业。受到区域经济发展不平衡的影响，中西部地区的生物医疗条件受到诸多限制。为了改善中西部地区的医疗环境，部分广东徽商中的医疗企业将重点项目投向了中西部，以切实缓解中西部地区医疗卫生资源配置与人们健康需求之间长期存在的矛

盾。例如，迈瑞生物作为知名医疗器械公司，一直坚持通过自主创新打造医疗品牌，2011年，其将研发中心暨西北区域总部项目落户陕西省西安市，这是由于西安高校和科研院所众多，科技研发实力雄厚，能够为迈瑞生物发展提供坚实的人才和技术支撑。迈瑞生物在西安市政府的大力支持下，围绕医疗器械生产研发，搞好产业配套，延伸产业链条，实现年销售收入超过10亿元，这将进一步提升西安医疗设备产业竞争力，为中西部经济社会发展贡献力量。

中西部地区发挥资源丰富、要素成本低、市场潜力大的优势，积极承接企业投资。广东徽商应积极把握中西部地区优势，加大向中西部地区的投资力度，这不仅有利于加速中西部地区新型工业化和城镇化进程，促进区域协调发展，而且有利于推动广东徽商经济转型升级，在全国范围内优化产业分工格局。

二、加强粤皖经济沟通

明清时期，通过徽商与粤商的贸易往来，内陆安徽与沿海广东密切地联系在一起。两地商人经营的商品种类主要以安徽产品为主，商品交易则主要在广州完成。两地的贸易往来既促进了双方的文化习俗的交流与传播，又丰富了双方的商品市场，还使安徽与海外市场发生联系。安徽与广东之间的经济来往薪火相传，安徽与广东经济相融、交往密切，两省合作发展有基础、有条件、有潜力（魏霞、刘正刚，2001）。新形势下，粤皖两地经济之间互补性更强，既有梯度，也有衔接，交流与合作的潜力巨大，发展空间十分广阔。比如，在加工制造业方面，广东的产业和企业向内地扩张和转移，安徽应是理想的承接地；在旅游方面，如何把广东的都市旅游、跨境旅游和安徽的山水田园和生态旅游结合起来，大有文章可做；在生产要素市场方面，广东的资金、技术、信息以及金融证券、现代物流等可以向安徽拓展，安徽在原材料、劳动力等方面可加强对广东的服务；等等。在广东经济迅猛发展和珠三角地区迅速崛起的过程中，安徽经济受到了越来越强的辐射；在安徽拓展与港澳及海外的联系、扩大招商引

资的过程中，广东也发挥了不可替代的桥梁作用（丁阳，2016）。广东徽商充分利用双方优势条件，在广东当地创业的同时注重双方的互补及合作，并积极探寻途径助力粤皖经济沟通。

（1）通过投资安徽产业回馈家乡。部分广东徽商致富后，通过投资家乡产业回馈家乡。2016 年，安徽省政府结合广州、深圳、佛山等地的优势，实行精准招商，引进和推动一批知名企业家赴皖投资兴业，其中包括王文银、吕向阳、王传福、孙尚传、张维、陈中信和周勇等皖籍著名企业家。例如，融捷集团的吕向阳在安徽省芜湖市投资太赫兹项目达 137 亿元，是 2016 年中国国际徽商大会上最大的投资项目；深圳市基石资产管理股份有限公司的张维在安徽省产业升级基金规模已达 115 亿元，主要支持安徽省企业在全球开展并购，同时支持省外企业并购重组落户安徽；大富科技的孙尚传在安徽省内投资的产业已达 50 亿元，包括安徽大富重工、安徽大富光电及新能源汽车等项目。又如，新西兰 AFC 集团在安徽省合肥市巢湖经济开发区兴建安徽澳新食品产业园，该产业园是专注于澳大利亚、新西兰优质品牌产品仓储、加工、保税、品鉴、展示、培训、集散为一体的花园式产业园，是澳大利亚、新西兰产品在中国市场落地的第一个产业供应链平台，对带动二三线城市进口食品供应链升级有一定的示范作用。安徽省政府对已经招来的项目一视同仁，努力改善投资环境，确保兑现承诺，做到不但产品服务好，更讲究诚信。同时，广东徽商在家乡积极投资也对家乡发展起到了很强的带动作用。

（2）运用广东省安徽商会平台助力发展。徽商多年来在广东艰苦创业，建立交流平台，抱团发展成了广东徽商的共同愿望（唐李渊，2010）。2012 年 8 月 18 日，广东省安徽商会在广州成立，由世界 500 强企业正威集团董事局主席王文银先生任创会会长。广东省安徽商会是联结皖粤两地经济、促进在粤皖籍企业全方位多渠道资源同享、信息互通、合作共赢的桥梁和纽带。并以团结、服务、发展为宗旨，以整合资源、排忧解难、助力在粤安徽企业家事业成功为己任，以选贤任能、民主管理、优势互补为保障，充分发挥在粤皖籍企业的整体优势，密切企业与政府之间的沟通和联系，维护在粤皖籍企业合法权益，推进其走向整体联合、共同发

展。广东省安徽商会首批共有115家会员企业，分布在深圳、广州、佛山、东莞等广东17个地市，首批会员单位产值超过6000亿元，其成立是粤皖交流融合发展的又一成果。广东省安徽商会心系家乡，报效桑梓，积极组织和参与了近千场次粤皖两地的投资促进活动，为推动皖粤两地经济社会发展做出卓越贡献。

（3）利用文化因素促进经济沟通。常言道："文化搭台，经贸唱戏。"文化上的合作交流做好了，安徽省的经济、科技、旅游等优势在广东的合作空间就更大。例如，广东徽商至正文博集团（集团旗下至正艺术博物馆被联合国教科文组织授予"世界博物馆战略合作联盟副主席单位"，也是中国首家与联合国教科文组织联姻合作的民间博物馆）与安徽出版集团、安徽省黄山市政府合作，实现强强联合、优势互补，在巩固扩大文化产业合作成果的同时，为推动粤皖两地文化合作交流做出积极贡献。广东徽商也善于发掘家乡的文化特色，寻找合作机会。例如，鉴于安徽省潜山县丰富的文化旅游资源，正威集团与安徽省安庆市潜山县政府于2017年开始进行文化旅游项目的合作。可见，部分广东徽商从文化因素出发促进粤皖沟通交流，立足大局、主动作为、积极担当，开创了一个互利共赢新局面。

粤皖两省合作空间巨大、前景广阔，广东徽商的家乡情怀和实际投资为两省加强合作注入了强大动力。广东徽商遵从"政府推动、市场主导、优势互补、互利共赢"原则，以更加开放的理念、更为务实的举措，充分发挥优势，积极推进粤皖合作发展再上新台阶。

三、支援粤东西北建设

由于珠三角地区在经济新常态下率先转型、率先调整，获得更多的发展机遇，而粤东西北地区①受传统发展模式影响，经济发展活力不足，经

① 粤东西北地区指粤东4市：汕头、揭阳、潮州、汕尾，粤西3市：阳江、茂名、湛江，粤北5市：清远、韶关、云浮、河源、梅州。

济面临更大的下行压力。2016 年，粤东西北 GDP 增速比珠三角低 0.9 个百分点；投资增长 7.1%，比珠三角低 4.2 个百分点；财政收入状况不理想，地方一般公共预算收入仅增长 0.4%（见表 3－1）。

表 3－1　2016 年广东分区域主要经济指标增长情况

区 域	GDP 增长 /%	规模以上工业增长/%	固定资产投资增长/%	社会消费品零售总额增长/%	地方一般公共预算收入/%
全省	7.5	6.7	10.0	10.2	10.3
珠三角	8.3	6.7	11.3	10.1	10.7
粤东西北	7.4	7.6	7.1	10.7	0.4
东翼	7.4	7.0	15.5	11.6	2.6
西翼	7.3	8.1	5.7	9.6	－2.0
山区	7.5	7.7	0.1	10.7	0.6

注：根据《广东统计年鉴 2016》相关数据整理所得。

自广东省委省政府实施《关于进一步促进粤东西北地区振兴发展的决定》以来，粤东西北地区不仅承接了珠三角地区的产业转移，更成为全省经济发展的全新增长点，甚至是全国重大战略布局的落子点（周开禹，2016）。郑贤操、刘华伟（2015）认为，“资源丰富的粤东西北地区作为广东未来新发展的‘主战场’，将成为广东未来 20 年至 30 年发展转型能否成功的关键所在”[①]。但区域发展不平衡一直是广东发展的最大软肋，也是广东率先建成全面小康社会亟待解决的重中之重。广东区域发展不平衡主要表现为珠三角与周边地区发展差距不断扩大。经济发展相对落后区域必然影响其政府财政收入，制约其基本公共服务供给能力和水平的提升，导致当地人才、企业、资金等发展资源的流失，进一步加剧区域发展的不平衡。[②] 只有实现区域协调发展，广东才能释放出最大的发展活

① 广东省财政科学研究所课题组、郑贤操、刘华伟：《广东省财政收入与 GDP 关系研究》，载《财政研究》2015 年第 12 期。

② 参见广东省社会科学院课题组：《广东区域协调发展研究报告》（内部资料）。

力，转型升级才能步入快车道。

广东徽商借助粤东西北地区的丰富资源，加大对交通运输、能源、冶金工业、城市基础设施建设、环保以及物流等领域项目的投资。这不仅有助于广东徽商快速提升规模、实力、产业核心竞争力，实现做强做大，更有助于为振兴粤东西北发展、率先实现全面建成小康社会做出贡献。

（1）参与对粤东西北地区“智慧医疗数据”建设。近年来“看病难、服务差”的现象屡见不鲜，智慧医疗大数据平台的出现能够为当地市民提供更便利的全过程、全方位精准服务。例如，达实智能充分应用移动互联网、云计算、大数据、物联网等先进技术，基于“互联网＋”，积极参与健康医疗大数据产业发展，培育发展新业态，推动中医药养生、健康养老、健康管理、健康咨询、健康文化、体育健身、健康医疗旅游、健康环境、健康饮食等产业蓬勃发展，其中运用PPP模式为汕头市提供全方位的智慧医疗及“互联网＋”投资运营服务。这不仅巩固了达实智能的产品和业务在粤东地区的市场占有率，带动其在智慧城市大数据服务、智慧医疗、“互联网＋”等领域的业务发展，更助力了汕头市建立智慧医疗和巩固粤东医疗高地的战略目标。

（2）加大对粤东西北地区产业新区项目建设。产业新区项目的建设是带动粤东西北地区经济发展的关键。粤东西北地区有着丰富的自然资源和广阔的需求市场，广东徽商在该地区建立产业新区既有利于企业自身开拓市场，又有助于该地区协调发展。例如，正威集团与深圳市光明新区管委会、汕尾市城区人民政府、汕尾新区（高新区）管委会签订“项目投资意向协议书”，拟依托光明新区的技术、资金、政策、人才优势，定点帮扶汕尾高新区，在汕尾高新区红草园区投资建设项目。这不仅落实正威集团王文银主席与光明新区邝兵副书记“5.5会谈”精神，更是对汕尾新区建设的扶持，彰显了广东徽商对支援粤东西北地区建设的重视。

（3）推动对粤东西北地区新型交通网络化建设。党的十八大明确提出了“新型城镇化”概念，而交通基础设施是新型城镇化的先导条件（王素斋，2014）。广东徽商正助力粤东西北各大城镇群之间加快实现网络化连接，构建高效便捷的城际交通体系。例如，比亚迪公司与汕头市签署合作协议建设“云轨”试验段项目，全球首个“云轨”项目正式落地，标志着汕头市城市轨道交通线网规划建设进入实施阶段，同时也表明比亚迪公司“云轨”的市场化推广取得成效，极大地促进了粤东西北地区的建设发展。

广东省内区域要协调发展，关键要提升粤东西北地区的经济发展水平。从近年来的广东徽商投资趋向看，广东徽商不仅极大地提升了自身的发展能力，而且对加快推进粤东西北地区均衡协调发展做出了重要贡献。

第二节　注重产业协调发展

产业的协调发展是新常态下我国经济增长的主要动力来源之一，也是经济协调发展的重要保障。然而，我国三大产业发展不平衡、不协调问题突出，产业结构不合理，产业链条脱节，产业关联效应没有很好地发挥，严重制约了经济发展水平和效益的提升。对于广东徽商而言，深刻地意识到产业不协调问题，借助新兴业态的形成为企业提供技术创新、产业融合、产业链整合及区域分工的有利条件，努力加快推进产业协调发展。

一、促进产业升级

2015年1月，首个促进新业态创新发展的国务院文件出台，国家设立了400亿元新兴产业创业投资引导基金。2015年3月5日，第十二届全国人大第三次会议政府工作报告首次提出“‘互联网+’行动计划”。2016年12月19日，国务院印发了《“十三五”国家战略性新兴产业发展规划》，对“十三五”期间我国战略性新兴产业发展目标、重点任务、政策措施等做出全面部署安排。这意味着，我国将鼓励培育更多的新兴产业和新兴业态，形成新的经济增长点，促进经济社会各领域创新。党的十九大报告也指出，“支持传统产业优化升级，加快发展现代服务业，瞄准国

际标准提高水平，促进我国产业迈向全球价值链中高端，培育若干世界级先进制造业集群”。在经济发展过程中，每一次科技革命都会促成传统产业的升级换代。对传统产业进行升级改造需要采取适合新技术、新经济内在要求的具体方式，适应高新技术的发展潮流，遵循新经济的发展规律。李鲁云（2011）认为，“虽然广东经济的高速增长已经持续了30多年，但是投入产出低、产业结构失衡、产业过剩等问题仍然非常突出”①。

新经济形势下，转变经济发展方式、推动产业转型升级成为众多企业必须面对和解决的重要问题。广东徽商认真贯彻部署要求，把战略性新兴产业摆在企业发展的突出位置，紧紧把握全球新一轮科技革命和产业变革重大机遇，以创新驱动、壮大规模、引领升级为核心，构建企业现代化的产业体系，培育发展新动能，推进改革攻坚，提升创新能力，深化国际合作，加快发展壮大新一代信息技术、高端装备、新材料、生物、新能源、节能环保、数字创意等战略性新兴产业，促进更广领域新技术、新产品、新业态、新模式蓬勃发展，推动产业迈向中高端水平。广东徽商通过多种途径促进产业升级。

（1）把改造传统产业与发展新兴产业更好地结合起来。广东徽商在不断优化升级传统产业的同时，进一步推动新技术、新工艺、新装备和新材料的应用，更好地满足消费者的高品质需求，提高生产技术水平和效益。例如，由新基地投资开发的广东新基地科技创意产业园是2013年东莞市南城重点“三旧改造”项目，园区主要以互联网和电子商务产业集群、智能制造自动化产业集聚为两大主导产业，辅以软件开发、新能源、新材料、现代服务等多种业态。截至2016年年底，新基地园区已引进科技企业168家，其中上市公司区域总部5家、“新三板”挂牌上市企业3家、国家高新技术企业10家、省级实验室1家、省民营科技企业8家，拥有知识产权300余件，初步统计园区企业年产值约18亿元，纳税总额超过4000万元，升级后入园企业大专以上学历人员超过2000人。可见园区的产业升级极大地提升了经济效益、社会效益和产业聚集效益。

---

① 李鲁云：《“十二五”时期广东经济增长周期研究》，载《南方金融》2011年第5期。

（2）重点培育具备高科技、高附加值、高成长性的新兴产业和新兴业态。3D打印、工业机器人、快递物流等众多新兴产业和新兴业态蓬勃涌现，蕴藏着巨大的市场空间（Seth Pipkin & Alberto Fuentes，2017）。广东徽商积极发展战略性新兴产业，通过统筹科技研发、产业化、标准制定和应用示范等措施，在新一代信息技术产业、高端装备制造业、新材料产业、新能源产业和生物产业上实现新突破。例如，长盈精密敢于突破传统，进行产业升级，于2015年成功打造东莞首个智能化“无人工厂”，工厂全部的生产活动均由电子计算机进行控制，生产第一线配有自动化设备或智能机器人，让工厂的管理更为高效便捷，也让一线操作工得到了进一步释放。

（3）大力发展大数据和云计算等高端产业并完善企业服务。互联网正在持续推动整个社会的生产方式与服务理念转变。部分广东徽商加强对大数据和云计算应用市场需求的了解，学习国际领先的技术，不断提高自身技术实力，并根据实际情况开发适合于企业使用的大数据和云计算应用。例如，前海保险交易平台具有特征鲜明的“互联网金融”身份以及下单、交易、售后、理赔的一站式服务，能够开发更加碎片化、场景化的长尾业务，提供更好的客户体验。2016年2月26日，前海保险交易中心与全国第三家互联网保险公司安心财产保险有限责任公司签署战略合作协议，在互联网保险发展的平台技术、服务创新方面深入合作，共同探索互联网保险，推进双方产业升级。

围绕产业升级进行改革创新，以改革创新促进产业升级，广东徽商正逐步形成战略导向清晰、创新能力突出、管控模式有效、业务布局优化、发展质量和效益显著提升的良好局面，以产业升级引导产业创新，以产业创新支撑产业升级。广东徽商已初步形成了线上线下集成创新、企业内外协同创新、国内国外开放创新的新局面，形成了新动能、传统动能“两轮”驱动，国内市场、国际市场齐头并进的发展新态势。

二、推进产业融合

在经济全球化形势下，推进产业融合发展能够促进广东集聚全球高端资源，促进经济发展方式转型，从而有利于升华广东低碳、智慧、幸福三位一体的新型城市化发展水平。同样的，广东徽商意识到各个产业单打独斗已经难以满足新兴市场需求，产业间的跨界融合将会与新的重大需求相辅相成，相互促进，共生发展。因此，广东徽商采取多元化的产业融合措施推动产业的共同进步和整合，以满足不断变化的市场需求。

（1）实业与服务业融合发展。随着服务业的快速发展，服务业与实业之间融合加快，服务业逐渐实业化，实业也逐渐服务业化。服务业的发展出现了产品化、标准化、连锁化趋势，而这些本来是实业生产的基本要素和模式（李慧，2015）。实业服务化与服务业制造化相向发展，使得产业价值链重构为一条既包含实业价值链增值环节，又包含服务业价值链增值环节的融合型产业价值链，与原有单纯的服务业价值链和实业价值链相比，具有更广阔的利润空间和增长潜力，在产业层次上表现出明显的结构升级效应。广东徽商将实业与服务业高效融合，以促进产业转型升级、综合发展。例如，勤天集团在广东清远累计投资逾 20 亿元，成功打造熹乐谷温泉度假综合体，集星级度假酒店、温泉及水上乐园、亲子乡野旅游、民俗文化村、文化演艺、养生旅居养老、休闲度假地产等七大业态于一体，以超前的设计、多样化的业态及优质的出品和服务获得了市场和消费者的高度认可，并迅速成为广东省乃至全国温泉度假行业的标杆性企业。

（2）金融投资与实业投资融合。过去，金融投资与实业投资分属于不同的投资领域，相对独立，各有不同的流程、标准和回报要求。随着社会市场经济飞速发展，为了不断满足企业发展所需资金，各个企业纷纷将实业投资与金融投资相融合，以寻求新的投资金融体系。金融投资是建立在产业发展基础上，为产业发展服务的（李维安、马超，2014）。党的十九大报告也指出，“要增强金融服务实体经济能力”。所以，广东徽商将金融深度融合入产业是必然趋势。例如，融捷集团投资新能源、信息、金融、资本运作四大领域，不仅控股融捷股份有限公司，还参股比亚迪公司和深圳市华讯方舟科技有限公司（以下简称“华讯方舟”），其大战略部署可以归纳为“产融结合”，坚持实业、资本运营和服务业同时并举，走综合经营之路，这也是该企业成功的关键。

（3）以互联网为纽带进行产业融合。互联网经济的发展形成了一条以互联网为纽带的产业融合新模式，互联网成了连接传统产业与新兴产业之间的桥梁，是产业融合的重要平台（Amy *et al*，2017）。广东徽商的产业与互联网的融合正在加速。一方面，企业积极用互联网思维武装自己，用互联网工具变革自己。具代表性的有比亚迪公司，其依托 IT 企业“基因”，将旗下产业平台垂直整合、集成创新，将 IT 技术运用于汽车，并以“互联网 +”思维造车。另一方面，随着大数据、云计算、移动互联网的发展，互联网与传统经济自然融合。移动互联网以前所未有的传播速度，云计算以超强的存储和计算能力，大数据以快速准确的挖掘能力，联袂向生产、消费领域的广度和深度渗透，促使广东徽商的生产、消费、服务和流通一体化。例如，前海保险交易中心构建的“全国首个保险创客平台”，一站式解决下单、交易、售后、理赔等服务。

广东徽商促进产业融合产生的效益是多方面的。一方面，有助于促进传统产业创新，进而推进产业结构优化与产业发展。由于产业融合容易发生在高技术产业与其他产业之间，产业融合过程中产生的新技术、新产品、新服务在客观上提高了消费者的需求层次，取代了某些传统的技术、产品或服务，造成这些产业市场需求逐渐萎缩，在整个产业结构中的地位和作用不断下降。同时，产业融合催生出的新技术融合更多的传统产业部门，改变着传统产业的生产与服务方式，促使其产品与服务进一步升级。另一方面，有助于产业竞争力的提高。产业融合与产业竞争力的形成具有内在的动态一致性，技术融合提供了产业融合的可能性。广东徽商把融合过程融入各个运作层面，从而把产业融合的可能性转化为现实。不同产业

内企业间的横向一体化加速了产业融合进程，提高了企业竞争力和产业竞争力。

三、完善产业链条

汪川等（2013）认为，“一个企业的经济持续和高效发展需要具有支柱产业和经济增长点”[①]。当前，经济增长正由主要依靠工业带动和数量扩张带动向三大产业协同带动和结构优化升级带动转变。然而，如何将产业结构调整的主线贯穿到底，进一步完善产业链条，对于产业协调、企业的持续发展具有至关重要的作用。广东徽商清楚地认识到这一点，多措并举，加快完善产业链条。主要措施包括以下三个方面。

（1）专注优势产业，拓宽产业链辐射范围。完善的产业链条决定了一个产业的发展。广东徽商通过有效经营，不断完善和延伸产业链条。例如，正威集团为构筑铜全产业链，一直努力把企业布局到整个中国，并将触角延伸至国外。2005 年，在江西省大余县注册成立正威江西赣州铜、钨采选冶及精深加工产业园，总投资 1.2 亿元，年处理矿石量 33 万吨；2009 年，在安徽省铜陵市投资成立全威（铜陵）铜业科技有限公司，总投资 28 亿元，年产低氧光亮铜杆 25 万吨、精密 2.6 铜线 15 万吨；2012 年，在辽宁省营口市投资成立高威（辽宁）铜业科技有限责任公司，总投资 50 亿元，年产低氧光亮铜杆系列产品 25 万吨、精密铜线系列产品 10 万吨、精密线缆系列产品 10 万吨、合金铜系列产品 5 万吨；2013 年，在四川省广安市成立宏威高新材料有限公司，总投资 100 亿元，建成 24 条生产线，年产值 26 亿元，占领全球 15% 的高端挠性覆铜板市场；2015 年，在甘肃省兰州市新区建立正威兰州电子信息产业园。从矿山到铜板，再到精铜制造，正威集团向铜产业链全面延伸，一个连接中国珠三角、西

① 汪川、武岩、桂青：《中关村科技园区融资现状分析及对我国资本市场支持科技型企业发展的启示》，载《上海金融》2013 年第 5 期。

三角、中三角、长三角和海三角[①]，布局海外的“铜帝国”基本形成。随着贵州国际商品交易中心、河南金属交易中心、湖南国际矿产资源交易中心的相继落成，以及上海、香港、日内瓦、新加坡四大贸易平台的建立，正威集团的铜贸易体系基本完善。至此，全球最完整的集矿业开采、开发与冶炼，铜杆加工与线缆精深加工，铜材贸易于一体的“从石头到插头”的铜产业链形成。

（2）优化产业链条，在专业领域开发多元化产品。广东徽商锐意开拓，通过在产业链条中共享生产技术、管理模式、生产资料等，实现优势互补，提升产业链条的竞争力，促进企业可持续发展。例如，融捷集团致力于布局锂电产业链，2009 年 9 月，控股四川省甘孜州融达锂业有限公司；2013 年 1 月，获中国证监会核准并完成全资收购甘孜州融达锂业有限公司，拥有甘孜州甲基卡锂辉石矿资源最丰富、品位最高、开采条件最好的 134 号矿脉开采经营权；2013 年 7 月，成立全资子公司四川路翔锂业有限公司，主营锂盐系列产品；2014 年 6 月，收购广东省东莞德瑞精密设备有限公司 65% 的股权，主营消费类、动力锂电设备；2015 年 4 月，成立控股子公司安徽省芜湖市融捷方舟智慧科技有限公司，主营智能电子书包产品；2015 年 9 月，成立控股子公司芜湖天量电池系统有限公司，主营锂离子电池 Pack 及 BMS；2016 年，公司已涉足锂矿、锂盐、锂电设备领域，形成多元化的产品体系。

（3）整合产业链条，寻找有利于产业链布局的优势项目。袁艳平

---

① 西三角：即西三角经济圈，全称是“西部川陕渝陇金三角”，包括以重庆为中心的成渝城市群、以西安为中心的关中城市群、以兰州为中心的西兰银城市群，总面积 38 万平方公里，人口 1.3 亿，包含 60 座城市，GDP 总额 1.9 万亿元，占全国的 7%、整个西部的 40%。长三角：即长江三角洲城市群（简称长三角城市群），包括上海，江苏省的南京、无锡、常州、苏州、南通、盐城、扬州、镇江、泰州，浙江省的杭州、宁波、嘉兴、湖州、绍兴、金华、舟山、台州，安徽省的合肥、芜湖、马鞍山、铜陵、安庆、滁州、池州、宣城等 26 市，总面积 21.17 万平方公里。中三角：即长江中游城市群，是以武汉、长沙、南昌、合肥四大城市为中心的超特大城市群组合，涵盖武汉城市圈、环长株潭城市群、环鄱阳湖城市群、江淮城市群为主体形成的特大型城市群，占地面积约 31.7 万平方公里。海三角：即环渤海经济区，指环绕着渤海全部及黄海的部分沿岸地区所组成的广大经济区域，位于中国沿太平洋西岸的北部，是中国北部沿海的黄金海岸。

（2012）认为，“在企业构建产业链的过程中，优势项目的选择对产业链的整合和完善具有决定性作用”[①]。部分广东徽商积极寻找匹配产业链需求的项目进行开发，抓好重大项目的建设，充分发挥项目建设对产业链发展的拉动作用。具有代表性的企业当属比亚迪公司，为提升核心竞争力，比亚迪公司打造了一条上游锂矿资源—锂电原材料—动力电池—新能源整车—电池回收的全产业链闭环。为了支撑产业链的发展，从2016年开始，比亚迪公司加大对上游原材料领域的布局力度，投资青海盐湖提锂开发项目，该项目生产正极材料，包括磷酸铁锂、三元材料[②]，同时也生产动力电池，这为“比亚迪”切入锂电产业链上游的重要布局，更好地发展下游产业链，尤其是对发展新能源汽车具有重要的作用。

在经济运行缓中趋稳、稳中向好的态势下，广东徽商的产业集聚区紧紧围绕主导产业，着力完善产业链条，进一步做大做强主导产业，增强抗风险能力。企业要着眼于从自身优势产业出发，充分利用环境优势，辅以企业开拓产业的战略，进一步发展壮大。广东徽商及其产业集聚区全盘考虑，为企业搭建好平台，一方面，提升企业经营管理水平；另一方面，倒逼企业生产环节转型升级、提高效率，并取得了显著成效。

第三节　重视文化协调发展

随着社会主义市场经济的深入发展，众多广东徽商潜心探索企业经济效益提升的同时，越来越重视企业文化与经济的协调发展。企业文化是企业价值观、企业精神、经营理念、职业道德的复合体，是伴随着企业发展

① 袁艳平：《战略性新兴产业链构建整合研究——基于光伏产业的分析》，西南财经大学2012年博士学位论文。

② 三元材料：是指由三种化学成分（元素）、组分（单质及化合物）或部分（零件）组成的材料整体，包括合金、无机非金属材料、有机材料、高分子复合材料等，广泛应用于矿物提取、金属冶炼、材料加工、新型能源等行业。

而逐渐形成、升华并为企业全体成员自觉遵循的行为准则。正是这种看不见、摸不着的文化因素，若能加以认识与合理利用，即可形成一种无形的力量，促进企业发展。当企业管理趋向团队化时，企业文化是企业内部团结的纽带，是企业内部集体的“共同语言”，对生产和经营起到很大的协调和稳定作用。企业文化与企业发展相辅相成，密不可分。广东徽商在研究治企方略、谋划经济发展时，把优秀徽商精神融入现代企业文化中，并将其贯穿于企业经营和管理的全过程，这将促进企业的全面协调可持续发展。

一、传承优秀徽商文化

徽民经商，源远流长，最主要的原因是徽民的思变精神和当时中国经济重心南移的外部契机。正是因为徽民敢于打破“重农抑商”，冲破世俗偏见，才使许多徽民变为徽商，这种转变铸就了徽商的鼎盛。明清时期徽商的辉煌虽已成为历史，但其丰厚的文化积淀为今天的企业家们留下了宝贵的精神财富。这对秉承老徽商传统，打造新时代徽商群体具有积极意义。徽商文化是徽商在经商实践中逐渐形成和发展起来的物质和精神财富的总和，即徽商发扬了中国优秀的传统文化，并和自身的商业经营结合，融汇了历史上丰富的商业经营理念形成的价值观念、审美情趣、道德情操，以及与商业活动相适应的各种理念等商业文明（彭学宝，2004）。徽商文化产生了强大的凝聚力和创造力，对广东徽商的企业文化具有很大影响。广东徽商将徽商文化中的优秀精神融入企业经营发展中，与企业共成长。这些精神包括艰苦奋斗、持之以恒的创业精神，同舟共济、风雨同舟的互助精神，开拓进取、务实开放的创新精神，用户为先、讲究诚信的敬业精神，崇知重教、尊重贤才的人本精神（陈艳君，2011）。

（1）艰苦奋斗、持之以恒的创业精神。明万历《歙县志》称：“即山陬、海壖、孤村、僻壤亦不无吾邑之人。”广东徽商“一贾不利再贾，再贾不利三贾，三贾不利犹未厌焉”，最终“挟一缗而起巨万”，跻身于富商大贾的行列，与其艰苦创业的敬业精神、百折不挠的毅力是分不开的

(张海鹏、王廷元，1984)。“小草房精神”是广东徽商创业之初的生动写照，实质就是艰苦奋斗、百折不挠的创业精神。王文银就是徽商中艰苦奋斗的典型代表。1997年，广东徽商王文银所创办的携威电线制品厂，是深圳市5000多家生产厂家中并不起眼的一家，办厂初期，他每天和工人一起加班加点，晚上睡在车间，即使再艰苦仍然坚持创业之路。

(2)同舟共济、风雨同舟的互助精神。“吾徽人笃于乡谊，又重经商，商人足迹所至，会馆义庄，遍各行省。”广东徽商在其经营活动中渗透了宗族因素，同时重视按德才兼备的标准选拔人才，充分调动员工积极性，团结协作，提高市场竞争力。例如，中盈盛达公司以“共创共享共成长”为企业文化，其思想精髓集中体现为一个字——“共”，即主张以中盈盛达为纽带，股东与员工结为利益共同体，并与银行、中小企业客户和其他中介服务机构等一切合作者结为战略同盟关系，共同努力、共同创造、共同拥有和分享丰硕成果，以实现共同进步、共同成长的事业理想。中盈盛达的“共”文化得到了社会各界的高度认同，产生了强烈的凝聚力和感召力。

(3)开拓进取、务实开放的创新精神。“商居四民之末，徽俗殊不然。”徽商创造性地提出“读书好营商好效好便好”，将儒家的优秀传统文化和经商的实践相结合，坚持创新、开放。广东徽商身上有着务实、开放的鲜明特质。面临全球一体化的市场格局，广东徽商注重创新和开放，积极开拓进取。例如，比亚迪公司遵从“技术为王、创新为本”的发展理念创新进取；又如，新西兰AFC集团控股有限公司(以下简称“新西兰AFC集团”)立足澳大利亚和新西兰，面向中国，将“建设成为一流的食品企业集团，做澳新两国产品在中国销售的桥梁，通过开放的跨境方式，把两国的优质产品带给中国消费者，让每个中国家庭享受高品质的产品”作为企业愿景。

(4)用户为先、讲究诚信的敬业精神。广东徽商注重商品质量，讲究货真价实，信奉“买卖公平天经地义，童叟无欺以信为本”。因此，徽商在全国各地信誉甚高，“重然诺，有季布风，商旅中往往藉一言以当质券”。这种信誉成为一种巨大的无形资产，促进商业的兴旺发达。社会成员之间的信任乃是文化对经济的影响途径和表现形式，它直接影响甚至决定经济效率。例如，深圳市兰江房地产开发集团有限公司（以下简称“兰江集团”）信奉诚信是一切美德的基石，是立业之本，只有诚信，才能超越和发展。该集团在房地产开发上坚持“用心筑家，质量第一，信誉至上”的经营理念，追求客户的满意度，稳健发展，不断超越，使公司成为“人才兼备、管理科学、服务勤恳、产品优质、效益领先”的房地产综合开发企业。

（5）崇知重教、尊重贤才的人本精神。广东徽商“贾而好儒”，贾仕结合，他们由儒而商，由商而官，官商互济，且交往有度，获得了较好的政策环境（明旭，2012）。广东徽商重视对人才的职业培训，鼓励进行系统的商业教育。例如，长盈精密激励及促进员工全力参与公司经营管理，在工作中积极发挥团队的作用，提倡开诚布公的有效沟通与互动；鼓励员工终身学习，不断提高知识与技能，在实现公司发展的同时，员工也获得增值。

徽商的文化精髓直接影响了广东徽商经济活动主体的价值观念和行为方式，激励或制约着广东徽商经济行为主体在经济活动中的行为，从而影响企业经营状况，最终影响企业的成长。徽商文化对广东徽商长期经营业绩有着重大作用，并很可能成为决定广东徽商下一个十年兴衰的关键因素。

二、形成现代企业文化

随着社会经济的飞速发展，市场竞争越来越激烈，企业文化在组织管理中的作用愈加重要。在现代企业管理中，推进企业文化建设有助于促进企业制度的创新，推动企业管理由以物为中心向以人为中心的转变，有助于加强徽商传统文化与现代文化的融合，以及广东徽商经济效益与文化建设的协调发展。广东徽商用实践证明了企业经济与企业文化之间要相互协调、相互补充、相互促进，合理地整合企业文化资源，最大限度地激发企业活力，才能使企业立于不败之地。因此，企业文化在市场竞争中具有十

分重要的作用。

(1) 通过企业形象表现企业文化。企业形象的内容是全面的，它不仅是企业产品的形象，而且是企业总体文化的表现，涉及的因素较多(John M. T. Balmer & Stephen A. Greyser，2006)。广东徽商在社会公众中树立良好的形象，首先，靠的是自己的内功，即为社会提供优良的产品和服务；其次，通过各种宣传手段向公众真实介绍、宣传自己，让公众了解熟知。例如，《深装集团》杂志是深圳市建筑装饰集团有限公司（以下简称“深装集团”）展现集团风貌的一个载体，《深装集团》始终以党的路线方针政策为指导，贴紧经济形势，密切配合企业经营做好宣传，提升企业文化影响力，着力打造企业文化品牌。该杂志设置10个栏目，内容丰富，专业水平较高，在全国装饰行业中的文化影响力较大，部分特色文化类的文章曾被《中国建筑装饰》《中华建筑报》《福田商界》《深圳商报》《深圳建筑业》等媒体转载，并连续多届被评为“深圳市十优企业刊”，向社会和员工充分展示了企业形象。

(2) 发挥人才力量牢固企业文化。企业文化正是通过影响人的思想最终影响人的行为发挥作用。如果没有正确的导向，人才就不能充分发挥其优势。当今社会，企业间的竞争就是人才的竞争，企业文化是一种无形潜在的生产力，建立健全企业文化才能更好地让人才充分发挥其优势，最终促进企业的发展。广东徽商结合自身发展的实际情况，采取恰当措施，不断完善员工培训制度。例如，正威集团形成完整的员工培训体系，包括组织学习体系，培训需求调查体系，培训课程设计、开发与管理体系，机构与讲师筛选和内部培训师培养体系，培训课程设置体系，培训效果评估与跟踪辅导体系，等等。完善的员工培训制度有利于更好地为企业打造高素质员工团队。

(3) 加强与外界交流传播企业文化。积极吸收借鉴外界优秀文化成果，学习企业文化建设的有益经验，有利于开拓现代企业文化的建设思路。交流、展示等是企业与外界沟通的重要桥梁。广东徽商通过积极对外交流让社会各界了解企业产品，感受产品质量和企业服务，增强企业经济效益和文化效益的有机统一。部分广东徽商通过举办或参与展览会提升企

业知名度，传播企业文化，扩大商机，通过招商引资带来经济效益。例如，2017 年 5 月，新西兰 AFC 集团旗下远景园酒庄首次参加第 18 届中国（广州）国际名酒展览会，并举行了“濒危而璀璨——白钻石葡萄酒探秘暨新西兰产区大师班”主题活动，在全球 72 个葡萄酒产国的葡萄酒和国内酒类进口商与经销商、各国驻广州领事馆、业内领袖企业以及顶尖行业媒体面前展览企业产品，间接展示了企业形象，传播企业文化。

现代企业文化建设对广东徽商的发展具有十分重要的意义，主要体现在以下方面：一是通过企业文化建设，使公众对企业形象产生良好的印象，更易让公众形成对企业组织健全、制度完善的认同感，增进公众对企业的信任感，从而有利于企业与顾客的沟通，提高广东徽商的信誉和知名度。二是提升广东徽商员工的归属感、优越感和自豪感，促进其产生与企业同进退、共命运的价值观念；同时能够增强企业员工的统一意识，提高其士气，调动其工作积极性，形成一种充满活力的企业文化。三是提高广东徽商的素质与管理水平。进行企业文化建设时，企业需要根据市场情况和企业发展有针对性地培育其经营理念，并制定一套能够有效贯彻实施的管理方法和管理规范，使企业的生产过程和市场流通流程化，从而降低成本和有效提高产品质量。

将企业经济效益与现代企业文化相结合有助于企业在日趋激烈的市场竞争中开辟属于自己的空间，对企业的生存和发展起到不可忽视的作用。然而，企业文化的建设是一项长期的系统工程，广东徽商应明确目标、合理规划、不断进取，积极采取各种加强企业文化建设的方式方法，使企业文化真正成为企业生存和发展的重要基石。

第四章　绿色环保稳持续

绿色发展理念是马克思主义生态文明理论同我国经济社会发展实际相结合的理念，是深刻体现新阶段我国经济社会发展现状的重要理念。绿色发展理念以人与自然和谐为价值取向，以绿色低碳循环为主要原则，以生态文明建设为基本抓手。“保护生态环境就是保护生产力，改善生态环境就是发展生产力。”企业作为市场经济主体，在谋求自身发展、实现经济目标的同时，更需要协调好企业盈利与环境保护之间的关系，建立起经济发展与环境保护并举的发展思路。留住青山绿水，保护生态环境，企业责无旁贷。党的十九大报告中提出，必须树立和践行绿水青山就是金山银山的理念，坚持节约资源和保护环境的基本国策，像对待生命一样对待生态环境，统筹山水林田湖草系统治理，实行最严格的生态环境保护制度，形成绿色发展方式和生活方式，坚定走生产发展、生活富裕、生态良好的文明发展道路，建设美丽中国，为人民创造良好的生产生活环境，为全球生态安全做出贡献，在国家层面对实现绿色发展，实现人与自然和谐共生做出新的指示。在绿色发展理念的指导下，广东徽商在生产经营过程中不仅注重经济效益，在努力提升徽商在国际国内的市场影响力的同时，也深刻认识到环境污染带来的危害和环境保护的紧迫性，保护环境、投身绿色发展事业刻不容缓。因此，广东徽商格外注重对生态环境的保护和绿色理念的倡导，通过绿色经营、绿色生产和恢复绿色生态等方式，逐步实现企业的持续发展，打造企业绿色发展影响力，为祖国生态文明建设和可持续发展献出一分力量。

第一节　坚持绿色管理

2017年3月，中央出台的《中共中央国务院关于加快推进生态文明建设的意见》中，明确指出绿色化的重大意义，在国家层面对绿色发展提出新的要求。党的十九大报告也提出，“构建政府为主导、企业为主体、社会组织和公众共同参与的环境治理体系”。构建资源节约型、环境友好型社会已成为我国现代社会发展的关键，而作为市场经济主体力量的企业，必然成为构建资源节约型、环境友好型社会的支撑力量。广东徽商始终坚持在企业良好运营的同时努力实现绿色发展，在企业运营的各个环节都打上“绿色烙印”。

一、建立环保机制

党的十八届三中全会通过的《中共中央关于全面深化改革若干重大问题的决定》对紧紧把握时代要求和人民群众的期待，对解决生态环境保护的突出问题、建立系统完整的生态文明制度体系做了一系列阐述，奠定了用制度保护生态环境的坚实基础（吕文艳，2014）。创新环保体制机制，加快企业生态文明建设，是实现企业科学发展、跨越式发展的现实选择。广东徽商认真贯彻执行国家以及上级主管部门的有关环保方针、政策和法律法规，主动了解和熟悉国家、省、市及行业环保法律法规与政策标准，开展相关的环保管理、监督和检测工作。在企业内部的相关环境管理体系建设方面，广东徽商普遍将绿色理念上升到公司制度，并建立相关部门，由相关部门和负责人对企业的绿色经营实施管理。例如，深圳市华讯方舟科技有限公司在企业内部建立环境管理体系，规范公司的经营管理行为（见表4-1）。

表 4-1 深圳市华讯方舟科技有限公司环境管理体系

·实行环境保护目标负责制，将环境质量和环境保护工作列入各单位负责人职责，并定期向公司总裁办报告环境保护工作
·建立各事业部、分公司的办公能耗、生产经营环保指数报告，采取定期和不定期检查相结合的方式，及时掌握单位环保处理设施运行情况
·组织召开环保会议，进行工作布置、环保培训等
·制定严格的作业流程和环保制度，控制废水、费电、噪音等
·加强垃圾分类收集工作的管理
·对在环境保护、防治污染和环境建设等方面做出显著成绩的部门和个人，给予表彰和奖励
·加大环保工作开展力度，举行企业环保竞赛、环保公益等活动

随着经济社会的发展，环境问题逐渐上升为21世纪备受关注的一大课题。党的十八大和十八届三中全会对于加快生态文明建设，完善环境保护制度提出了新要求。建立和完善环境保护制度是实现生态文明建设宏伟目标的重要保障和基础，是缓解资源环境约束与经济社会发展之间矛盾、推动国家经济绿色转型、顺应全球可持续发展潮流的内在要求，也是深化环境保护制度改革、推动环境保护顶层设计和战略转型的重要任务，具有重大的现实意义（俞海等，2014）。环保机制的建立是绿色发展的需要，是推动企业可持续发展的重要手段。广东徽商在成长中紧跟时代发展的脚步，放眼未来，立足当前，从企业经营的各个方面建立绿色环保机制，实现企业顶层设计绿色集约化，通过自上而下的绿色传导机制，逐渐实现企业转型升级，打造节能低碳企业。

第一，建立绿色采购机制。在全球环境恶化的背景下，注重环保和绿色采购是企业制胜的战略选择。所谓绿色采购，是指企业通过减少资源浪费，促进循环利用、重复使用和替代材料以确保可持续发展的考虑环境因素的采购行为（Min & Galle，2001）。从本质上说，绿色采购是采购—供应企业关于环境保护及可持续发展的合作关系，这种合作关系一方面源于外在环境法规的强制（如《中华人民共和国环境保护法》），另一方面源于企业自身社会责任活动的实施（如“2015 年日本夏普供应链 CSR 实施指南”）。企业与企业之间的合作关系和合作方式是推动、激励与强迫各企业实现其活动与环境相容的关键性因素。因此，绿色采购活动的成功实施依赖于企业间关系的治理方式。广东徽商大多为生产性企业，在生产环节的采购端实施绿色采购有助于其从源头上保证企业的绿色发展，而与供应企业和客户保持良好的合作则更容易实现绿色采购。例如，比亚迪公司始终坚持绿色采购，并建立了以总部采购处为导向，以各地区、各事业部、各工厂为主力的“绿色供应商、绿色原材料”的绿色采购体系，规范采购中的各项环境管理，确保每一个外购零部件都满足绿色环保要求，符合内部循环经济的发展轨迹。通过对供应商和原材料的前端绿色采购控制，确保污染和浪费不会蔓延至后端，并且将原材料、在制品、成品统一纳入循环管理，实现了供应商、客户与公司三方有机联动，真正做到了公司在生产经营活动中的全程绿色环保，以出色的绿色采购绩效践行比亚迪公司对社会、对环境的承诺。

第二，完善资源集约化机制。集约化模式是指改变以资源高消耗、高污染、高排放和“先污染、后治理”的传统的资源型经济发展模式，选择减少物质资源消耗和以无形的、边际效益递增的知识资源为主的生态经济发展模式（李云奇、施一军，2005）。资源集约化要求经济发展不仅要考虑经济总量的提高，而且要考虑生态承载能力，关注子孙后代的生存。因此，资源型企业要把经济效益、社会效益和环境效益统一起来，通过经济活动的知识化和生态化，减少资源型企业生产活动中物质资源消耗和污染排放，保护日益稀缺的环境资源，提高环境资源的配置效率，实现企业运营与环境保护的协调发展。广东徽商中部分资源型企业坚持以“节能、节地、节水、节材”为重点，加快淘汰落后技术装备，提升企业的能源效率，全面推进清洁生产，加大节能减排新技术、新设备、新产品和新材料的应用与推广。同时，推进节水型企业建设，实施严格的企业废水排放管理制度，促进水资源的可持续利用。例如，比亚迪公司一直以来重视对废弃物的处理工作，针对各类废弃物的管理以及各相关部门的责任制定严格规定，对废弃物进行分类处理，有毒有

害废弃物由人力资源处安全环境工程部以及外部有资质的单位进行处理，生活垃圾及无害生产废料由后勤处及人力资源处安全环境工程部联系外部环卫部门进行处理，可回收类废弃物由后勤处及使用部门循环综合使用，部分交由专业处理单位回收处理。此外，比亚迪公司还要求各事业部节约使用资源，鼓励双面打印、用废纸打印非正式文档等，在生产经营上真正做到集约化管理。

第三，探索循环经济发展机制。自20世纪60年代以来，循环经济发展迅猛，无论在理论研究还是应用研究方面均取得了重大突破。在国内，循环经济被政府确定为国家发展战略的重要组成部分，它是针对传统性经济模式而言的，“资源—产品—再生资源”的物质循环利用模式是循环经济区别于传统经济的本质特征（陆学、陈兴鹏，2014）。随着循环经济的迅速发展，实践领域也在不断拓宽，已经从废弃物回收利用领域逐步拓展到生产生活的各个方面。企业发展循环经济有利于节约资源，提高其经济增长的质量和效益。广东徽商极力推进低碳生产工艺流程建设，努力探索建立低碳环保的循环经济发展模式和有效运行机制，尤其是电力、钢铁、磷化工、建材、装备制造等“两高一资”企业更是着力构建循环型产业体系。同时，广东徽商高度重视循环经济技术的研发和应用，推进资源综合利用、产品再制造、废物回收利用，等等，加快建设一批再生资源基地和产业园区。例如，鑫源环保金属科技有限公司围绕“科技与环保、节能减排与清洁生产、资源综合利用与循环经济相结合”的经营理念，始终致力于工业固体废物无害化处理处置与铜、镍和贵重金属再生资源回收的研发与生产。该公司先后获得国家科技部颁发的“科技型中小企业技术创新基金立项证书”、广东省科技厅颁发的“民营科技企业资格证书”、广东省环保厅批准的“危险废物经营许可证”、广东省经济贸易委员会颁发的“资源综合利用认定证书”和广东乳源瑶族自治县政府颁发的“外来投资企业纳税之星证书”，等等，并通过了ISO 9000和ISO 14000体系认证和广东省清洁生产企业认定。

第四，建立环保投资机制。企业环保投资机制的目标是提升环保绩效。企业在环保投资中扮演着至关重要的角色，在建立企业环保投资机制时，往往会充分考虑企业在治理污染、保护环境时，如何才能实现企业长期绩效的良性改善，使环境绩效与企业绩效实现动态和谐发展（安志蓉、丁慧平，2013）。广东徽商在环保投资机制建立上开拓创新，与市场各个产业主体相联系，打造企业内外“命运共同体”，努力将企业自身环保投资机制与市场机制相结合，调动企业管理的主动性和企业外各相关方的参与性，并加强环保投资机制的建设。例如，辉隆股份积极尝试和创新环保投资方式，将投资建设美丽乡村作为环保投资的主要方面，将全椒基地与美丽乡村建设相结合，在产业发展、基础设施建设、环境整治和公共服务设施建设等方面取得了诸多成效。2017 年 2 月 22 日，广东省财政厅党组成员、副厅长朱长才对广东辉隆全椒基地创建省级美丽乡村示范点工作进行全面检查，指出辉隆股份具有良好的环保机制和责任担当，辉隆全椒基地依托美丽乡村建设工作，不仅抓住了产业融合发展，保护了当地生态环境，还带动了农户创业致富。

环保机制的建立对企业绿色发展有着诸多的约束作用，环保机制的施行对企业绿色发展至关重要。企业是否能推动环保机制的落地，对于企业的绿色绩效提升有着很大的影响。广东徽商始终坚持从环保机制出发，实现企业内部绿色经营一体化建设，用绿色理念将企业生产流程进行有机整合，真正做到将环保机制落到实处。例如，安徽海螺作为广东徽商中的负责任企业的代表，不仅重视生产技术的提高和生产规模的扩大，还重视工厂的绿化和资源的综合利用，努力构建绿色工厂，把环保责任落到实处，在环保机制的把握上思路清晰，主次分明，从以下四个方面出发践行其环保理念（见表 4－2）。

表 4－2　安徽海螺水泥股份有限公司环保机制实施

1. 依靠技术进步，彻底解决水泥生产的环境污染问题。水泥行业环境污染问题的彻底解决，必须依靠生产技术的更新和装备的升级换代。在推行最先进的新型干法水泥生产技术上，海螺水泥一直坚持不懈，并率先在国内新型干法水泥生产线的低投资、国产化方面取得突破性进展，为新型干法水泥生产在我国的推广和普及做出了突出贡献

续表4-2

2. 严格控制污染物的产生，全面实现达标排放。海螺水泥所有新建、扩建和改建项目全部按照国家建设项目环境管理要求，办理环境影响评价、环保试生产验收手续，并取得环保行政主管部门下达的批复文件。海螺水泥对下属子公司加大环保投入，加强收尘、生活污水处理、在线监测及噪声治理等环保设备设施的运行维护，确保各项污染物排放均达到或优于国家现行排放标准
3. 大力发展循环经济，推行清洁生产，开展资源综合利用。在水泥生产中，产生大量粉煤灰、脱硫石膏、铁矿铜矿尾渣、柠檬酸渣、硫酸渣等。公司对此实行废渣利用，挖掘出水泥工业作为工业循环经济的潜力，使得水泥工业成为循环经济产业链上重要的一个环节，不仅做到了变废为宝，还解决了环境污染、占用土地等问题，社会效益显著
4. 美化绿化工厂，着力打造生态型工厂。工厂在设计和建设中特别重视与周边生态环境的协调和相融，尽量保留原有林地，使厂区巧妙和谐地融入自然环境，保持周边地区原始风貌不变。在厂区、矿区及道路两侧实施美化绿化，保护周边景观不受影响，努力打造生态工厂

环保机制的建立对于转变企业经营理念，改进企业管理方式，实现企业持续发展意义显著。广东徽商建立绿色环保机制，以“减量化、再利用、再循环”为基本原则，以实现资源的高效利用和循环利用为核心，以低消耗、低排放、高效率为基本特征，努力探索新的环保机制和环保路径，从而实现经济增长模式的转变，摆脱粗放型增长模式。

二、加强环保培训

一个国家对环境、资源的保护程度，一方面取决于在环保专业领域的作为，另一方面也取决于全社会的环境意识水平。广泛地开展环境保护的宣传、教育和培训是提高全社会环境意识最直接、最必要的手段。随着环保概念的引入和发展，企业越来越关注环保事业的发展。企业环保理念逐渐反映在企业的远景和使命中，成为企业文化和核心竞争力的一部分。

然而，在现实中，由于一些员工的环保意识薄弱、环保知识匮乏和环

保技能不足等导致企业发生污染事件的现象屡见不鲜。员工环保意识薄弱，对身边的污染、浪费等视而不见，大大降低了企业的环保绩效，因此，员工的环保意识培养和环保知识教育显得尤为重要。在经营发展中，企业通过环保培训的方式加强对企业员工的环保责任教育，让员工树立强烈的环保责任意识，使企业更好地践行绿色发展观。广东徽商积极开展各类环保培训，根据岗位特点组织开展环保知识和技能培训，培养员工的环保意识，帮助员工提高环保的敏锐性。具体来说，广东徽商的环保培训主要有以下三种方式。

第一，开展国家环保法律法规、产业政策及企业环保达标问题解读活动。环境保护是我国的一项基本国策，广东徽商开展企业环保责任方面的教育，可增强企业的环保责任意识。尽管诸多广东徽商每年均进行多种形式的环保宣传教育，但宣传教育深度不够，宣传面窄，对实际工作中具体该如何保护环境、环境保护排放标准等知之甚少。因此，部分广东徽商对环保法律法规、节能减排政策、环保产业政策、污染物排放标准、排污收费制度等内容开展培训，使员工充分认识到环境污染的危害性、严重性，不断提高员工的环保意识和法律常识，在员工工作过程中严格执行管理规定，尽量减少在生产过程中因管理不得当而造成的“三废”超标排放问题，形成人人关注环保、参与环保的浓厚氛围。

第二，组织员工学习公司的各项环保标准。企业通常通过对污染产生的原因以及防治途径等进行系统、明了的讲解或邀请外部专家对各项环保指标、条款进行解读，使员工加深对公司环保制度的理解。如安徽水利开发股份有限公司（以下简称“安徽水利”）为保证公司质量、环境和职业健康安全管理体系的持续有效运行，于 2016 年 11 月在安徽省蚌埠市举办质量、环境和职业健康安全管理体系内审员培训，培训围绕着质量、环境和职业健康安全管理体系，依据标准 ISO 9001—2015（GB/T 19001—2016 报批稿）、GB/T 24001—2016、GB/T 28001—2011、GB/T 50430—2007 等条款的讲解以及整合型管理体系内审工作的开展程序、工作方法和要求等方面展开，并且邀请上海质量教育培训中心殷宝元老师授课。通过培训，参训人员进一步掌握了整合型管理体系审核的知识，加深了对标准条款的

理解，为公司管理体系换版认证工作打下坚实的基础。该公司的内审员培训模式，在企业环保培训知识信息的传递上具有重要意义，按照一传二、二传四的指数传递法，相比直接组织底层员工培训的方式而言，此模式具有责任明确、传递迅速、覆盖面广等特点。

第三，组织开展环境污染事故应急处理培训及环保知识考核。环境污染事故应急处理培训的内容一般包括：国家的环境安全现状、企业编制环境污染事故应急预案管理、企业环境污染事故应急预案编制要求、企业环境污染事故应急预案处理，等等。通过以上几个方面的培训可以使员工加深对环境污染事故应急处理流程的了解，提升企业处理环境事故的能力。环保知识考核则主要是针对员工环保意识的培养，通过循环往复的考核活动，逐渐提升员工的环保知识和环保意识。例如，伟力低碳每月举行一次环保培训，2015 年 4 月 25 日是该公司每月一次的环保培训日，公司综合管理部组织全体员工进行了一场节能项目情景模拟培训考核。全体员工随机分为 3 个项目小组，考核分为两轮，第一轮是商务谈判环节，第二轮是项目运作环节，考核内容涉及节能环保专业知识、商务礼仪、公司项目流程管理、采购供应商管理和财务核算知识等方面。通过考核，给员工日常工作流程的规范性敲响警钟。不论哪个工作岗位，都务必做到专业和规范，这样的团队才能是一个优秀的团队，才能取得客户的信任，才能最大限度地满足客户的需求。该公司这种以情景培训和考核，兼课外活动的方式对企业员工进行环保教育，能最大化地调动员工的参与激情，在娱乐中学习环保知识，不失为环保培训方式的一种创新。

近年来，企业环境事故屡屡发生，对企业的环保要求也日趋严格，企业需不断加大环保工作力度。从广东徽商的环保工作来看，一方面，保护环境、避免污染；另一方面，增加企业在污染治理上的投入。因此，做好企业的环保培训工作，对于企业的发展极其重要。未来，广东徽商应该继续坚持绿色发展理念，抓住绿色发展方向，构建企业环保经营理念，加强对员工的环保教育，拓宽环保培训思路，从而塑造出企业的绿色环保文化。

三、推行绿色办公

我国在“十一五”规划中首次提出了国家节能减排的目标：实现降低单位国内生产总值能源消耗大约2%，减少主要污染物排放总量大约4%（宁宇，2011）。此后，如何实现节能减排目标，科学地进行节能减排成为社会普遍关注的问题，“绿色办公”在这样背景下开始走进企业的日常办公活动。从广义上来说，绿色办公包含的内容相当广泛，如办公环境的清洁、办公产品的安全、办公人员的健康等；从狭义上来说，绿色办公是指在办公活动中使用节约资源、可回收利用的产品，减少污染物排放。随着绿色办公实践的增多，学术界对绿色办公进行了深入的讨论。桂烈勇（2002）认为，“绿色办公主要是指在日常的办公活动中尽量减少资源和能源的消耗，减少不利于环境的因素”[①]。付永胜和朱杰（2004）则指出，“绿色办公是指在办公活动中如何减少污染物的产生与排放，如何节约资源能源，如何回收利用资源等”[②]。王璐和郑习龙（2009）认为，“绿色办公是指通过一些软硬件与服务措施，既降低单位消耗，减少环境污染，同时又不降低办公效率的一种办公方式”[③]。综上，绿色办公是指在日常的办公活动中，采用一些科学环保的方法，降低单位能耗和污染物排放，同时又节约办公成本、提升办公效率的办公方法。

企业积极推行绿色办公，倡导从小事做起，珍惜每一度电、每一滴水、每一张纸、每一升油、每一件办公用品，等等。企业推行绿色办公不仅可以减少垃圾排放，而且能够节能降耗，降低办公成本，提升办公效率。惠普的一项调查发现，如果有10万用户在每天工作结束时关闭电脑，就能节省高达2680千瓦时的电，减少3500磅[④]的二氧化碳排放量，这相当于每天减少2100多辆汽车上路。广东徽商积极推行绿色办公，提升企

① 桂烈勇：《行政事业组织建立环境管理体系》，载《污染防治技术》2002年第3期。
② 付永胜、朱杰：《绿色行政体系的建设研究》，载《环境保护》2004年第12期。
③ 王璐、郑习龙：《以绿色办公促进循环经济的发展》，载《办公自动化》2009年第8期。
④ 1磅≈0.45千克。

业经营管理理念，致力于建设资源节约型、环境友好型企业。为贯彻节能减排倡议，广东徽商从降低办公成本、提升办公效率、实现节能减排、推动绿色发展等多个角度践行绿色办公。主要表现在以下三个方面。

第一，宣传绿色办公理念，树立绿色办公意识。企业单纯地改变员工一贯的办公方式均会遇到一定的障碍，主要是因为员工不习惯这种改变，且没有认识到改变原有办公方式的重要性和意义。绿色办公也是如此，虽然推行绿色办公可提升公司的经营理念和办公效率，但是或多或少的会受到一些阻力。因此，广东徽商实行绿色办公之前，大力倡导宣传绿色办公理念，使员工认识到绿色办公对自身健康安全、节能减排、提高办公效率、降低办公成本、提升公司经营管理水平的重要性，在员工逐渐认可和适应之后，在办公室大力推行绿色办公，逐渐培养员工的绿色办公意识。企业通过组织活动来传播环保和绿色办公知识，使员工充分认识到环境保护现状，不仅是企业承担社会责任的重要表现，也是推动企业转型升级、实现可持续发展的重要举措。

第二，规范节能行为，促进节能减排。资源和能源不仅是推动人类社会发展的基础，也是经济发展不可缺少的重要条件，因此，应得到良好的保护和合理的开发。在办公室，由于打印机操作不当或者总是单面打印，每年将造成大量的纸资源浪费；办公室忘记关灯或者习惯性开灯，电脑长时间不关却不设待机状态，打印机、复印机、空调等电器长时间处于待机状态，等等，类似现象均会造成大量的资源浪费。这不仅是因为办公人员缺乏环保意识，更是因为企业缺乏相关规定来规范员工的行为。在这方面，安徽水利则做得较好。作为一家高科技企业，安徽水利在 2016 年实现 60% 的无纸化办公，年度人均能耗下降 5 个百分点，计划到 2020 年，引入更加完善的电子化办公体系和环保设计，无纸化办公这一比例将提高至 75%，年度人均能耗下降 9 个百分点。

第三，加强办公空间管理，营造绿色办公环境。美国的绿色生态建筑机构曾经做过调查，证实在绿色生态环境中办公可以使工作效率提高 10% 以上，其增加部分的产值足以支付创造者的薪金等开销（李佩等，2009）。因此，企业可通过改善办公环境，为员工提供健康、绿色的办公空间，提升办公人员的工作积极性和工作效率。营造绿色办公环境，首先是要保证办公室的日常卫生，做到办公室整洁干净。广东徽商通过日常的整理、整顿、清扫、清洁等一系列措施，保证办公环境的整洁有序；同时，广东徽商注重办公室内的采光和通风，注重办公室环保装修材料的使用，以降低对空气的污染，并且在大楼里引入绿色植物，及时处理各种垃圾，提高办公室的空气质量。

一项来自 IBM 的评估表明，IBM 公司仅因鼓励员工在不需要时关闭设备和照明，一年就节省了 1780 万美元，相当于减少了 5 万辆汽车行驶的排放量（王璐，2009）。广东徽商实行“绿色办公”，既节约资源，又减少环境的污染，为企业带来的不仅是环保和低成本，还可为员工创造一个安全卫生的工作环境，保证员工的身心健康，提高企业整体工作效益。未来，广东徽商应继续深入贯彻绿色环保理念，构建绿色文化，使员工切身体会到“绿色办公”带来的好处，从被动接受转为积极参与，进而将绿色理念运用到生产经营和管理活动的各个环节。

第二节　发展绿色产业

随着经济社会的发展和进步，人们的环境意识和自我保护意识不断提高，以洁净、安全、优质、营养为主要特征的绿色产品消费，正成为新的消费需求。绿色产品市场前景广阔，为发展绿色产业创造了难得的机遇。党的十九大报告也指出，“壮大节能环保产业、清洁生产产业、清洁能源产业。推进能源生产和消费革命，构建清洁低碳、安全高效的能源体系。推进资源全面节约和循环利用，实施国家节水行动，降低能耗、物耗，实现生产系统和生活系统循环链接”。目前，在国际贸易中形成的非关税贸易的绿色壁垒，以及国家对绿色发展的要求也为绿色产业发展带来了挑战。为实现到 2020 年全面构建资源节约型、环境友好型社会的目标，要围绕科学发展主题加快转变经济发展方式，大力发展节能产业、新能源产

业、低碳产业等环保产业，使企业经济发展由粗放型向集约型转变，使经济变“绿”。

一、环保科技研发

随着近年来我国环境问题的日益凸显，“十三五”时期，《大气污染防治行动计划》《水污染防治行动计划》《土壤污染防治行动计划》三大治理行动计划全面展开，我国进入环境集中治理的攻坚阶段。巨大的治理需求为我国环保技术的发展提供了全新的发展机遇，同时也提出了更高的要求。特别是在以环境质量改善为最终考核目标的战略引导下，技术的重要性尤为凸显，能够切实解决环境问题的技术将受到市场的关注。先进环保技术的开发将为我国环境保护事业的全面发展提供重要保障，助力绿色发展的全面推进。目前，我国的环保技术来源主要分为两类，一类是自主研发具有自主知识产权的技术工艺或装备，另一类是来自欧美日等发达国家和地区的技术引进。由于我国环保产业的发展起步相对较晚，总体技术研发水平落后于发达国家，在基础研究、高端材料应用等方面，采取技术引进后消化吸收的方式较多。自主研发多集中在适用于我国具体治理需求的特殊工艺设备、基于技术引进的改良性再开发等，高端技术的研发成果相对较少。因此，加快环保科技研发的紧迫性日益凸显。

环保科技涉及能源节约、环境保护以及绿色能源应用等领域，高效、节约、环保的绿色科技产业是推动广东徽商绿色生产最大的动力引擎。从目前广东徽商的环保科技来看，主要包括绿色生产工艺的设计、开发，绿色新材料、新能源的开发，等等，这些环保技术将会为广东徽商发展绿色经济、进一步开展环境保护和生态建设提供重要技术保证。例如，融捷集团投资控股下属的地球卫士环保新材料股份有限公司（以下简称“地球卫士公司”）拥有石头纸生产技术，石头纸是一种新型环保产品，其生产过程基本不产生污染，对传统造纸行业节能升级具有重要意义，在2010—2012年连续三年的“两会”期间，地球卫士公司均向全国人民代表大会提供石头纸产品共三大类14个品种，时任国务院副总理李克强、张德江，国务委员刘延东等领导先后对地球卫士公司的石头纸项目做出过重要批示，指示国家工信部、环保部、科技部、商务部、发改委及相关行业协会共同关注该项目，并给予政策扶持，推进石头纸项目做大做强。

此外，部分企业明确交通方面的电瓶车技术、储电蓄电技术以及煤炭的清洁科技等领域的发展前景，抓住时代赋予企业的机遇，加大环保科技研发投入，实现科研成果转化利用。例如，比亚迪公司大力发展新能源汽车，其推出的插电式电动汽车销量一直处于领先地位，从全球第二大电池供应商到如今新能源汽车领导者；在整体车市呈现疲软的状态下，2017年7月，比亚迪公司再创插电式电动汽车销量新高，达11265辆，同比增长超10%，成为新能源汽车单月销量冠军。比亚迪新能源汽车的突出表现离不开比亚迪公司对电瓶车技术和储电蓄电技术的重视。又如，安徽科达洁能股份有限公司（以下简称“科达洁能”）致力于煤炭的清洁高效利用，为工业企业提供清洁、高效、经济的能源解决方案，2016年4月，科达洁能单顶烧多功能复合烧嘴点火成功，大大提升了煤气资源的利用效率。

面对生态环境日益严峻的现实以及绿色产业发展的紧迫性，广东徽商积极承担环保科技研发责任，通过以下两种方式提升自身的环保科技研发水平。

第一，通过搭建实验基地开发新的绿色科技产品。公司通过搭建实验基地，引进网络科研人才，实现对科技研发资源的最大化利用。例如，科达洁能近年来一直致力于气流床新工艺的研发，通过数值仿真、冷态试验、热态试验，先后完成三烧嘴和单烧嘴的工艺研发，并于2016年4月在安徽基地试验站试验成功。目前，该公司已成功掌握煤气化领域的循环流化床和气流床气化技术，同时拥有两种气化技术和几十台煤气化装置的工程经验，并已成功将煤气化业务拓展至海外。

第二，通过项目合作方式开发国际前沿的绿色科技产品和技术。企业通过积极与国家实验室、大学、研究所及其他企业开展项目合作，实现资源共享，进而推动绿色科研成果的开发和应用。如2017年4月，珠江燃气签约阳江市环保工业园清洁能源应用项目，该项目是珠江燃气在清洁能

源应用领域的一项重要合作，总投资约1.6亿元，项目全部达产后正常年份年产值预计达3亿元，税收0.2亿元，为社会提供200个劳动岗位。这不仅为公司带来巨大的经济效益，同时也为社会带来良好的经济效益。

环保科技的研发不仅可以提高资源的利用率，改进企业生产工艺，推动企业实现绿色生产，同时也可从源头上保护环境、防止污染，使企业的生产经营活动达到经济效益和生态效益的统一。近年来，广东徽商通过多种方式提升自身环保科技研发水平，大大提升了企业的绿色生产工艺，为社会推出多种环保新产品，为中国环保事业做出突出贡献。未来，广东徽商应进一步拓宽环保科技研发的渠道，通过多渠道、多资源的整合为中国的绿色环保事业贡献力量。

二、绿色成果转化

绿色科技成果转化是一个复杂的过程，它涉及知识的转化和价值的创造。绿色科技成果转化效率的高低直接影响着一个国家或地区科技资源的配置效率以及经济发展方式的转变。根据《中华人民共和国促进科技成果转化法》第一章第二条，科技成果转化是指“为提高生产力水平而对科学研究与技术开发所产生的具有实用价值的科技成果所进行的后续试验、开发、应用、推广直至形成新产品、新工艺、新材料，发展新产业等活动”。广义上的科技成果转化包含从知识的生产到最终生产力的形成这一创新链条中各个环节的转化；而狭义的科技成果转化主要侧重于创新链的末端，通常是指科技成果转化为能够实现经济效益的现实生产力，即科技成果转化为产品，并实现商品化、产业化、规模化、国际化（黄茂兴、陈伟雄，2013）。当前，实施创新驱动发展战略对环保科技成果转化提出了新要求，即加大环保科技成果转化步伐，把环保科技成果变成现实的产业活动和市场效益，创造新的发展动力和增长空间。环保领域技术市场在促进环保高新技术与产业融合发展的过程中占据重要位置。以环境保护战略需求为牵引，推动环保技术市场发展及环保科技成果应用已经成为环保产业结构调整和转变经济增长方式、推动绿色发展的重要任务。

为规范和促进环保技术的应用推广，《国家环境技术管理体系建设规划》（环发〔2007〕150号）、《国家环境保护技术评价与示范管理办法》（环发〔2009〕58号）等多项规章制度先后出台。通过环保产品认证、重点环保实用技术推广、环保产业创新联盟建设等工作，多项重点污染控制技术、生态保护与环境风险防范技术等得到普及和推广。截至2015年年末，我国已发布污染防治技术政策26项、最佳可行技术指南8项、工程技术规范54项，发布《国家先进污染防治技术示范名录》《国家鼓励发展的环境保护技术目录》共计8批，在引导循环经济和环保产业发展，推动我国环境保护和污染治理技术的发展和应用方面起到积极作用（赵文喜、张建军、桑换新，2015）。在国家政策的引导之下，全国各地建立了“环保实用技术推广中心”，积极推广环保技术，推动环保技术的应用，加速成果转化；同时，完善多项环保技术推广转化机制，逐步形成相对完善的环保技术普及改造的基本框架。广东徽商作为环保科技成果转化的重要力量，积极响应政府号召，推动环保技术的研发与应用，实现绿色发展，为我国环保事业做出贡献。从广东徽商绿色成果应用的实践来看，其环保科技成果转化主要表现在以下三个方面。

第一，将新能源技术应用于企业生产环节，大大提升企业绿色生产能力。例如，比亚迪公司坚持绿色制造，不断提升自身能源效率，减少生产制造环节的能源消耗和碳排放，并且利用自身在新能源领域的独特优势，将电动车、储能电站、太阳能电站、电动叉车、LED等绿色产品应用到自身的生产活动中。截至2016年12月31日，公司内部合计有461台新能源车用于公务出行及员工交通。在车间物流方面，公司累计投入1408辆比亚迪纯电动叉车，用于替换传统的燃油叉车，最大限度地保护生产环境、保证产品品质。同时，为节约用电，比亚迪公司在生产基地房顶铺上太阳能板，利用光伏发电解决厂区用电；在生产基地内使用LED节能灯、太阳能路灯，最大限度节约能源，实现绿色生产。2016年年底，比亚迪公司已在自有生产基地累计建成25.8兆瓦太阳能电站，年均可发电2820万度，与相同发电量的火电站相比，相当于每年可节约标煤9024吨（以发电平均标煤煤耗为320克/千瓦时计），每年减少二氧化碳排放2.5万

吨，减少二氧化硫排放478.3吨，减少氮氧化物排放135.4吨。由此可以看到，比亚迪公司绿色成果应用硕果累累。

第二，将技术创新成果应用于环保领域，凸显技术创新对环保事业的推动作用。例如，比亚迪公司全球领先的电池、电机、电控等完整产业链技术被应用于纯电动环卫车，其纯电动环卫车的性能与品质可全方位满足环卫作业的实际需求。首先，比亚迪公司推出全球首创的电动集成桥总成，将驱动电机、自动变速箱和驱动桥整合，结构紧凑，驱动更为顺畅，提高了转动效率，节省了空间；其次，公司推出全球独创的上装与整车控制系统，利用独立的驱动电机带动风机、水泵、油泵使上装工作；最后，公司还推出业界领先的轻量化技术，上装采用轻量化铝合金、PE、不锈钢等新材料，最大限度地降低车辆自身质量，提高车辆的续驶里程，延长车辆使用寿命。在2015年“九三”阅兵期间，比亚迪公司全球首款16吨纯电动洗扫车重磅亮相，向世界展示了中国高端制造和绿色科技水平。2016年，集团又提出了环卫车电动化整体解决方案，推出26款电动环卫车，总质量从1吨到32吨不等，覆盖道路清扫、垃圾收运、垃圾压缩、餐厨垃圾运输、危废物冷藏运输、污泥运输、清掏作业等环卫作业领域，涵盖环卫作业前端清扫、中端运输、末端简单处理各个环节。同年，比亚迪公司在北京投放809辆纯电动环卫车，实现全市45%的环卫车电动化。目前，电动环卫车已经完全可以取代传统环卫车作业，说明科技创新在应对人类共同挑战、实现可持续发展中发挥着日益重要的作用，广东徽商唯有依靠科技创新才能为绿色发展提供根本动力。

第三，将环保科技成果应用于传统生产领域，大大提升传统产业的绿色生产工艺。例如，科达洁能推向市场的超宽体内墙砖辊道窑采用全压效率高的高效节能风机，优化排烟、助燃、抽热风机等管路设计，能耗水平比普通宽体窑降低7%～17%，而且窑炉生产产品的单位电耗比同行低15%。由于科达宽体节能辊道窑具有占地面积小、能耗低、效率高、产量大等特点，逐渐成为陶瓷企业升级换代的主要设备。从质量的把控上看，凭借多年的研发和生产制造经验，科达宽体节能辊道窑推向市场后，得到了用户的广泛认可，目前已成功在广东、山东、江西、四川以及越南、印度等国内外市场投入使用。由于传统辊道窑逐渐被宽体窑炉所取代，对推动陶瓷产业结构优化升级起到了促进作用，在广东省人民政府颁发的2016年度广东省科学技术奖中，科达洁能“宽体节能辊道窑关键技术创新集成及产业化”项目荣获2016年广东省科学技术奖三等奖。

科技创新与绿色发展之间关系密切，科技创新需要坚持绿色发展方向，绿色发展需要依靠科技创新驱动（黄娟，2017）。对绿色科技的研发和应用，将会有助于企业占领新技术、新产品、新能源应用领域的高地，为企业未来的发展奠定基础。广东徽商环保科技成果转化已从理论研究转向实践探索，并取得良好的成效。未来，广东徽商应继续提高环保科技成果的转化率，推动环保技术产业化。

三、环保产业打造

目前，世界范围内产业发展方向正在发生深刻变革，各国尤其是发达国家纷纷把新兴产业作为新一轮发展的重点。我国也正处于经济增长模式的调整时期，环境保护从认识到实践发生了重要变化，进入了经济和社会发展的主干线、主战场和大舞台（王玲，2012）。环保产业是一个具有很大发展潜力的新兴产业，经过多年的不断发展，我国环保产业的总体规模逐渐扩大，所涉及的产业领域不断拓宽，其产品种类也日渐丰富。2010年，国务院《关于加快培育和发展战略性新兴产业的决定》(国发〔2010〕第32号）中提出，环保产业将作为今后重点发展的新兴产业之一。这将大大推动环保产业的发展。2011年以来，政府更是出台了多项政策支持环保产业的发展，推动环保产业由原来的以装备制造业为主要发展方向向以环境服务业为主要发展方向转变，并且指明要重点发展能提供系统解决方案的综合环境服务业，并拓宽环保产业发展融资渠道。在国家政策的支持和资金投入的推动下，环保投入及其对GDP的贡献逐年增加，到2020年，环保产业将有可能成为国民经济的支柱产业。

从环保产业的发展阶段来说，我国环保产业的发展主要经历了四个阶段。第一阶段是以设备制造业为核心。由于政府是环境保护的主要实施

者，在环保产业发展的初始阶段，大量的环保工程和环保服务均是由政府掌控，该阶段，政府只是在环保过程中向制造商采购环保设备，环保产业主要是以设备制造业为核心。第二阶段是以工程建设业为核心。随着环境问题的日益增多，政府也无法承受越来越多的环保工程建设，因此，环保工程建设领域开始逐步向社会开放。第三阶段主要是以投资运营为核心。随着越来越多的环保工程的建成，政府缺乏相应的运营能力，因此，对环保设施的运营服务需求越来越大。第四阶段则主要是以综合环境服务商为核心。在国家政策的推动下，这一阶段，我国的部分环保企业开始向综合环境服务商转型与发展。按照环保产品分类划分，我国环保产业主要分为环保产品、环境服务、资源循环利用、自然生态保护、洁净产品五大类，较为全面地覆盖了环保产业的各个领域（见图4－1）（吴文清，2014）。近年来，广东徽商积极培育环保产业，部分企业的主营业务开始向环保方面倾斜，并涌现出一批环保型企业。从广东徽商所涉及的环保产业门类来看，主要有以下两个方面。

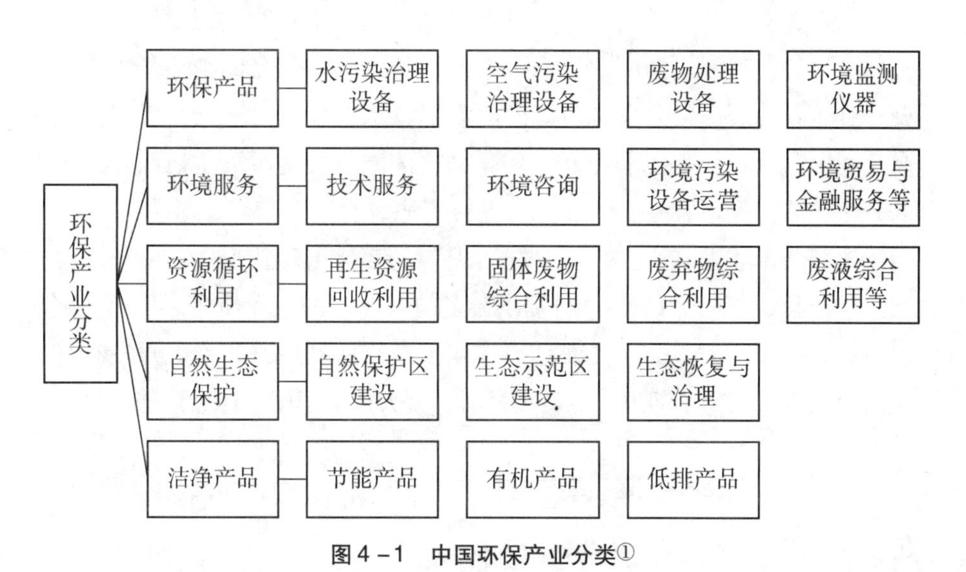

图4－1　中国环保产业分类①

① 吴文清：《我国环保产业发展的影响因素研究》，北京林业大学2014年硕士学位论文。

第一，环保产品类环保产业。从事环保产品类环保产业的企业，一般以生产水污染治理设备、空气污染治理设备、废物处理设备以及环境检测仪器为主。科达洁能是此类企业的典型代表。科达洁能的业务领域主要涉及建材机械（陶瓷机械、墙材机械、石材机械等）、环保洁能（清洁煤气技术与装备、烟气治理技术与装备）、洁能材料（锂离子动力电池负极材料）三个方面。历经20多年的创新发展，在建材机械领域，该公司一举实现“陶机装备国产化”“做世界建材装备行业的强者”的历史目标，奠定了科达洁能建材机械行业的强者地位。在占领传统业务制高点的同时，科达洁能顺应国家和社会发展需求，主动承担行业节能减排重任。在“创新永无止境”的核心经营理念引导下，科达洁能设有2个“国家认定企业技术中心”、1个“国家工程技术中心”、2个“博士后科研工作站”、3个“院士工作室”等高水平创新研发平台，拥有设施齐全的陶瓷工程试验中心和大型清洁煤气化技术研发基地。其自主研发的循环流化床气化系统和低压气流床气化系统两种核心技术，通过了国家环保部“环保产品”认证，入选国家重点环保“实用技术”和“示范工程”名录。同时，该公司的清洁、高效、低成本清洁燃料利用技术是治理当前工业低效、污染、难监管的散烧煤带来雾霾污染的重要技术，被列入国家“煤炭清洁高效利用”重点推广技术。2015年，科达洁能与大气污染防治综合服务商——江苏科行环保科技有限公司进行资源整合，开启了工业企业“前端清洁能源+过程清洁生产+末端治理”的环保治理新模式。紧紧围绕“让幸福更久远——为节能减排提供装备与服务”的企业使命，科达洁能勇担社会责任，大力推动工业领域煤炭清洁高效利用，并着力开发高性能、低成本的锂离子动力电池负极材料，大大推动了国家环保治理工作的开展和产业结构升级。

第二，洁净产品类环保产业。从事洁净产品类环保产业的企业主要以生产节能产品、有机产品和低排放产品为主。例如，伟力低碳成立于2009年，曾连续4年入围全国百强节能服务公司排名，先后获得国家高新技术企业和ISO 9001、ISO 14001企业认证，是国家发改委、财政部首批备案的节能服务公司，工信部重点推荐的节能服务公司。该公司致力于

节能低碳技术的创新发展，在中央空调系统、蓄冷设备系统、电机自控系统、在线监控系统、热导设备、LED 照明等领域拥有相关知识产权 50 余项，是少数具有核心技术的综合节能服务公司。近年来，伟力低碳的业务方向开始转向节能项目的投资与运营，累计实施各类节能项目百余项，在 EMC（即合同能源管理）节能方案设计、EMC 项目管理、EPC（即工程总承包）节能工程项目实施、节能诊断与咨询等方面拥有丰富经验。同时，该公司在节能行业中拥有巨大的市场品牌效应和影响力，其旗下拥有伟力牌（VL）系列新光源节能产品、莱克斯特牌（EIC）系列智能节电保护控制器两大节能名优品牌，产品链囊括供配电系统、动力系统、中央空调系统、照明系统、家用办公系统等，而且其节能新技术、新产品经国家科技部最新查新属国内独家。其产品在首届“中国天津国际节能环保绿色产业博览会 ”上被评为金奖产品，在“第十一届中国国际高新技术成果交易会”上荣获优秀产品奖，并被国家质量监督检验检疫总局评为“符合国内节能工程建设所需，并予以在节能工程建设中推广应用”的节电产品。伟力低碳始终秉承“能源有限，超越无限”的发展理念，立志成为世界节能行业的旗手，并且打造了一支技术力量雄厚、实践经验丰富的中外设计师队伍，致力于国际最先进节能技术及其产品的开发和设计，为中国开创节能新经济、开发赢利新模式，为全社会实现低碳减排做出了突出贡献。

在国家政策和投资的驱动下，未来环保产业将逐步升级，实现环保全产业链发展。环保产业的市场主体将逐步向环保工程运营及环境综合服务供应商转变。从近几年广东徽商的发展来看，部分企业开始发展环保产业，并且涌现出一些行业领先型企业，业务方向也开始向投资运营及环保服务拓展。未来，广东徽商应抓住市场发展方向，紧随环保类企业步伐，极力推动企业向环保服务供应商转变，积极拓宽产业方向，打造系统完整的全产业链条，推动中国环保产业的发展。

第三节 提升绿色影响力

党的十八大以来，习近平总书记对建设生态文明、维护生态安全的绿色发展高度重视。在2017年的政府工作报告中，李克强总理也指出，要加快改善绿色环保低碳节能生态环境，推动形成绿色生产生活方式。党的十九大报告进一步强调了建设生态文明、建设美丽中国的重要性，报告指出，我们要建设的现代化是人与自然和谐共生的现代化，既要创造更多物质财富和精神财富以满足人民日益增长的美好生活需要，也要提供更多优质生态产品以满足人民日益增长的优美生态环境需要。必须坚持节约优先、保护优先、自然恢复为主的方针，形成节约资源和保护环境的空间格局、产业结构、生产方式、生活方式，还自然以宁静、和谐、美丽。企业作为推动我国绿色经济发展的重要力量，在生产生活中应坚持绿色发展理念，提升绿色的影响力，进而促进区域甚至全国绿色事业的发展。

一、开展绿色发展实践

在20世纪60年代，欧美发达国家和地区开始提倡绿色运动，绿色发展逐渐兴起。随着工业污染的进一步加剧，绿色运动逐渐发展成为全球性的运动，并且绿色浪潮不断高涨。随后，绿色生产、绿色消费、绿色革命、绿色技术、绿色税收、绿色发展等用语盛行起来，成为学术界探讨可持续发展的焦点。

学术界在绿色发展方面的研究已有多年，取得了诸多成果。早期探讨的绿色发展主要是从减少二氧化碳排放量以及废弃物排放量着手，并且希望通过科学技术进步来达到减排的目的。此时的绿色发展主要注重环境净化和生态保护，强调在生态环境面前可以放弃一切，因此，被定义为狭义的绿色发展观。随着研究的不断深入，绿色发展开始注重经济发展与生态

环境的和谐共存。社会各界开始通过各种各样的方式来探索能够促使经济发展和生态环境保护达到有机平衡的绿色发展模式。刘思华（2001）在可持续发展经济的实现形态上对绿色发展概念进行了界定，他认为，“绿色发展强调生态和经济两者之间的协调发展，要把人类的经济活动与发展行为限定在不危害生态环境的范围内，以此为前提，来探寻经济发展与生态环境协调机制”[①]。崔如波（2002）认为，“绿色发展模式是一个全新的概念，并不是局限于某个层次的经济现象，而是一种环境合理性和经济效率性在本质上相统一的市场经济形态”[②]。王旭波（2008）认为，“绿色经济作为一种经济发展模式，是以市场为导向的，立足于传统产业经济，把经济与环境和谐作为目标”[③]。综合以上研究，绿色发展是一种新型的可持续的经济发展模式，尤其注重要以实现人和自然的全面健康发展为目标，以生态保护为原则，坚持经济发展和生态环境保护两者相互协调，并且强调要通过多种方式达到经济、社会、环境的和谐发展，最终实现资源循环利用、环境良好改善和人与自然共同发展的目的。

伴随着绿色发展理论的逐渐完善，企业在绿色经济发展过程中，积极应对环境挑战，主动承担对环境的保护责任。由于企业经营不当往往直接导致环境问题发生，所以要求企业在资源消耗、废物排放、生产规划等具体的经营活动中，必须秉持绿色发展理念（钟元邦，2013）。广东徽商中以制造业企业居多，在绿色发展理论的影响下，制造业企业在各自的生产领域内充分重视绿色环保工作，将企业经济效益与绿色发展理念相结合，打造企业绿色发展模式，既保证了经济效益，又承担了环保责任；同时，严格落实各项环保法规，充分利用绿色科技成果，将绿色发展落到实处，提升企业的绿色影响力。从广东徽商的实际情况来看，开展的绿色实践主要涉及以下三个方面。

---

① 刘思华：《绿色经济论——经济发展理论变革与中国经济再造》，中国财经经济出版社2001年版。

② 崔如波：《绿色经济：21世纪持续经济的主导形态》，载《社会科学研究》2002年第7期。

③ 王旭波：《浅论绿色经济》，载《科技情报开发与经济》2008年第6期。

第一，落实环保制度，遵守环保法规。随着环境污染治理在全球各国的深入，“谁污染谁治理”成为社会公众普遍认可的基本原则。美国、德国等污染问题严重的发达国家开始在20世纪七八十年代逐步建立排污许可制度，用于规范和管理排污单位的污染防治行为（刘炳江，2014）。我国不断制定环保法规，加大对环境污染问题的重视。在落实环保制度、遵守环保法规方面，广东徽商海螺水泥表现良好。海螺水泥作为行业龙头企业，坚持企业经营与环境保护协调统一，严格落实《水泥工业大气污染物排放标准》（GB 4915—2013）及《中华人民共和国环境保护法》的要求，加大环保技术和资金投入，注重节能减排技术的研发和推广；同时，海螺水泥积极落实国家环保减排要求，严格执行新的大气污染物排放标准，推进氮氧化物减排工作。2015年，该企业的全部生产线均已完成脱硝系统配置，氮氧化物排放浓度均低于《水泥工业大气污染物排放标准》（GB 4915—2013）排放限值，实现达标排放。在推进粉尘减排方面，海螺水泥坚持对收尘设备实施升级改造，确保粉尘排放浓度长期稳定达标，2015年新建生产线收尘设备均严格按照不高于30毫克/米^{3}的国家标准进行配置，经各地环境检测站监测，公司所有生产线均实现粉尘达标排放。又如，比亚迪公司注重水污染与废气的防治，各污染防治设施的设计均按要求贯彻执行各项方针政策，遵守《中华人民共和国环境保护法》《中华人民共和国水污染防治法》《中华人民共和国大气污染防治法》等国家法律法规以及地方政府公布的各项规定，各工业园区用水均实行雨污分流，根据排放标准在各废水排放口定时进行监测，对于超标情况及时分析原因并采取纠正措施，并在各工业园建废气处理设施，只有废气处理达标后才能排放。

第二，发展循环经济，实现节能降耗。循环经济是以资源的循环高效利用为目标的一种经济发展模式，能够降低企业成本，保护自然环境。广东徽商积极倡导废弃物的循环利用，发展循环经济，实现企业节能降耗。例如，海螺水泥坚持实施技术创新，大力推广水泥窑处理城市生活垃圾技术，积极倡导资源循环高效使用，探索环保产业发展的新途径，为推动行业健康发展做出了重要贡献。一是大力推广水泥窑处理垃圾技术。海螺水

泥利用水泥窑处理城市生活垃圾技术有效解决填埋、露天燃烧等传统垃圾处理方式所带来的大量占用土地和二次污染等问题，实现垃圾“无害化、减量化、资源化”处理，为我国生态环境保护探索出一条新路子。自2010年全球首个利用水泥窑处理城市生活垃圾项目在铜陵海螺公司（安徽省）投资运营以来，该公司不断总结项目建设及运行经验，大力推广技术应用，积极协助地方政府推动项目建设，截至2015年年末，共有铜陵海螺、平凉海螺（甘肃省）、贵定海螺（贵州省）等10个项目建成投运，年处理垃圾能力达到138万吨。二是消纳工业废弃物。海螺水泥在产品生产过程中重视资源综合利用，凭借先进的技术和管理优势，大量消纳粉煤灰、脱硫石膏、碎屑和铁尾渣等工业废渣，实现工业废弃物再利用。2015年，该公司共消纳各类工业废渣4604万吨，较2014年增加了689万吨，截至2015年年末，该公司已累计消纳各类工业废弃物1.92亿吨。

第三，建设绿色工厂，进行文明施工。绿色工厂是指以可持续发展为己任，将环境利益和对环境的管理纳入工厂生产经营全过程，并取得成效的工厂（孙伟，2008）。一般来说，绿色化工厂的打造主要通过坚持绿色制造、提升自身能源效率、减少生产制造环节的能源消耗和碳排放等方面来实现。例如，比亚迪公司利用自身在新能源领域的独特优势，将电动车、储能电站、太阳能电站、电动叉车、LED等绿色产品应用到生产活动中。文明施工主要是指按照国家标准控制施工噪声、施工现场粉尘、生产生活污水及施工废料的排放，防止发生较大环境污染事故，合理调度，尽量不产生施工扰民情况，降低对社会生活的影响。例如，安徽水利在项目施工过程中采取避让措施保护动植物，通过对施工人员进行环境教育、生物多样性保护教育及有关法律法规的宣传教育，设置警示牌，对保护区植物挂牌保护，施工结束后及时进行绿化恢复，并在运输、施工过程中注意保护野生动物；通过设置沉淀池、隔油池和化粪池等方式，使废水能够得到二次利用，加强水环境保护；在施工过程中尽量采取湿法作业，水泥运输加盖篷布，减少运输过程中粉尘污染对道路沿线居民造成的影响；配置合格的劳动防护用品，采用低噪音机具，减少夜间施工频次，定期对噪音进行检测，降低噪音污染。

当前，中国不能再以环境污染、生态破坏和资源耗竭为代价推进经济社会发展，绿色发展是解决我国生态环境和社会发展问题的最佳途径。近几年，广东徽商一直践行绿色发展理念，为广东乃至全国的环境保护做出了突出的贡献。未来，广东徽商应肩负起绿色发展的重任，不断开展绿色发展实践，拓宽绿色发展渠道，树立徽商绿色发展典范。

二、加强环境影响评估

环境影响评估能够科学地分析和判断项目建设过程中的环境影响，能够给予项目科学的预测结果，帮助申请单位采取有效的保护环境措施等，有利于环境保护工作的开展。环境影响评估系统借助信息技术，实现了环境影响评估的网络化，能够帮助申请者追踪评估的过程，并且进行针对性的修改等，有利于环境影响评估工作的开展。由此可知，环境影响评估主要是指对规划和建设项目实施后可能造成的环境影响进行分析、预测和评估，提出预防或者减轻不良环境影响的对策和措施，进行跟踪监测的方法与制度。简单而言，即分析项目建成投产后可能对环境产生的影响，并提出污染防治对策和措施。

环境影响评估是加强环境管理的有效手段之一，也是经济发展方向和环境保护方向等确定的重要依据。环境影响评估明确开发建设者的环境责任及规定应采取的行动，可以为建设项目的工程设计提出环保要求和建议，也可以为环境管理者提供对建设项目实施有效管理的科学依据（朱洁，2006）。相对于传统的“先破坏后治理”的方法，环境影响评估具有预防性的效果，当某项目对环境具有破坏性时，能够提前预防，直到采取相关措施符合环境保护的标准才能实施，必要时可以对规划的项目进行否决。此外，环境影响评估纳入多项因素，重视公众参与，保障公众的知情权，有利于社会的监督，对于环境保护具有重要的意义。环境影响评估鼓励企业在规划和决策中考虑环境因素，使企业活动更具环境相容性。广东徽商中的部分企业从事生产制造、矿山开采等活动，其中一些大的施工项目不免会产生环境影响，因此，加强环境影响评估工作势在必行。从广东

徽商的实践来看，主要从以下三个方面加强环境影响评估。

第一，制定公司的环境污染事故应急预案。环境污染事故应急预案是指根据对可能发生的环境污染事故的类别、危害程度的预测，而制定的包括环境污染事故预防、预警、应急响应、应急救援以及事后恢复等方面的方案（李慧，2010）。针对环境污染事故及时地实施应急预案是有序地开展应急救援、减轻事故损害和防止污染扩散的重要举措。广东徽商针对各自企业可能产生的环境问题普遍制定了相应的应急预案，有效地抑制了事故的发生及污染的扩散。例如，比亚迪公司为明确各单位责任分工，更好地执行在不良气象条件下的大气污染应急预案，保障比亚迪宝龙工业园区（深圳市）附近区域的环境质量，根据《中华人民共和国大气污染防治法》《中华人民共和国突发事件应对法》《国务院关于印发大气污染防治行动计划的通知》《珠江三角洲大气重污染应急预案》以及《深圳市突发事件总体应急预案》等编制了“比亚迪宝龙工业园大气污染应急响应工作方案”，并且按照环境保护部《环境空气质量指数（AQI）技术规定》的分级方法，结合深圳市龙岗区空气质量状况，将大气污染预警与应急响应进行分级，大大降低了宝龙工业园环境污染事故的发生率，有效地保证了宝龙工业园的绿色生产。

第二，发布公司环境影响评估报告书。环境影响评估报告书是针对项目生产过程中污染发生情况、治理措施是否可行、生产过程和产品是否符合清洁生产要求以及最终排放的污染物对周围环境的影响进行的评价报告。广东徽商严格按照国家及地方环保部门的规定，积极主动地对企业生产经营活动进行环境影响评估，并向有关部门提交环境评估报告书。例如，2017 年 1 月，比亚迪公司根据《建设项目环境影响评价技术导则 总纲》的相关要求，委托铁道第三勘察设计院集团有限公司（国环评字第 1104 号）对“深圳市坪山区新型高架中运量公交系统旅游示范线项目”进行环境影响评价。评价机构根据建设项目性质、工程特性、工程规模及项目所在地环境特点进行预测、评价，从环境保护角度论证该项目的可行性，并且按《中华人民共和国环境影响评价法》等有关法律法规的要求，进行环境现状分析与评价、环境影响预测与评价。该项目环境影

响评价工作将施工期环境影响、运营期的噪声及城市生态景观环境影响的评价作为重点，并提出合理、可行的环境保护措施与对策，对于保证项目的顺利实施、运营意义重大，也体现了比亚迪公司对提升公司绿色影响力的重视。

第三，定期开展环境影响检测。企业不定期进行环境影响检测是防范环境污染问题的有效手段，有助于企业加强对环境问题的及时把控和处理。例如，深圳市新国都技术股份有限公司（以下简称“新国都公司”）每年不定期进行环境因素识别和相关法律法规合规性评价，对重要环境因素进行目标化管理，与有资质的环保部门或机构签订合同，并进行环境评价、环境检测及危废物转移等活动，保证公司合规合法经营。新国都公司的做法有助于公司环境管理工作的开展，一方面，显示该公司对环境影响评估工作的重视；另一方面，反映出该公司坚持绿色发展理念，注重公司可持续发展。

环境影响评估是实施环境保护的重要组成部分，广东徽商严格按照相关的环境保护法律和政策等，做出科学合理的环境影响评价，通过制定相关的应急预案、发布环评报告、定期开展环境影响检测等，最大限度地减少事故发生概率，并有效减免事故可能带来的危害，防止污染的进一步扩散。未来，广东徽商可通过建立更加完善的环境影响评估系统，提高环境影响评估的效率，更好地推动企业绿色发展。

三、组织环保公益活动

组织环保公益活动是实现企业社会责任的有效手段。参与环保公益活动是在全球经济一体化环境下企业经营发展的重要内容，是企业出于对人类、社区以及环境的尊重，所做出的符合道德及法律规范的发展策略。环保公益事业虽然属于公益范畴，不能给企业带来直接利益，但是能够提升企业形象，扩大企业社会影响力。许多跨国公司把发展环保公益事业、承担企业社会责任作为企业发展战略的重中之重，这些行为不仅有助于企业树立良好的社会形象，而且间接地为企业带来更大的市场空间。美国的

《策略管理报》（*Strategy Management*）对469家来自不同行业的公司调查发现，资产回报率和公司的社会公益成绩有非常显著的正相关关系，销售回报率和公司的社会公益成绩也有显著的正相关关系（钟明春，2010）。因此，从资产回报率和销售回报率的角度看，企业从事环保公益事业将大大提升企业的经营水平，为企业创造出意想不到的利益回报。

投身环保公益事业可增强员工的归属感、荣誉感和自豪感，提升企业品牌形象，提高企业公信力和绿色影响力。广东徽商作为负责任企业的代表，一方面，大力发展环保事业，制定企业的绿色发展战略，推进绿色生产；另一方面，注重组织环保公益活动，参与社会环保，提升企业的绿色影响力。近年来，广东徽商在参加环保公益事业上不乏可圈可点的企业。

（1）比亚迪公司成立志愿者协会，开展一系列环保公益行动。比亚迪志愿者协会于2015年10月成立，至2016年，已在11个生产基地设立分站，注册人数1222人。2016年，比亚迪志愿者协会累计约4000人次参与志愿者活动。2015年11月28—29日，比亚迪志愿者协会联合深圳晚报、深圳市爱心与共幸福促进中心组织的“衣旧情深，温暖接力”旧衣物循环利用公益环保活动在比亚迪深惠工业园及生活区开展，参加活动的志愿者达130多人，参与捐赠的人数在2000人左右，募集到的旧衣物超过3万件。此次活动体现了比亚迪公司的环保理念和责任意识，反映其对社会公益的高度关注。2016年，比亚迪志愿者协会开展“垃圾不落地”活动和“银叶树培育爱心”活动等，志愿者身体力行倡导环保理念，将“垃圾不落地”习惯植入人心。从比亚迪公司的公益行为可以看出，广东徽商从事环保公益活动既有利于提升企业形象和品牌，也有助于提高公众的环保意识。

（2）伟力低碳开展节能减排知识科普活动。2013年12月，伟力低碳在深圳市龙城街道紫薇社区普及节能减排知识。节能环保是一项需要长期宣传和推进的工作。来自伟力低碳的节能专家为社区居民讲解家庭节能减排知识，列举居民身边的节能案例，让居民切身体会到节能减排给生活带来的方便；同时，该公司还在各社区不间断地营造节能减排知识学习氛围，使“绿色”“健康”“可持续”理念深入人心，极大地提升了伟力低

碳的形象。从伟力低碳的案例可以看到，环保公益活动与企业市场行为的结合，不仅可以提高企业的市场占有率，同时也能够大大提升企业的品牌形象，产生“1+1>2”的效果，这对于企业未来的发展具有积极的推动作用。

如今，产品的同质化现象越来越普遍，以环保公益事业为突破口，树立企业的公众形象，扩大企业的绿色影响力，则可以作为企业差异化竞争战略的重要一环，提升企业的整体竞争力。通过环保公益活动承载企业形象传播，不仅能更好地寻求与社会公众的情感共鸣，还可加深政府、社区、公众等对企业的认知。这种顺应社会主流的道德价值取向不但能增加企业社会形象的美誉度，同时可以对内提高凝聚力，激励员工士气，促进企业自身的成长（徐国伟，2010）。从广东徽商的实践看，目前参与环保公益事业的企业仅仅局限于一些上市公司、大企业，中小型企业的参与力度还不够。未来，更多的广东徽商应积极投身到环保公益事业当中，更多地组织公益事业，打造负责任企业形象，从而提升徽商企业的绿色影响力，改善中国企业的整体形象，助力中国社会进步。

第五章 开放共赢促合作

开放是经济发展的活力源泉，我国不断在更大范围、更宽领域、更深层次上实现更高水平的开放，促进经济发展。开放发展理念，核心是解决发展内外联动问题，目标是提高对外开放质量、发展更高层次的开放型经济。[①] 党的十九大报告指出，"未来将推动形成全面开放新格局，要以'一带一路'建设为重点，坚持引进来和走出去并重，遵循共商共建共享原则，加强创新能力开放合作，形成陆海内外联动、东西双向互济的开放格局"。全面落实开放发展理念将从全方位促进我国开放型经济不断优化升级。主动开放，是把开放放在发展的首要位置，当作发展的内在要求，积极主动地扩大对外开放；双向开放，是把"引进来"同"走出去"放在同样重要的位置；公平开放，是要构建公平竞争的内外资发展环境；全面开放，是从全方位布局开放举措、开放内容、开放空间，打造出海陆内外联动、东西双向开放的全面开放新格局；共赢开放，是不断加强国际交流合作，使全球共享开放带来的经济发展成果。广东徽商全面贯彻落实开放发展理念，以开放为支撑增强企业活力，大力推进互利共赢的国际发展合作，完善对外开放区域布局、对外贸易布局、双向投资布局，形成了对外开放战略新布局。

---

① 参见中央党校哲学教研部：《五大发展理念——创新 协调 绿色 开放 共享》，中共中央党校出版社2016年版。

第一节　深化国际经济合作

从改革开放初期的个体经济崛起、建立社会主义市场经济体制、加入WTO，到“一带一路”的提出与落地，我国企业的国际化时代已经到来。党的十九大报告指出，中国将继续坚持对外开放的基本国策，坚持打开国门搞建设，积极促进“一带一路”国际合作，努力实现政策沟通、设施联通、贸易畅通、资金融通、民心相通，打造国际合作新平台，增添共同发展新动力。广东徽商应顺应经济社会发展格局的改变，不仅要“走出去”，更要“走进去”。近年来，广东徽商积极响应国家政策，采取了三个有效举措：一是提高“走出去”的质量，即严格把控产品质量，增进国际交流，实现资源共享，达到“走进去”的目的；二是通过参与对外项目合作，积极学习国外企业先进经营理念及其品牌的经营策略；三是提升自我学习能力、整合资源能力和对国际市场的适应能力，制定适宜企业的战略，推进国际产业转移，实现资源配置最优和社会利益最大化。

一、增进国际交流

国际交流以合作共赢为前提；同时，合作共赢的实现要以国际交流为纽带。从其意义上来看，增进国际交流有利于实现利益融合。利益融合不仅表现在经济领域，还表现在其他领域；不仅表现在双边领域，还表现在多边领域。广东徽商一直积极参与海外活动，吸收外国优秀文化，借鉴其先进经营理念，与国外企业的相互依赖度逐步加深，经济链条越拧越紧，除企业利益外，共同利益和全球利益明显增多。为此，广东徽商积极探索国际交流的途径和方法，在友好国际交流关系构建的过程中，对正在合作或之前有过合作的外国客商，深入联系，增进友好关系，寻找共赢发展模式，把握机遇；对尚未接触过，但影响力较大又适合国际合作的外国企

业，主动交流，建立联系，积极寻求合作的可能。从广东徽商的实践中可以看出，其国际交流活动主要呈现以下四个特点。

（1）注重企业产品的国际交流。企业进行国际交流，对产品的意义在于最大限度地提升产品性能。在进行对外产品交流时，广东徽商不仅能够充分展示自有产品，更借鉴其他产品的优点，将产品设计做到尽善尽美。例如，赛为智能一直致力于公司产品和品牌的宣传，2016 年 4 月 28 日，该公司参加第六届中国国际无人驾驶航空器系统（UAS）展览会，展示自主研发的无人机产品，多层次、多角度地将良好的企业形象、优质的产品和服务展示给国际社会，凭借高知名度、优良的产品质量和良好的企业声誉赢得了国际社会的认可、合作伙伴的支持协作以及投资者的拥护和信赖。同时，广东徽商通过积极参加相关专业的博览会，交流技术、分享经验、展示产品优点，探索国际合作机遇。例如，2017 年 2 月 14—16 日，2017 年中东（迪拜）第 42 届国际电力、照明及新能源展览会期间，柏克电力董事长叶德智先生、总经理周发能先生携 TYN33 系列光伏逆变器、TYN11 系列光伏逆变器、BKH－M 系列 UPS 电源、CHP3000 系列 UPS 电源、FEPS－BKS 系列应急电源、BK－HS 小功率高频机、NK 逆变器等产品前往阿联酋迪拜参展。产品间的国际交流不仅起到宣传产品、提高项目合作概率的作用，而且促进了国际企业之间的资源技术共享。通过一系列产品的展示，柏克电力与众多国外企业结成合作伙伴并达成合作意向，为企业“走出去”打下坚实的基础。

（2）积极参与国际经营理念的交流。国际企业的交流不仅是技术的交流，更是经营理念的交流，正如习近平总书记在 2015 年博鳌亚洲论坛主旨演讲中所言，“封闭就没有出路，开放才能发展”。大时代需要大格局、大智慧，除了历史沉淀的包容型文化和力量型文化，社会更需要的是把创新型、智慧型的文化注入经营理念中。广东徽商与海外企业之间的交往和沟通以及知识和科技的交流都十分注重经营理念的互融互通。例如，正威集团董事局主席王文银一直注重知识共享的经营理念建设，他曾率深

商[①]代表团和诺贝尔奖得主罗伯特·约翰·奥曼（Robert John Aumann）教授进行深入交谈，在被誉为中东“哈佛”的以色列最高学府耶路撒冷希伯来大学（The Hebrew University of Jerusalem）联袂重磅打造讲座，并发表了“智慧的选择，成就智慧的成长”主题演讲，解读中国企业智慧成长密码。王文银主席在演讲中指出，正威集团作为一家世界500强企业，一直以来奉行低调隐忍的经营理念，只有隐忍的经营理念才可以让企业智慧生长。同时，王文银主席积极分享了自身对企业发展的“三大新动力”和卓越企业的“三大能力”的理解，强调企业要有前瞻性的产业布局，超越对手的长期努力和在危机中把握机遇的智慧和勇气。通过类似的交流，广东徽商加深与其他企业之间的相互了解，为良好的合作打下了基础。

（3）积极参与国际文化的交流。企业之间通过交流本国传统文化可以塑造品牌形象，通过对形象的定位可以打造一个包含特定文化内涵的企业“符号”：时尚、优雅、尊贵、活泼、包容、潇洒等，进而通过一定的传播体系，在保持品牌形象一致性的前提下，让受众加深对这种包含特定文化内涵的品牌形象的了解和认同，最终在受众心中构建统一的品牌形象，增强品牌认可度。例如，至正文博集团董事长吴福庆始终以传承中华文化为己任，将“把中华文化播撒世界，让散落各地的华夏瑰宝回归祖国”视为毕生梦想。多年来，在将至正艺术博物馆打造成为中国最大民间博物馆的同时，积极响应国家“一带一路”倡议，主动“走出去”，走进联合国教科文组织，推动深圳乃至中国文化走向国际。2016年11月，至正艺术博物馆在深圳承办了“世界博物馆高级别论坛大会”，100多位各国国家文化部长、著名博物馆馆长、世界文化名人莅临深圳参会，习近平总书记为大会召开专门发来贺电，国务院副总理刘延东亲临会场宣读贺电并致辞，社会反响强烈、影响深远。

（4）通过整合双方优势实现合作共赢。保持良好的企业关系可以增加合作各方的收益，构筑合作基础。合作各方可利用合作的优势实现整体

① 深商：指在深圳创业的商人及深圳籍商人。

利益最大化。国际企业关系的建立可以最大限度地发挥东道国本土资源的优势和另一方其他资源的优势，与此同时，合作各方更能从中获得收益。例如，达实智能与三菱日联融资租赁有限公司及仲利国际租赁有限公司一直保持长期友好的合作关系。2016 年 3 月 10 日，达实智能发现中国有近 2 万家日资企业的节能需求，市场巨大，但受制于资金及信息沟通障碍，上述近 2 万家日资企业的节能服务需求一直未能得到很好的满足。在此背景下，该公司使用自有资金 2000 万元与三菱日联融资租赁有限公司、仲利国际租赁有限公司合资组建了节能环保服务公司，充分发挥达实智能的技术优势和本地化服务优势，结合两大合作公司的资金优势和客户资源优势，以合同能源管理服务为主营业务，为在中国的日本企业提供优质的节能服务。

国际交流是加强彼此理解和认知的重要手段，可实现企业之间的互动、互信和相互促进。对话协商是国际交流的重要手段，也是国际治理的重要方法。广东徽商一直注重多元化、多视角、多层面的国际交流，积极探索对外交流的新方式和新渠道，共同推动全球范围内的可持续发展。未来，广东徽商应继续探索国际交流方式，拓宽交流渠道，推动企业进一步融入国际社会。

二、加强国际项目合作

随着“一带一路”倡议的逐步落实，对于知识创新、知识扩散、知识共享和知识成果转化等环节的需求非常迫切，国家对国际项目承包承建在审批、贷款、税收等方面给予越来越多的优惠和支持。企业为拓展国际业务，开拓国际市场，承建国际工程项目数量越来越多。在此背景下，广东徽商开始走向国际项目合作的道路。但自身创新能力以及研发资源的缺乏，促使广东徽商积极主动地与科研机构、国外高等院校进行合作，一方面，实现经济价值最大化；另一方面，获取企业急需的高素质人才。从广东徽商参与国际项目的实践情况看，国际项目合作不仅在商业活动领域开展，还可多层面、多角度开展。

（1）采用合同型联合体模式开展国际项目合作。随着社会经济的迅猛发展，国际上不断涌现出规模庞大、资金投入高、技术复杂的项目，企业承担这种项目可以提高企业利润、提升企业海外声誉和能力（迟本坤，2011）。在国际项目合作中，出于东道国的法律要求、项目要求，承包商必须具有多方面的技能和资源，因此，一些企业会选择联合体模式开展国际项目合作，各有优势的联合体成员使双方能够共同承担超过它们各自能力所及的更大项目。在国际项目合作中，常见的联合体合作模式有公司型联合体和合同型联合体。合同型联合体是指两个或两个以上的组织为了共同参与某个项目或者为了整合资源去实现某个共同目标，通过合同组建的联合体，双方的权利义务关系是通过合同设立的（王华，2017）。目前，在国际工程项目合作中，合同型联合体比公司型联合体更为普遍，常用于项目投标和实施。例如，安徽水利与安徽建工集团有限公司通过合同型联合体模式运作，成功拿下阿尔及利亚康斯坦丁省 6000 套住宅项目，并与安徽建工集团有限公司签署阿尔及利亚康斯坦丁省 6000 套住宅项目分包合同，安徽水利承担其中 1500 套住宅的建设任务，合同金额 46. 73 亿第纳尔，折合人民币约 3. 72 亿元。高要求、高标准的项目建设，不仅服务了阿尔及利亚康斯坦丁省公民，更是将中国严谨、认真的企业工作态度带向海外，在一定程度上宣传了“中国品牌”。

（2）通过与海外科研机构合作开展技术研发项目。企业与海外科研机构的合作是从全局、长远的角度考虑的战略。企业拥有科学的战略目标便获取了更多的资源和学习机会，加快技术积累，降低产品研发成本和风险，提升创新能力，提高创新绩效（孙亚男，2012）。越来越多的广东徽商通过相互合作的方式进行科学研发，以便充分利用内外部两种资源来实现企业的良性发展，比如与海外机构开展技术项目合作。例如，赛为智能与日本大阪大学成立联合实验室共同开发介护及可穿戴装备，在人机交互及识别模块、环境感知模块、运动控制模块等核心技术上取得突破，并重点推出可穿戴装备、家庭机器人、护理机器人。此外，赛为智能还逐步打造集研发、生产、培训、检测于一体的研究中心、生产基地、检测中心和国际交流中心，将系留多旋翼无人机、无人机后端服务、介护及可穿戴装

备和智慧城市大数据平台设定为重点发展方向，并将公司无人机拳头产品“系留多旋翼无人机”打造成具有国内一流、国际先进水平的工业级无人机。

（3）立足于相同商业目标开展国际项目合作。在当今世界的经济成长中，科技立异日益重要，为追求相同的商业目标而充分利用自身优势开展产学研项目合作是企业提升自立立异能力、顺应科技经济一体化趋向的必然要求（刘世陶，2012）。广东徽商一直高度重视发挥自身优势促进产学研的成果转化，开展国际合作。例如，比亚迪公司立足于自身优势，凭借公司在电池生产领域和新能源领域取得的巨大成功，积极与多个电池生产领域和新能源领域具有卓越成就的国外大型公司合作。2016 年，德国博世集团、大众公司对比亚迪公司的磷酸铁电池产生浓厚的兴趣，戴姆勒股份公司——奔驰提出与比亚迪公司进行合作。在与戴姆勒股份公司合作的过程中，比亚迪公司提供动力总成和电池组件。2016 年，100% 使用比亚迪太阳能组件的南非 86 兆瓦项目正式竣工，标志着非洲规模最大的本地化单体太阳能电站正式落成，这也是南非落实国家节能减排、绿色环保政策的重要工程之一。

国际项目合作对于广东徽商科学技术水平的发展具有明显的推动作用。首先，在一定程度上，合作可分担研究开发成本并分散创新风险，使企业获得研究与开发的规模优势；其次，合作双方之间的资源共享和能力互补可以促进知识流动，使企业获得外部的能力和技术，提高技术创新能力；最后，通过合作，企业不仅可以拓展产品范围，还可以开发新产品进入新的市场，实现国际化市场的扩张，大大增强广东徽商的国际竞争力。

三、推进国际产业转移

近代世界史上共有三次大的国际产业转移。第一次是 20 世纪 50 年代，美国把钢铁、纺织这些没有比较优势的产业转移到了德国和日本；第二次转移是六七十年代，日本、德国把纺织、玩具、服装等劳动密集型产业转移到亚洲国家和地区，诞生了“亚洲四小龙”；第三次是 90 年代，玩具、纺织、服装等产业从“亚洲四小龙”转移到中国沿海地区（郎咸平，2016）。21世纪，中国的生产成本不断上涨，而越南、印度这些东南亚国家的成本相对较低，中国需面对劳动密集型产业转移到东南亚国家的现实。广东徽商一方面顺应劳动密集型产业转向趋势；另一方面积极探究这种产业转移的原因，从而改变企业经营模式。从其实践中可以发现，广东徽商推进对外产业转移的情况主要表现在以下四个方面。

（1）以海外要素成本和市场份额为导向推进国际产业转移。中国经济长期的高速发展，造成资源紧张，直接带来土地、劳动力、水、电等要素成本大幅度上升。部分广东徽商把工业或工业的加工环节向非洲、东南亚等地扩散，其本身则由工业生产中心转向工业调控中心（Jeremy Rifkin，2012）。例如，科达洁能近年来在国内经济增速放缓的背景下，大力拓展海外市场，一方面，不断扩大整线设备和配件的销量，提升国际市场占有率；另一方面，陆续在印度、土耳其设立子公司，在非洲的肯尼亚、加纳、坦桑尼亚合资建设陶瓷厂，利用当地生产要素成本低的优势，大大降低公司生产成本，较大地增加了公司陶瓷机械产品的海外销售额。2016年，科达洁能建筑陶瓷机械海外销售额占总销售收入的近40%，为其国际化奠定了坚实的基础。与此同时，科达洁能建材机械业务采用“以销定产”的生产经营模式，通过国内直销、国外“直销+代理”、“合资建厂+整线销售”等低成本的销售模式，由旗下融资租赁公司提供配套金融服务，保障销售—生产的无缝对接和服务的全面配套，大大提升了企业的国际竞争力，使得公司在海外市场占据更多的市场份额。

（2）利用区域间的产业级差推进国际产业转移。由于世界各地的要素禀赋不同，导致全球经济发展不平衡，发达国家（或地区）与发展中国家（或地区）的主导产业存在明显的产业级差（王恕立，2017）。正是这些区域间产业级差的存在使产业转移的发生成为可能。面对世界各地产业结构的不一致，广东徽商借助产业级差所产生的动力，推动世界范围内的产业转移。通过国际产业转移，广东徽商实现产业升级，集中人力、财力、物力发展高附加值、高技术含量的产业，从而实现产业转移方和被转移方的双赢。

（3）利用区域之间产业竞争推进产业转移。垄断的产业不会发生产业转移。当产业在不同国家或地区之间存在竞争，导致企业面临经营的成本压力和市场压力，为了追求利润，企业积极寻求跨地区投资和跨地区贸易，最终使得产业转移成为可能。广东徽商善于在开放竞争的大环境下发展，充分发挥其在组织结构、劳动效率、产品质量、信誉、新产品开发以及管理和营销技术等方面的有利条件，推进国际产业转移，并且凭借这种优势在国际市场上占有一席之地。例如，面对中国激烈竞争的市场环境，歌力思公司积极转变战略布局，2015 年 9 月，以 8406 万元收购高档女装品牌 Laurèl 及其运营公司，借此实现国内外服装文化和品牌的融合，加速实现歌力思品牌国际化。

（4）响应国家政策推进国际产业转移。“一带一路”为我国及其他沿线国家企业提供了优质的产业转移平台。“一带一路”的互联互通项目将推动沿线各国发展战略的对接与耦合，发掘区域内市场的潜力，促进投资和消费，创造需求和就业，增进沿线各国人民的人文交流与文明互鉴，架起沿线国家及地区产业转移的桥梁。例如，比亚迪公司结合自身发展优势，顺应国家“一带一路”倡议，积极布局海外市场。2016 年，比亚迪公司在肯尼亚、加纳、坦桑尼亚、印度、土耳其等国家投资设立子公司，有效地拓展了海外市场，加速推动了比亚迪公司的产业转移。又如，新西兰 AFC 集团将部分产业转移至南半球。2014 年，在国家“一带一路”倡议的启发下，新西兰 AFC 集团董事长夏阳将投资目光转向大洋洲，在澳大利亚和新西兰这两个富饶的国度开始新的拓展。短短两年，集团投资并辅导了国内企业在澳大利亚成功上市并兼并新西兰国家乳业集团，生产销售优质奶粉、麦奴卡蜂蜜、早餐系列和牛羊肉等产品，组建成立 AFC 生物科技制造公司，建成新西兰最大面膜生产线，并致力于研发和生产纯净美妆产品。

当前，中国经济和世界经济高度关联。中国将一以贯之地坚持对外开放的基本国策，构建全方位开放新格局，深度融入世界经济体系。在此背景下，广东徽商紧跟开放步伐，拓宽视野，有计划有准备地推动产业的国际化转移，在国际合作中寻求利益最大化。

第二节　加快企业“走出去”步伐

在“一带一路”背景下，广东企业加快“走出去”步伐，截至2016年年底，广东企业在100多个国家和地区设立非金融类企业已经达到8000多家，在“一带一路”沿线国家协议设立884家。在“走出去”战略推动下，近几年，广东徽商在国外直接投资和境外融资无论规模还是投资领域均发生了翻天覆地的变化，通过开展境外融资和参与对外投资拓宽了海外市场，获得了较好的发展。

一、开展境外融资

金融危机之后，企业经营环境逐渐恶化，企业可持续发展面临巨大挑战。在当今全球经济一体化的大潮中，广东徽商锐意进取，渐渐走向国际化经营的道路，由简单的本土市场化转向依靠国际市场进行国际化发展的新模式。国际化意味着广东徽商在境外实施对实体经济的投资与并购，这一切离不开金融的支持。

广东徽商的发展壮大，早期离不开天使投资、风险投资及私募股权投资的帮助，后期更是离不开公开资本市场的支持。广东徽商的发展与成功，企业及其管理者自身的本领与努力固然重要，但是适时巧妙地利用海外资本市场融资助力企业发展壮大则是其成功的又一关键。广东徽商在初创期，相比境外融资的速度，企业家更加重视境外融资的结构。换句话说，在融资结构与融资速度两者不可兼得时，广东徽商优先考虑可以尽快获得融资的结构，创业初期让企业存活下来并长远发展才是关键。境内外融资结构进行相互转换时，境内融资结构重组转换成境外融资结构往往比境外融资结构重组转换成境内融资结构简单且成本低。因此，当广东徽商有双重选择时，往往选择境内融资向境外融资转变。综合起来，广东徽商

开展境外融资有如下三个特点。

（1）以海外上市的方式开展境外融资。境内上市硬性财务标准较高、审核程序复杂、IPO（initial public offerings，首次公开募股）排队时间长，相比之下，境外上市不仅程序简化，还可提升国际知名度、拓宽海外市场，为将来进军国际市场奠定良好的基础。随着证券市场的国际化，有十余家广东徽商相继在境外成功上市，其中包括辉隆股份、新西兰 AFC 集团等。辉隆股份旗下的分众传媒是中国第二大媒体集团，2003—2004 年，分众传媒获软件银行集团公司、鼎辉投资管理股份有限公司、高盛集团有限公司超过 4000 万美元投资；2005 年，登陆纳斯达克，成为中国广告传媒第一股；2006 年，收购聚众传媒广告有限公司、框架传媒中国有限公司，成为电梯媒体绝对领导者，并购央视三维电影传媒有限公司进军影院映前广告市场；2007 年，入选纳斯达克 100 强指数股，成为首个入选该指数的中国传媒股；2013—2014 年，完成美股私有化，推出向上云计算战略。通过几轮融资，辉隆股份成为 2014 年以来年均复合增长率超 56% 的大型企业，分众电梯媒体覆盖 120 个城市、110 万块电梯海报、18 万块电梯电视，目前辉隆股份已经成为中国市值最大的文化传媒公司，被誉为“中国最具品牌引爆力的媒体平台”。境外上市后成功崛起的公司在一定程度上反映了境外融资对广东徽商发展具有至关重要的作用。

（2）与银行合作减少境外融资阻碍。尽管境外融资能够给企业融资提供相对于国内更加快捷的服务，但是境外融资仍存在一定的障碍：一是中小企业和商业银行之间存在较大的信息不对称，引起较高的逆向选择风险和道德风险，用于降低这种信息不对称的制度和技术成本过高，商业银行尤其是大型商业银行偏好知名度较高的企业，造成中小企业融资困境；二是当银行面临超额的贷款需求时，因信息不对称无法完全识别每个借款人的风险，为规避风险，趋向于在一个适度的利率水平上实行信贷配给，并不趋向于进一步提高利率（Stephen H. Hymer，1976）。基于此，广东徽商采取措施有效破除障碍，一方面，部分企业通过与银行长期的业务往来，使银行通过各种渠道获得该企业及其控制人的相关信息，解决信息不对称的问题；另一方面，与大型银行合作，多样化经营的大型银行完全可

以凭借交易性贷款的规模经济和范围经济，解决各类信贷技术信息不对称问题。例如，迈瑞生物作为全球生命信息监护领域的第三大品牌，具有优良的产品质量，多次负责联合国维和部队装备等的采购项目，在全球市场上发展前景光明。基于其企业形象和良好的信贷声誉，迈瑞生物多年接受原卫生部世界银行贷款，得到快速发展，监护仪全球装机量第三，三分群血球仪连续三年全球前三。

（3）采用多种措施防范境外融资风险。虽然境外投资低成本、高效率，但是仍存在一定的风险。广东徽商充分利用现有成熟的金融工具，防范和化解金融风险。一是防控利率风险。通过固定利率的贷款担保和政府的利率保证等方式抵御利率波动风险，采用多种货币组合的方式进行项目开支或收益的结算，防止利率变动对项目投资的冲击，并运用封顶、利率区间、保底等套期保值技术减小利率变化的影响。二是避免汇率风险。除了在PPP/BOT（BOT：build-operate-transfer，建设—经营—转让，即“特许权”）的特许权协议中规定项目公司和东道国政府对汇率风险各自应承担的责任外，充分利用掉期、远期等金融工具防范汇率波动的风险。三是冲销外汇不可获得和不可转移风险。通过要求项目所在国政府提供外汇可自由兑换担保，在合同中约定一部分应付款以当地货币结算，另一部分以外国货币结算等措施来降低风险。四是管控通货膨胀风险。在特许权协议中规定相应条款，作为以后对价格进行核查的依据，之后再按公认的通货膨胀率进行调价，或相应增加收费，或延长特许经营期限，并在产品购买协议中规定逐步提高价格的条款，以防范通货膨胀带来的投融资风险。

总的来说，广东徽商境外融资是企业国际化经营活动得以正常进行和持续、健康发展的基础，是企业开展技术改造、创新研究，发展新技术，提升产品或服务技术的原动力，是企业构建营销网络和系统并保证快捷、灵敏运转的支撑要素。

二、参与对外投资

“走出去”是中国企业迈向国际化的重要一步，即通过本国企业、产

品、服务、资金、技术和人才等优质要素走向国际市场，使国内市场向国际市场延伸，最终实现企业国际化。“一带一路”建设拓展了中国对外开放的内涵，成为中国企业“走出去”进入新阶段的标志。现阶段，中国企业在“一带一路”沿线的投资中，国企是投资的主力军和领头羊，“开拓国际市场、提高全球市场份额、增加盈利能力”等市场因素是企业在“一带一路”沿线投资的第一大动因。随着“一带一路”建设的推进，越来越多的广东徽商参与到“一带一路”沿线国家的投资当中，对外投资的规模和区域范围越来越大。

中国企业大部分以“寻求新出路，维持企业竞争优势”为目的参与对外投资。一方面，跨国公司大量涌进中国，它们凭借其品牌优势、雄厚的资金实力、技术垄断优势以及其全球配置资源的能力，抢占了中国企业在国内市场的份额；另一方面，由于计划生育和人口老龄化，中国的“刘易斯拐点”已经出现，“用工荒”导致劳动力成本不断上升，中国人口红利将消失，这使得部分中国企业难以与跨国公司相抗衡，为了维持企业的竞争优势，对外直接投资成为一种必然。广东徽商到海外投资，可以在全球进行资源配置，获得更加廉价的要素投入，不仅可以在国内市场上拥有比较优势，还可在海外市场占据优势地位。从广东徽商的具体实践看，其参与对外投资的方式主要有如下四种。

（1）为寻求海外廉价的生产要素参与对外投资。在劳动力剩余的情况下，我国国内基础建设全面展开，富余资本缺少潜力项目可投，富余劳动力没有更加优越的工作回报，向海外拓展成为发展壮大我国建设能力和建设项目的良好契机（周经、张利敏，2014）。广东徽商在进军国际市场的过程中，充分利用海外的优势资源，形成竞争优势。例如，水泥的生产需要大量的人力、物力，生产过程中生产设备的折旧和成品的储存是生产商生产费用的大部分。为了解决这些问题，海螺水泥与印度尼西亚西加里曼丹、俄罗斯乌里扬诺夫斯克州、缅甸建立合作关系，充分发挥三个国家或地区廉价的劳动力和土地成本优势，促进自身发展。2016 年 8 月，海螺水泥全资子公司香港海螺国际贸易有限公司与印尼海螺国际贸易有限公司共同出资建立西加里曼丹海螺水泥贸易有限公司，并与乌里扬诺夫斯克

州地区发展公司共同出资设立伏尔加海螺水泥有限责任公司；2016 年 11 月，海螺水泥与缅甸 MYINT 开发投资有限公司共同出资设立缅甸海螺（仰光）水泥有限公司。通过这一系列的投资，该公司不但解决了生产成本不断攀升的问题，同时也为企业发展注入了新的元素。

（2）以产业选择的方式参与对外投资。投资产业的选择，即解决投资干什么的问题。企业进行对外直接投资的前提条件是该企业具有现实的或潜在的比较优势。因此，寻求比较优势应作为企业制定投资战略的基本出发点和首要原则；同时，投资者应密切关注投资对象国的产业发展趋势和重点投资需求领域的变化。在实施“走出去”战略的过程中，制定合理的产业选择战略，是优化中国对外直接投资产业结构，提高中国对外经济活动质量的必要前提（何飞，2004）。我国企业中的传统优势行业大部分属于劳动密集型、资源密集型以及一些高能耗、高污染的行业，但是随着劳动力、原材料成本的不断攀升，以及世界各国越来越重视环境问题，这些传统优势行业所面临的局势愈加严峻（王昱、成力为，2014）。广东徽商积极探索新型产品，将劳动密集型生产逐步向知识密集型转变。例如，辉隆股份近年来正处于商业转型升级、投融资稳步推进的发展阶段，逐渐以知识密集型的产业形态参与对外投资。该公司转变以往“连锁经营产品”的模式，顺应世界电商潮流的发展，凭借“产品 + 电商”的新模式打造现代国际农业综合服务一体化平台，实现连续 5 年销售额稳步增长。

（3）通过投资区位选择参与对外投资。投资区位的选择，即解决去哪里投的问题。由于各国国情不同，资源的裕缺及投资市场、投资潜力存在着差异。不同的资源禀赋影响一个地区的经济形态（Priscilla Schwartz Capitalism，2013）。例如，日本、新加坡这样地域狭小、自然资源匮乏的国家，农业耕地面积小，在产业结构的选择上与我国大不相同。一个国家的经济状况和基础设施也是国际投资决策中要考虑的重要因素，即市场的完善程度、开放水平、金融环境。此外，企业在对外投资的过程中，重点应考虑一国的政治稳定性、对外关系（尤其是与母国关系）、政治体制以及法律环境的完备性、稳定性、公允性、公正性等，这就决定了企业在进

行海外投资时首先要面对的是如何选择投资对象国，以符合投资的目的和要求。同时，如何开拓潜在市场，实施多元化发展战略，扭转现在过于集中在少数发达国家和亚洲发展中国家的局面也是对外投资中面临的现实问题。基于对上述因素的考虑，广东徽商在投资前应加强对投资国的考察。正威集团在这一方面做得较好。为了更好地实现对外投资，2015 年 3 月，正威集团主席王文银赴美出席了“第二届选择美国投资峰会”，初步确定正威集团在美国矿业领域的投资计划；同年 4 月，正威集团与美国通用钼矿公司在广州正式签署股权投资协议，并建立战略合作伙伴关系；2016 年 6 月 19—21 日，“第三届选择美国投资峰会”在美国华盛顿召开，应美国商务部邀请，正威集团董事局执行主席、金融委员会主席刘结红一行再次赴美出席了此次峰会，巩固了与钼矿的合作。正是通过多次的考察和交流，正威集团对外投资较为成功，不仅有助于正威集团延伸在矿产加工领域的产业链，而且有利于进一步完善集团作为世界 500 强企业的全球化产业布局。

广东徽商通过海外直接投资，把生产企业分布在所选定的适当地区和国家，利用当地的有利条件进行生产，其产品可能是为满足当地市场需求而生产，也可能是在不同国家分别生产某一产品的各种零部件或在海外进行某一产品生产的不同工序，然后把这些“中间产品”集中运往一地，进行最后的组装，直到成为最终产品。这种海外直接投资方式为广东徽商的海外发展拓展了渠道，将会大大提高广东徽商的海外市场占有率。

三、拓宽海外市场

自“一带一路”倡议提出之后，沿线国家中已有近 60 个国家明确表示支持并且积极参与建设。“一带一路”沿线各国资源禀赋各异，经济互补性较强，彼此合作潜力和空间巨大。以政策沟通、设施联通、贸易畅通、资金融通、民心相通为主要内容，推动新型产业合作，必然会给沿线各国都带来巨大的利益。在此大背景下，广东徽商制定出独特的竞争战略和采取多样化的方式拓宽海外市场，在国际市场上占据一席之地。从广东徽商拓展海外市场的方式看，其市场战略主要有以下五种。

（1）成本领先战略。所谓成本领先战略，是指企业通过加强内部成本控制，在研究开发、生产、销售、服务和宣传等领域内把成本降到最低程度，使企业的全部成本低于竞争对手的成本，甚至是在同行业中最低的成本，从而获得竞争优势的一种战略（王春雷，2012）。一般而言，成本领先往往意味着差异化的缺失，对某些行业，难免会损失存在个性化需求的客户。但对于一些标准化程度高的产品，不同市场之间的需求差异几乎不存在，这时，成本领先战略是较为奏效的（韦琳等，2014）。广东徽商积极扩大低成本优势，通过低成本优势将产品打入国际市场，扩大海外市场份额。推行这种战略的广东徽商，在全球范围内寻找成本洼地，以保证产品的价格优势，提高利润，进一步拓宽海外市场。例如，正威集团通过成本领先战略，把物美价廉的新材料输出全球；冠昊生物研发出成本大幅低于国外企业的再生膜材、人工眼角膜，抢占国内外市场份额。

（2）差异化战略。所谓差异化战略，是指企业就客户广泛重视的一些方面在行业内独树一帜，或在成本差距很难进一步扩大的情况下，生产比竞争对手功能更强、质量更优、服务更好的产品以显示经营差异，从而使企业建立起独特竞争优势的一种战略（王春雷，2012）。对于大多数的消费品而言，不同国家的消费者由于受到民族文化、生活习惯和消费水平的影响，其消费偏好都有所差异。企业若想占领目标市场，就必须有针对性地开展研发和销售，以贴近不同市场的消费需求（金伦希，2010）。采取差异化战略的企业往往要通过多种途径创造与竞争对手产品之间的被消费者认为是有价值的差异，满足消费者对产品的多样化需求和使用要求。以深圳市冰川网络科技股份有限公司为例，公司通过民族品牌的打造和中国传统文化的输出，把富含中国文化特色的游戏产品《远征 OL》打入市场。该游戏以中国古代神话为背景，依照民族特色设计重点环节，与欧美的大型魔幻类游戏大不相同，深受玩家的欢迎。该游戏先后与中国香港、中国台湾以及马来西亚、越南、泰国、新加坡、日本、韩国、澳大利亚等国家和地区的当地运营商达成了合作协议并成功进入市场运营，其新品《龙武》同样广受关注，目前，已经有多个国家和地区的运营商表示了高

度关注。差异化的产品往往可以吸引该特征高需求人群，使得生产和销售更加专业化。

（3）市场集中战略。市场集中战略是指企业集中优势在一个特定的细分市场与竞争对手展开竞争。在该细分市场，企业既可以通过差异化获得优势，也可以通过低成本进行扩张。由此可知，市场集中战略是建立在前两种战略基础上的。在同一目标市场上，企业的低成本战略容易引起竞争对手的模仿和跟进行为，产品同质性和优势的同质性决定了目标市场的一致性。差异化战略更容易在目标市场确立优势，如果企业以强势品牌进入，则企业以资源承诺度高的投资方式进入目标市场有利于保护企业的所有权优势。广东徽商积极采取市场集中战略，在海外市场抢占先机。例如，新西兰 AFC 公司选择在占全球乳制品贸易 1/3 的新西兰作为乳业基地，通过产品宣传、服务宣传、政策宣传和报刊宣传与新西兰其他世界知名乳业在国际市场上竞争，抢占世界市场份额。2016 年，新西兰继续发挥市场集中战略的优势，邀请了更多中国优秀商家抢占进口食品市场，拓宽海外市场。

（4）技术竞争战略。技术竞争优势是指既能够生产高级经济结构的产品也能够生产低级经济结构的产品的能力，因此，具备技术竞争优势的企业对于一个处于低级经济结构的企业具有潜在的垄断、控制或威慑能力，从而占领市场的绝大部分份额（孙倩，2014）。广东徽商中的很多企业在采取了技术竞争战略之后，国际市场竞争力大大提高。例如，比亚迪公司拥有磷酸铁锂电池制造技术、双离合 TI 发动机控制的混合动力技术（DM2 代技术）、绿混技术、绿净技术、TID（即涡轮增压、缸内直喷、双离合变速）、四驱技术、电控电机技术、云技术、充放电逆变技术等九项世界领先技术，为其拓宽海外市场奠定了基础，在短短几年时间迅速扩张海外市场。技术竞争战略已经成为企业走出国门、参与世界竞争的必要条件之一。

（5）政策支撑战略。约翰·穆勒（John Stuart Mill，1848）说："在任何一个时期，任何一个阶段，那些真正关系到群体利益的事情肯定是由政府来做。"政府出台的一些产业政策为企业的发展指明了方向。广东徽商善于把握政策机遇，推进自身发展。例如，在各级政府持续的政策支持和行业继续快速增长的背景下，比亚迪公司积极把握历史机遇，推进新能源汽车业务发展，在新能源汽车领域继续保持全球领先地位。2016 年，该公司新能源汽车销量同比大幅增长 69.85%，达 9.6 万辆，销量蝉联全球第一，其中新能源乘用车销量近 8.6 万辆，增速达 65.41%，再度引领新能源乘用车市场；纯电动大巴销量超 1 万辆，同比增长 120.68%，市场份额大幅提升。比亚迪公司看准各国政府越来越重视交通节能，以公共交通为突破口，不断推进新能源汽车在城市公交和出租车领域的发展和应用。目前，新能源汽车已在美国、日本、英国、巴西、荷兰、澳大利亚等全球逾 50 个国家和地区超过 200 个城市成功运营，实现了公交电动化全球六大洲的布局。第 1 电动网发布的数据显示，2016 年，比亚迪新能源汽车全球市场份额已达到 13%，在中国的市场份额则达 23%，行业地位不断巩固。

广东徽商灵活运用成本领先战略、差异化战略、集中发展战略、技术竞争战略和政策支撑战略，进一步加强海外市场业务发展，极大地提高了其在国际市场上的综合竞争力。

第三节　提升国际影响力

中国加入世界贸易组织之后，认真履行“入世”承诺，深化各项改革，在享受 WTO 的开放红利的同时，积极回馈世界。中国企业生产创造出一系列带有中国标志的优质产品，使世界更加了解中国，提高了中国的国际影响力。今天，中国开始了新一轮的全面开放，建立自贸区和实施“一带一路”倡议等开放举措的推进必然使我国在更大范围内和更深程度上参与全球经济，加强与世界的交流。广东徽商响应国家号召，积极加入自贸区、主动参与到“一带一路”的建设中，塑造出了具有中国特色的全球品牌，打造出了优质高效的国际团队。然而，目前，世界经济增长低

迷态势仍在延续，“逆全球化”思潮和保护主义倾向抬头，主要经济体政策走向及外溢效应变数较大，不稳定不确定因素明显增加，处在爬坡过坎的关键阶段。广东徽商依靠物质基础雄厚、人力资源充裕、市场规模庞大、产业配套齐全、科技进步加快、基础设施比较完善等优势条件，加快塑造全球品牌和打造国际团队，促进企业稳健发展。

一、塑造全球品牌

近年来，以中国为主导的新兴市场上的国际品牌方兴未艾，引发世界瞩目。中国一些较为突出的跨国公司，如联想、华为、海尔等，它们的海外营业额已经超过了国内市场的营业额。事实上，全球品牌化是企业品牌战略的高级阶段，全球性的品牌能够为产品带来额外的价值，即全球品牌资产。有部分广东徽商在巩固国内市场的基础上，开始进军海外市场，塑造全球品牌；另一部分广东徽商直接在海外投资建厂，实现境外上市，提升国际影响力。在世界已经进入品牌竞争时代的大背景下，塑造全球品牌越来越成为广东徽商提高核心竞争力的有效手段。

部分广东徽商凭借国际分工、区位调整、优化产业布局、多元化产品种类和投资主体等一系列措施，推动其产品进入国际市场，创造出一批国际知名品牌，扩大中国企业和中国产品的国际知名度，确保在激烈的国际竞争中立于不败之地。从广东徽商的实践案例来看，其塑造全球品牌的方式主要有以下六种。

（1）依托严格的经营理念塑造全球品牌。企业的经营理念决定了企业的经营方向和品牌的发展方向，是企业发展的根基。标准化的品牌形象管理是品牌长期存在的保证。广东徽商一直以较高的标准管理企业的品牌形象，严格按照企业的经营理念来打造与维护品牌，强调品质、动作、纪律的一致性。例如，比亚迪公司在努力提升品牌价值的同时，从未忽视过对品牌的管理，包括用诚信打造口碑、提升品牌美誉度、突出品牌的辨识度、利用品牌进行全球扩张，等等。

（2）通过提升科技含量塑造全球品牌。企业在创建品牌的基础上，可以通过提高产品技术含量和质量，使企业从依赖价格和成本的低价位竞争提升到高层次的品牌竞争，在激烈的市场竞争中逐渐取得主动地位。例如，同洲电子在“三网融合”的大背景下，为较好地覆盖发展电视互联网的需求，大力发展数字电视机顶盒、智能终端等高科技含量产品，其数字电视机顶盒、智能终端等高科技含量产品以及数字电视端到端的国际新型解决方案在国际、国内市场份额持续增加，公司品牌已被广大用户广泛知晓和认同，“同洲”品牌成为国际、国内数字视讯行业的知名品牌。又如，劲胜智能全资子公司深圳创世纪机械有限公司是专业从事自动化、智能化精密加工设备的研发、生产、销售和服务的高新技术企业，专注于智能装备制造业中高档数控机床、自动化生产线等的研发、应用及服务，该公司研发生产的高速钻铣攻牙加工设备在技术水平、产销规模、服务能力等方面可与国际领先企业竞争，因此，其在市场占有率、客户资源、规模效应和售后快速响应等方面处于行业领先地位。

（3）凭借优良的产品质量和服务塑造全球品牌。质量是企业的生命。广东徽商一直致力于提高产品质量，不断创新和超越，追求更高的目标。例如，安徽国风塑业股份有限公司（以下简称“国风塑业”）凭借良好的质量、优质的服务、先进的产品、一流的设备和健全的网络，使其主导产品塑料薄膜成为中国薄膜制造行业最具影响力和竞争力的产品之一，产品畅销国内及欧、亚、北美等国家和地区。国风塑业以工厂类客户为主，凭借优秀的产品品质和服务，赢得了一大批国内外高端用户的青睐，先后成为黄山永新股份有限公司、顶新国际集团有限公司、安姆科软包装（北京）有限公司、General Imagine（M）Sdn Bhd、中山阿尔莫工业有限公司等国内和国际知名公司的包装材料和电子信息器件用基材主供应商。近年来开发的 TTR、BOPP 低温镀铝基膜、BOPET 高摩擦印刷基膜和包覆共挤木塑型材等产品满足世界多类客户个性化需求，市场口碑较好，产品远销日本、韩国以及东南亚、欧洲、北美等国家和地区，出口额在同行业名列前茅。

（4）通过在海外设立公司塑造全球品牌。在海外设立公司不仅便于公司发展跨国业务、提升企业形象，还方便参与国际贸易、避开关税壁垒

和外汇管理，方便引资。除此之外，海外直接投资建厂的注册程序便捷、开设成本低廉等一系列优势吸引了部分广东徽商率先在海外设立公司，塑造全球品牌（王仁荣，2012）。例如，比亚迪公司在美国设立的分公司就最大限度地为总公司提供了便捷的国际贸易渠道和塑造全球品牌的捷径。比亚迪公司在美国西弗吉尼亚州境内的 Beech Ridge 调频储能项目，通过对海外居民切身需求的直接探索为客户定制高品质储能解决方案，因此，获得诸多国际荣誉：2015 年，获北美储能论坛“年度集中式储能创新奖”，并被全球顶级新能源期刊《电力工程和新能源世界杂志》评为“年度最佳新能源项目”；2017 年，被国际知名清洁能源行业分析机构——德国清洁科技研究所授予 2017 年度全球储能“科技驱动者”(Tech Driver) 大奖。

（5）注入文化符号塑造全球品牌。品牌价值的消费是基于产品的使用价值基础之上更高层次的消费，是在消费中突出产品的符号价值，即由产品的文化内涵带来的附加价值。形象是建立和维护品牌信誉的有效途径，所以，利用文化符号塑造品牌形象对于企业的生存和发展而言非常重要。利用文化符号塑造全球品牌是体现品牌核心优势的必由之路。在产品逐渐趋于同质化的符号消费时代，当市场间文化差异较小时，通过注入文化符号塑造出的品牌形象毫无疑问地成为企业市场竞争力的核心。为提高品牌形象，广东徽商倾向于制定特定文化符号的全球产品，打造带有文化印记的国际品牌。例如，古井集团“做真人、酿美酒、善其身、济天下”的企业文化以及古井集团和古井人所有的“拼搏、奋进、卓越、进取”精神扬名国内外，其产品古井贡酒年份原浆定制酒在 2017 年阿斯塔纳世博会上在国家馆作为“国酒”“国礼”招待世博会各国贵宾。因此，企业在试图开启品牌全球化进程时，需要依据东道国和本国市场的文化特征调整自身的品牌战略。

（6）树立“中国创造”的企业形象塑造全球品牌。广东徽商通过自主创新、知识创新，加强自己的品牌管理，形成自己的优势品牌，实现从“中国制造”走向“中国创造”的转变。例如，达实智能作为世界智慧城市和建筑节能的龙头服务商，为继续保持国际影响力，下设解决方案研发、智慧技术展示、工程技术服务三大中心，在智慧建筑、智慧交通、智慧医疗、智慧能源、研发创新、混合所有制改革、对外合作等方面大力发展，其中，其自主研发的“非接触智能卡应用及系统”在世界智能行业引发轰动，为公司塑造全球品牌提供了有力支撑。

品牌逐渐成为广东徽商开拓国际市场的关键因素，成为企业综合竞争实力的象征，拥有为社会所公认的强势品牌意味着拥有市场，取得竞争优势。广东徽商依托严格的经营理念，通过提升科技含量，凭借优良的产品质量和服务，并通过在海外设立公司、注入文化符号和树立“中国创造”的企业形象，得到世界的认可。

二、打造国际团队

随着企业国际化经营的规模扩大，广东徽商逐渐认识到人力资源在国际贸易竞争中起着决定性作用。是否拥有一支高素质的国际化队伍已经成为企业能否实现全球战略目标的重要因素之一。因此，如何运用科学的方法选择和使用各类高端人员，调动他们的积极性、创造性和主动性，最大限度地发挥每个人的潜力，提高经营效率，确保企业目标的实现，是企业国际人力资源管理的重要任务（Michael Harries，1997）。广东徽商顺应经济全球化和知识经济、新技术革命迅猛发展的大趋势，增强国际竞争力，全方位地介入世界范围的经济竞争、科技竞争与人力竞争，采取一系列措施全力打造掌握国际先进技术、熟悉国际惯例、梯形结构的高级国际团队。

（1）组建国际研发团队。国际市场上，建立国际型研究院有利于使企业研发投入的成果更适合国际需求。一部分广东徽商本着“谋定而后动”的原则，与国外知名机构组建国际研发团队，完成企业总体规划和控制性详细规划，构建系统、全面、与国际接轨的规划体系，为区域化建设奠定了坚实的基础。例如，正威集团自2010年开始，先后组团赴美国、日本、新加坡以及中国台湾等集成电路产业发达的国家或地区，与全球知名半导体企业商等机构接洽技术收购、合作、共同研发等相关事宜，共同

探讨区域功能定位、远景目标、发展模式、开发路径、产业发展等战略研究，新建的国际团队参与到正威集团项目的每个环节。项目还将汇聚全球资本，不断催化出新兴产业企业、孵化企业，并通过社会协作和政府支持，培育万亿级新材料及应用产业集群。

（2）引进海外高端人才。企业要在国际竞争中取胜，迫切需要高素质的海外人才或有留学经验的人才资源。我国现有的人才管理格局是低水平的管理模式、落后的人才观念、不完善的薪酬制度、缺乏沟通与交流等，使得企业的发展受困于自身的"人才陷阱"。广东徽商清楚地认识到，只有对海外高端人才进行合理配置，并发挥其最大的潜能，才能适应企业提升国际影响力的需要。例如，2016 年，冠昊生物成功引进 6 个国外高端或海归层次人才创业项目及其团队成员，初步建立起创新孵化专业服务团队，搭建孵化服务体系，实现项目申报、注册报批、知识产权管理等对外服务的突破，成功打造"众创空间—孵化器—加速器—产业园"的全孵化链条。另一家代表性企业——华讯方舟，不仅下设太赫兹科技研究院和通信技术研究院，还建立了院士专家企业工作站、博士后创新实践基地等，构建具有国际高水平的研发团队，包括美国 NASA 实验室专家、孔雀团队、海内外人才以及世界知名院校专家在内的行业科技精英，现有研发人员 1100 人，占员工总人数的近 50%。目前，团队的科研成果已广泛应用于世界卫星通信、卫星互联网、超高速移动通信、智慧城市、安检成像等行业领域。

（3）打造国际管理团队。一支优秀的管理者队伍使企业在世界竞争中拥有后发优势。管理者在企业战略决策中的职责重大，从制定公司的任务和战略，到确定公司各事业部的任务、按照任务给各部门分配资源，再到批准各事业部的计划、预算和主要投资，考核各事业部的工作，保证整个公司按照战略规划顺利运作。广东徽商以建设"国际化、专业化、现代化"的高素质管理人才队伍和"务实创新、高效负责、文明诚信"的团队为目标，大力推进高学历管理人才队伍建设。例如，正威国际集团拥有众多外籍高管和负责全球贸易市场、期货市场以及国外总部运营的高级人才；2017 年，比亚迪公司引入奥迪前设计总监沃尔夫冈·艾格，使得

比亚迪公司的产品在设计方面取得了巨大的突破。

随着经济全球化时代的来临，经济领域的集团化倾向愈演愈烈。广东徽商充分利用优秀的国际团队帮助企业在国际经济不稳定的大背景下，适时抓住新机遇，探索出一条新的经营之路。21 世纪，充满机遇与挑战，这是一个追求个人价值与团队绩效双赢的时代。在市场经济和国际竞争的大背景下，建设国际团队，发挥团队优势，对广东徽商拓展国际市场，参与国际竞争具有重要意义。

第六章　共享成果保和谐

党的十八届五中全会工作报告指出，“坚持共享发展，必须坚持发展为了人民、发展依靠人民、发展成果由人民共享，做出更有效的制度安排，使全体人民在共建共享发展中有更多获得感，增强发展动力，增进人民团结，朝着共同富裕方向稳步前进”。党的十九大报告也指出，“必须多谋民生之利、多解民生之忧，在发展中补齐民生短板、促进社会公平正义，保证全体人民在共建共享发展中有更多获得感，不断促进人的全面发展、全体人民共同富裕，坚持在发展中保障和改善民生”。对于国家而言，“共享”最终要落实到增进人民福祉上；对企业而言，“共享”有着更加微观、具体的内涵，企业要做到发展成果与员工共享、与合作伙伴共享、与社会共享。共享理念，为国家实现更高质量更高水平的发展提出了行动路径，也为企业提升发展境界提出了目标要求。只有在共享中不断推进合作、和谐共赢，才能保证企业的持续健康发展。广东徽商积极践行共享发展理念，关注员工身心健康，关爱帮扶困难员工，让全体员工共享企业发展成果；加强与社会各界的沟通与合作，做全面建设小康社会的推动者，将发展成果与社会共享。

第一节　情系企业员工

员工是企业赖以生存和发展的“细胞”，是推动企业发展的重要力量。对于企业来说，提高员工的满意度，增强员工的忠诚度，可以激励员工以更加积极的态度面对工作，提升对企业的贡献。在竞争日趋激烈的当今社会，企业经营目标的实现需要全体员工齐心协力共同完成，而且企业能否成功主要取决于其能否进行有效的人力资源开发，能否激发出员工的潜能。因此，从各方面保障员工权益、加强员工培养、关爱员工生活是保证企业平稳顺利运行的基础和保障。

一、保障员工权益

企业在追求经济效益、谋求自身发展时，要充分认识到员工权益保障的重要性。在国际上普遍认同的企业经营理念中，企业不仅要重视对员工、社会、环境的影响，同时也要关心经济、社会、环境绩效的三重底线（谢洪明等，2014）。在这一过程中，保障员工权益是最为重要的一环。根据《中华人民共和国公司法》，企业维护员工合法权益主要分为两大方面内容：一是维护员工的劳动权益，包括员工就业权利和获得劳动报酬、得到劳动保护及社会保障、学习培训、休息休假等经济福利和权利；二是维护员工依法对企业、事务进行民主管理、民主决策、民主参与和民主监督的权利。广东徽商基于对员工重要性的深刻认识，从员工的安全与健康、薪酬与福利、教育与培训、民主与参与、发展与规划等五个方面对员工生活和权益建立了全方位的保障机制，始终坚持以人为本，维护和保障员工的各项合法权益，努力解决员工最关心、最现实的问题，将发展成果惠及全体员工。

企业员工权益的真正实现和有效保障，既是保障劳动者的基本权益，实现劳动者诉求的重要内容，也是推动企业平稳运行和长远发展的基本要求。广东徽商将员工权益纳入企业经营考核指标，采取多样化的经营方式力争使员工分享企业发展成果。从广东徽商的实践来看，保障员工权益主要有以下四种方式。

（1）推行员工持股。尊重和实现员工经济权益，维护和提高员工待遇需要加大资金投入，增加企业成本，似乎会影响企业获得更高的利润。

然而，随着以人为本观念的深入人心，越来越多的企业意识到，保障员工切身利益在有效激发员工工作积极性、提高劳动生产率、提升企业竞争力方面有重要作用。广东徽商取得的令人振奋的业绩，就是各级管理团队心系员工、开拓创新，以及广大基层员工艰苦奋斗、奋勇拼搏的结果。例如，海螺水泥率先试行员工持股，让员工分享企业发展成果，是我国管理层和员工持股改革最早的企业之一。2000—2002 年，处于发展初期的海螺水泥面临着负债高、融资难、队伍不稳等诸多困难，经营压力巨大。为解决制约发展的瓶颈，海螺水泥 7000 多名员工以现金出资方式，参股受让了安徽省投资集团持有的 31.8% 的铜陵海螺股权，构建了企业与员工利益共同体，员工以参股的方式参与企业的管理运营，真正实现共享企业的发展成果。此举不但解决了制约企业扩张的资金和机制问题，同时，将员工收益与企业绩效有机结合，极大地促进了企业改革发展。2006 年年初，海螺水泥被中国证监会列入首批增发收购员工持有股份的试点企业，为此，海螺水泥实施定向增发收购沿江 4 公司中 7000 多名员工所持股份，扩大了员工占企业利润的分配比例，有效保障了员工的经济权益，同时，使广大员工的利益与上市公司整体利益紧密联系，从而有效地调动了广大员工的积极性。海螺水泥通过股权激励使广大员工从资本市场享受到企业改革成果，促进了企业的稳定和持续健康发展。员工持股至今被证实为一个相当有效的办法，不仅激发了员工参与企业经营的动力和热情，还打下了企业高速发展的坚实基础。

（2）重视员工劳动权益。利益相关者理论认为，员工是企业直接且重要的利益相关者（钱瑜，2013）。根据社会认同理论，企业自觉积极地维护员工权益，将得到员工对组织的认同，并使其真正对组织产生依赖和归属，进而自发地努力为组织付出（于海威，2014）。在现阶段，员工对企业的期望已不仅局限于为自己提供工作以维持生计，同时还希望企业提供具有竞争力的薪酬、专业化的培训、有效的组织支持以及关怀，等等，平等与共赢已成为企业履行对员工责任的新要求。近年来，广东徽商对员工劳动权益的重视程度不断提高，通过打造舒适的工作环境、提高员工的薪酬福利待遇等方式为员工提供家园式的劳动场所。例如，古井集团十分重视员工生活福利，将员工视为企业的重要资产，认为只有以负责任的态度对待员工，为员工打造安心工作、生活的家园式的大环境，员工才会以饱满的激情对待工作，进而真正建立起和谐的劳动关系，增强企业的凝聚力，使企业朝着正确的方向更好更快地发展。该集团在“以员工为天”的理念下提出逐步将集团建设成为万名员工的精神家园、职场生涯的创造乐园、物化劳动的财富庄园的目标。通过规范用工制度，依法保障职工的劳动合法权益，遵守《中华人民共和国劳动法》《中华人民共和国劳动合同法》等法律法规，遵循平等自愿、协商一致的原则，与所有新入职的员工依法签订劳动合同，严格保护劳动者的合法权益，向劳动者提供公平的就业机会和就业条件。该集团员工依法享有各种法定的带薪假期，包括法定节假日、年休假、婚假、探亲假、丧假、产假、病假、工伤假等；同时，企业按国家要求100%为员工缴纳社会保险，包括养老保险、基本医疗保险、补充大病医疗保险、工伤保险、生育保险等，并为境外出差人员参保意外险种，解除了员工的后顾之忧。古井集团还注重加强劳动保护，关注职工身体健康。根据国家《职业健康监护管理办法》相关规定，该集团按岗位需求给员工足额配给相关的劳动保护用品，积极采取措施持续改善特殊岗位工作环境；还与山东省亳州市人力资源和社会保障局合作在集团举行大型义诊活动，举行健康保健讲座。此外，每年举行一次全员健康体检，建立个人健康档案，确保员工身体健康，将对员工权益的保障深入到员工工作和生活的方方面面。这些举措既是古井集团对员工权益的充分保障，也是广东徽商对员工重视程度的侧面反映。

（3）保证安全生产。对于一些生产性质较为特殊的企业来说，保证安全生产是企业最为直接的对职工负责的方式（韦慧卿，2012）。国务院以“安全生产是一切经济部门和生产企业的头等大事”为指导精神，要求企业审慎开展生产经营活动，做好相关安全工作。安全工作是衡量企业经营管理工作是否合格的一项基本内容，也是员工享受企业发展成果的首要前提，合规开展安全生产工作要求企业认真贯彻执行国家有关安全生产的法规、政策和标准，制定本部门、本企业的安全生产规章制度并以此为指导开展生产管理工作，包括各种安全生产责任制、安全生产管理规定、

安全卫生技术规范和岗位安全操作规程等，健全安全生产组织管理机构，配齐相关专职人员。广东徽商对此有着深刻认识，积极响应国务院要求。例如，珠江燃气十分重视生产安全，着力完善安全生产制度，根据《中华人民共和国安全生产法》建立、制定了以《股份公司安全生产管理办法》为核心的安全、现场管理制度，并严格执行制度，强化对目标完成情况的考核，按照"一岗双责"和"谁主管、谁负责"的原则，建立目标管理责任制。另外，为贯彻落实全国安全生产月活动，珠江燃气将每年6月定为公司的安全生产活动月，并开展各项活动加强企业员工的安全生产意识。通过开展演讲比赛、签名活动、观看安全教育片及安全生产法律法规培训等方式，加强员工的安全意识。不仅珠江燃气严格地践行安全生产原则，绝大部分广东徽商也将此作为一个基本标准要求下属企业采取一系列预防及保障措施，使生产过程在符合规定的条件和秩序下进行，有效控制和消除危险及有害因素，从而保障员工人身安全与健康，使生产经营活动得以平稳而有秩序地开展。

（4）注重民主参与。在员工权益的合理合法维护过程中，企业工会组织是不可忽视的力量。工会之所以成为员工自己的组织，就是因为它是广大员工利益的代表者和维护者（孙中伟、贺霞旭，2012）。一直以来，广东徽商十分重视工会的建设与完善。为有效保障公司员工的合法权益，广东徽商不仅为工会提供必要的活动条件，同时依法开展工会活动，维护员工的合法权益。《中华人民共和国公司法》规定，公司必须保护员工的合法权益，这是公司的法定义务（单红梅等，2014）。出于对员工合法权益的保护，广东徽商积极建立和完善相关规章制度，采取措施，通过多种形式来促进和保证工会顺利运作。广东徽商的企业工会建设水平走在全省前列。例如，比亚迪公司注重保障员工民主管理、民主参与、民主监督的权利，建立了各级工会组织，确立了以职工代表大会为基本形式的企业民主管理制度和厂务公开制度，并通过明确职工代表大会各项职权、组织制度、工作制度，进一步规范厂务公开的内容、程序、形式，突出公开重点，提高了企业民主管理水平。该公司和所属各单位建立了多种与员工沟通联系的渠道，如通过召开职工代表大会、民主议事会、员工代表座谈会等形式，开展多层次沟通和交流，广泛听取员工意见，鼓励员工参与企业生产经营管理。广东徽商立足工会实际，积极借势借力，通过开展民主管理活动、落实民主管理制度，积极构筑以企业民主活动为主的员工权益保障机制，完善劳动关系协调机制，促进劳动关系和谐。

随着知识经济时代的到来，人力资本对企业生存和发展的重要性日益凸显。广东徽商在合规经营、获取经济利益的同时，高度重视对员工的关怀与保障，既保障了企业员工的利益，也促进了企业的可持续发展。未来，广东徽商将不断更新自身的发展理念，坚持把保障员工权益摆在发展的突出位置，使员工共享企业发展成果。

二、注重员工培养

员工培养是指从企业的人员规划开始到员工进入企业，直至员工退休或者离开企业为止的这段时期内，企业所进行的包括员工的招聘、培训、人才开发、人员配置和团队协作的活动（黄宝平，2013）。企业若想在现代化竞争中占据优势地位，必须重视对员工的培养。员工培养，是企业人力资源管理与开发的重要组成部分，是企业人力资源资产增值的重要途径，也是企业提高效益的重要途径。同时，对员工的培养，有利于使员工形成共同的价值观，增强企业凝聚力；有利于提升员工的专业技能和工作效率；有利于激励员工的工作积极性；有利于建设创新型知识型企业。

企业对员工进行培养的主要目的，就是使员工在提高综合素质的同时，更好地完成本职工作，并有能力应对工作中可能遇到的各种意外状况（郭妮妮，2014）。从员工的角度来看，员工得到培养，一方面，可以提高自身收入；另一方面，可以提高自身的综合素质，学习到更多的实用性技能，提高工作效率，使工作能力得到提升，为以后的事业发展奠定良好的基础。从广东徽商的角度来看，员工的专业技能和工作效率在培养中得到提升后，能够极大增强企业的软实力，提高企业的市场竞争力，有助于更好地完成企业的经营目标，提高企业的经济效益；同时，对员工进行培养也有利于提高员工的忠诚度，为企业保留优秀人才，有利于企业的长远

发展。从员工培养的具体方式看，广东徽商有着以下三种不同的思路。

（1）为员工提供全方位、多层次的培训。员工是企业可持续发展的第一资源，是企业核心竞争力的重要体现（周雅琴，2016）。受这种理念启发，安徽水利通过多种方式为员工提供全方位、多层次的培训。一是对新员工进行培养。新员工入职后，公司会组织多层次、全方位的新员工培训活动。岗前培训、安全教育是上岗前的必修课，所有新员工全部签订师徒协议，由专人一对一辅导新员工试用期与学徒期工作。通过两个阶段的过程考核，实时跟踪了解新员工的成长情况，及时处理过程中的困难与问题。二是创办 ELN 网络学院。为进一步创建学习型企业，公司与新安人才网合作创办了安徽水利 ELN 网络学院。网络学院的建立丰富了员工的学习资源，改变了员工传统的学习方式。运用互联网技术可以方便员工随时随地学习，提高了学习效率。三是进行专业技术培训。2016 年，公司共举行人才队伍培训、技能培训、专项培训、取证培训等 30 多期，参加培训人数达 2000 余人；参加外部培训 20 期，参加人数逾 600 人。各分（子）公司举行培训 93 期，参加人数达 2600 多人。安徽水利对公司员工多种形式的培养为公司输送了大量专业知识过硬、实践经验丰富的优秀人才。

（2）针对员工层级提供专项培养。针对不同层级的员工开展专项培训是当今企业开展员工培训的重要方式，也是充分挖掘员工潜能、适应公司发展需求的重要手段。例如，达实智能充分认识到不同层次员工潜力与需求的不同，为不同员工提供了具有竞争力的职业培养方案。对于高层管理者，达实智能为其提供 EMBA 课程、国外 MBA 课程等，提高其统筹能力；对于中层管理者，达实智能为其提供项目管理培养、销售管理培养、财务管理课程、人力资源管理培训等，提高其管理能力；对于基层员工，达实智能为其提供职业技能发展方面的培养、大客户营销培训、项目管理基础知识培训、高级行政文秘研修班、MINI EMBA 班等，提升其工作能力；对于新入职员工，达实智能设立了新员工职业导师制，每月举办一次新员工培养课程，内容包括达实智能发展历史及价值观、企业文化、公司行业产品、团队拓展等。这种有针对性的培养体系能够最大限度地发挥员工自身优势，提升员工工作热情，并使员工掌握各项技能，人尽其才，真正提升企业的运营效率。

（3）校企合作创新培养模式。随着科技的不断发展、知识更新和能力提升不断加快，企业为了在这种新常态下获得更长的“存活时间”，就需要大力实施员工培养，培养出专业胜任力强且忠于企业的技术和管理人才，从而增强企业的竞争力和凝聚力。对个人而言，员工培养不但能提高员工自身专业技术水平和综合素养，更能最大限度地激发其潜能，挖掘其自身潜力，发挥其主观能动性，从而实现个人价值最大化。2017 年 4 月，勤天集团携手湖南第一师范学院开办酒店创新人才项目培训班，致力于企业创新管理人才队伍的培养，该培训项目采用“双主体”培训模式：学校、企业通力合作，共同拟定培训课程，使学员在企业管理、人力资源管理、团队协作、博弈论等领域得到有效训练，进一步拓宽管理思路和经营视野，提升管理能力和团队建设能力。大型企业为了得以持续发展，普遍建立了适合自身特点的员工培养体系，为企业提供源源不断的员工资源。因此，从广东徽商的角度来看，一个完善的员工培养体系建设是必不可少的。

总体而言，企业对员工进行培养不仅能提升员工综合素质、生产效率和服务水平，树立良好的企业形象，增强企业的盈利能力，还能提高员工对企业的归属感和忠诚度。企业越重视员工培养，越能发挥人力资源的高增值性，从而为企业创造更高的效益。此外，开展员工培养能促进企业与员工、管理层与员工层的双向沟通，增强企业向心力和凝聚力，形成和谐的企业氛围，树立团结的企业典范。大部分广东徽商采取企业内部培养和委托外部培养的办法，这两种培养模式容易将企业文化渗透到员工培养过程中。这样，广东徽商的员工队伍得以不断壮大，企业的可持续经营能力也得到显著增强。

三、关爱员工生活

员工的个人生活，有可能影响员工的身体健康、精神状况和专注程

度，从而影响日常工作状态。若员工存在生活压力过大或经济困难的情况，则很可能出现工作无力、精神萎靡、注意力无法集中等症状，大大地降低工作效率。企业对员工在生活上进行关心和帮扶，不仅有利于提高员工的工作热情，同时也能提升员工对企业的归属感和认同感。因此，广东徽商在关注员工工作的同时，也应关心员工生活上是否存在困难。

（1）关爱员工生产生活。企业给予员工生活上的关爱能够以多种形式呈现，而对于一个员工来说，公司能够在生活上给予关爱的范围很广、内容很多，关键在于企业对于关爱员工生活的认识要到位（刘刚等，2015）。广东徽商关爱员工生活的方方面面，包括职业生活、个人生活、家庭生活和社会生活，涵盖了员工的工作、饮食、社交、学习等诸多方面，并着力改善各类生活设施，从而解决员工的实际困难，丰富员工的文化和精神生活。例如，安徽水利对员工的关爱具体到员工生活的方方面面。为体现公司对员工的关怀，公司有序开展高温季节安全生产和劳动保护工作，各子公司管理层前往各工地开展高温慰问“送清凉”活动，为高温下坚守岗位的一线员工送去防暑降温用品；科学规划高温期间的施工作业时间，尽量避开中午高温时段，充分利用清晨和傍晚时间作业；同时，积极做好防暑降温及食品安全卫生相关知识的宣传，为解决夏季施工作业人员易疲劳、易中暑、易发生事故等风险，强化各项生产工作安全保障，确保施工一线员工的身体健康和施工安全。

（2）关爱员工身体健康。广东徽商在日常活动中始终将员工身体健康放在第一位。例如，正威集团多次举行男女混合接力赛跑、正威足球赛、乒乓球赛等活动，在繁忙的工作之余让员工得到合理的放松，并且能够激励员工参与体育锻炼，强化身体素质。又如，科达洁能一直倡导“身体健康，企业才健康”的理念，不断丰富广大员工的业余生活，鼓励员工利用闲暇时间进行自我锻炼，进一步增强企业的凝聚力和生命力。该公司每年定期举办环厂跑、登山、徒步、拔河等体育文化赛事，尤其是环厂接力跑，已成为科达洁能的一张文化名片，不仅使得员工身体得到锻炼，增强体能，还融入企业文化，提升了企业的凝聚力和向心力。

（3）关爱员工心理健康。企业关心员工生活的目的是促进员工心理

健康、降低管理成本、提升组织文化、提高企业绩效等（闫翔宇，2012）。因此，企业关注员工生活，不但要重视员工的身体健康，也要重视员工的精神健康，积极关注员工心理健康才能真正使员工解除后顾之忧，更好地投入到工作中去。例如，深圳市天源迪科股份有限公司（以下简称“天源迪科”）就把对员工的关心落实到生活的各个方面，如设立心理辅导室、定期举办心理健康知识讲座等，确保员工的心理问题能够得到及时解决。天源迪科在员工生日的当天为员工送上生日祝福和实用的生日礼物，表达公司对员工的尊重和敬意，代表公司对员工个人价值的认同与欣赏。另外，该公司会根据实际情况采取个性化的关怀方式，在三八节、中秋节、国庆节、元旦、春节等传统节日为员工及其家属送上佳节祝福，并发放过节福利费。

企业对员工生活的关爱和保护反过来会激发员工的工作热情，保证企业有序地经营发展，形成良性循环。广东徽商充分认识到员工的重要性，企业在享受员工创造利润的同时，在经济及非经济方面对员工给予回报和关心。未来，广东徽商应继续关爱员工，让员工共享企业的经济发展成果，共同推进企业的发展。

第二节　携手伙伴共赢

随着知识经济时代的到来，市场竞争日趋激烈，企业与合作伙伴之间相互依存的关系不断得到增强。为满足客户多样化的需求，降低经营成本，增强竞争力，企业纷纷采取合作共赢的方式，与伙伴通过有意识的相互合作，实现双方的优势互补，成果共享，达到“1+1>2”的效果，增强双方的竞争优势，最终实现共享共赢。广东徽商积极践行共建、共享、共赢理念，携手伙伴在共建共享的基础上达到战略共赢。

一、开展企企互惠合作

市场经济的本质特征是竞争，竞争使资源得到优化配置和高效利用，并推动企业不断发展。随着市场竞争的日益复杂化，卖方和买方信息的不对称和市场交易的不确定性使企业开始寻求相对稳定的方式进行市场竞争，而合作成为企业增强自身市场竞争力的一种有效的方式。根据调查，日本公司55%的生产物资供应是来自公司外围合作网络，40%是来自公司内部网络，只有5%来自非合作性贸易（贾若祥等，2005）。

企业合作在理论上并没有严格的界定，其往往被作为一个既定的概念广泛使用。一般所谈论的企业合作包括企业协作、企业联合、企业战略联盟、企业购并等多种方式。汪秀婷（2002）认为，企业联合和企业合作是同一概念，是企业在技术、资金、人力、信息及其他资源上实现优势互补或在市场上的共享，可以包括并购、互购、合资等不同形式。[①] 李新春（2000）认为，战略联盟是指两个或两个以上的企业根据对整个市场的预期目标和企业自身总体经营目标的意愿，通过某种契约而结成的优势相长、风险共担、要素双向、组织松散的新型经营方式，它是几家企业为追求联合效益而靠资源、潜力和核心能力结合起来的组织方式。[②] 综上，企业合作是指两个或两个以上的具有独立法人资格且不具有行政隶属关系的企业为了实现资源共享、优势互补、风险共担等特定目标而建立的以经济交往为主，同时包括技术、资金、信息、人才交流在内的伙伴关系。

企业与企业之间开展互惠合作有其积极的作用。一方面，如今国外越来越多的大公司通过组建联盟参与全球竞争，竞争之中有合作、合作之中有竞争，这是对传统的竞争理念和模式的超越，是适应形势发展的必然选择，可以增强企业的竞争实力；另一方面，企业之间通过一定的协议，利

---

① 参见汪秀婷：《对我国汽车企业间竞争与合作的思考》，载《汽车与社会》2002年第5期。

② 参见李新春：《企业联盟与网络》，广东人民出版社2000年版。

用彼此的优势来达到资源共享，用同一个资源，谋求最大限度地节省成本，以达到企业效率提高、规模壮大的目的，最终实现多方共赢。随着竞争的日益激烈以及企业之间联系的日益紧密，广东徽商充分认识到企业之间合作的重要性，在日常经营中，积极与其他企业建立合作关系，携手合作伙伴共同发展，优势互补，资源共享，为双方创造巨大的经济效益，最终实现互利共赢。从广东徽商企业的企企合作实践来看，主要有以下三个特点。

（1）技术合作，共享科技成果。技术是企业竞争力的有力支撑，随着社会节奏的加快，企业若想发展，必须紧跟技术更新的市场周期（高云娜，2016）。从市场整体来看，单个企业技术研发的成本超高，而且很难达到对技术的长期垄断，技术合作是必然的趋势，以外部资源与自主创新相结合，互享研究成果的合作创新技术模式成为现代企业技术发展的最佳途径。在当前经济形势下，技术合作是企业获得技术能力、提高市场竞争力、与伙伴企业共享科技成果、实现共建共享的必经之路，对整个技术市场繁荣发展起到至关重要的作用。广东徽商通过与外部企业搭建技术合作平台，共享技术发展成果，共同推动所属领域的科技实力进步；同时，广东徽商也注重与供应商、销售商开展技术合作，结成共同发展的利益共同体，通过技术共享、信息共享等途径搭建顺畅的产业链条，既保证自身企业的运营，也推动上下游企业的良性发展。

（2）项目合作，共享发展机遇。随着企业间经济利益的深度融合以及共享理念的深入发展，伙伴企业通过项目合作方式，实现双方共赢。近年来，广东徽商积极通过项目合作的方式，加强与伙伴企业的合作，与伙伴企业共享发展机遇。例如，2016 年 12 月，达实智能与欧洲最大的地铁车辆制造商西班牙 CAF 集团携手合作与创新，双方签署战略合作协议，合作共赢共谋发展。根据合作协议，双方将协作开拓公共交通信号项目，并以合资等多种形式展开深入合作，共同拓展中国轨道交通市场。通过该次合作，CAF 集团可以借助达实智能在中国轨道交通建设方面的技术实力和市场品牌影响力快速进入中国地铁市场；而且，双方共同拥有的强大渠道覆盖优势和服务优势叠加在一起将会产生更大的聚合效应，最终将给

双方用户带来更多的便捷和实惠，对行业产生深远的影响。

（3）战略合作，共谋长远发展。战略合作是两个或两个以上有着对等经营实力的企业之间，出于对整个市场的预期和企业总体经营目标、经营风险的考虑，为达到共同拥有市场、共同使用资源和增强竞争优势等目的，通过各种协议而结成的优势相长、风险共担的合作关系（甘志霞，2001）。近年来，广东徽商在寻求企业的长远生存和发展时，出于企业发展战略的考虑，越来越重视与实力相当的合作伙伴建立战略联盟，共同达成战略合作意向。例如，2014 年 11 月，达实智能与天健集团以绿色、智慧为目标，在“智慧城市”顶层规划设计、投资建设、运营管理等全生命周期服务领域开展全面合作，该合作使天健集团在建筑施工、地产开发、商业服务等城市运营领域的优势经验以及达实智能在智慧城市建设、绿色建筑认证咨询、建筑智能化及节能、建筑供配电及节能等领域的优势经验均得到充分发挥，为双方的长久合作及长远发展创造了条件。

通过共享发展推动合作双方互利共赢是时代发展的要求，是企业发展的要求，也是广东徽商谋求长远发展的要求。未来，广东徽商应积极拓宽企企合作途径，互惠互利，共建共享，带动各合作伙伴企业良性发展。

二、推动校企资源共享

企业作为推动经济发展的主体，随着市场竞争的日趋激烈，在发展过程中加强与高等院校、职业院校等机构的科研合作、人才培养合作等非常重要。一方面，校企合作将企业与学校紧密联系在一起，在合作中学校可以利用企业的资源，使学校教育与市场接轨，迎合市场需求，提升教育质量；同时，学校也可通过企业的市场转化机制，加速科研成果转化。另一方面，校企合作为企业带来发展所必需的人才及科研资源，提升企业的人才层次和研发能力，助推企业发展。

高等院校及科研机构是企业的重要合作伙伴，如何实现企业资源、发展成果与高等院校及科研机构共享，不仅是推动双方发展的需要，也是企业担负社会责任的重要表现。企业作为一种人格化的组织，它能够而且必

须对所处的社会系统提出的要求做出相应的回应，承担其应有的社会责任（肖称萍，2012）。广东徽商积极推进校企合作，一方面，与高校合作加强人才培养，共同培养企业发展乃至社会发展所需人才；另一方面，加强与高校的科研合作，注重对高校科研成果的运用，积极推动高校科研成果转化，实现校企双方的互利共赢。从广东徽商的校企合作案例来看，主要通过以下三种合作方式实现校企资源共享，推动校企双方发展。

（1）共建特色专业，实现校企战略合作。企业通过借助高校特色专业，与高校联合共建校内实验室或实训基地，采用硬件资源共享等方式，实现学校与企业的战略性合作。一方面，企业借助学校特色专业实力助推企业发展；另一方面，学校可借助企业的资金等资源进一步推动特色专业的发展。近年来，广东徽商开始重视与高校的共建共享，逐渐与实力较强的地方高校展开合作，借助高校科研水平，与高校共同打造高水平的优势专业，加强与高校科研合作，实现校企双方的互利共赢。例如，2017 年 6 月 22 日，23 所职业院校的 60 多位领导和学科带头人共同参加了比亚迪新能源汽车校企合作项目交流会。对于该项目，比亚迪公司意在帮助合作院校创建技术领先的新能源汽车专业，提升我国职业院校在新能源汽车专业领域的教学水平，为新能源汽车行业培养出更多适合行业需求的高技能人才，为推动我国新能源汽车产业长期健康发展做出贡献。

（2）共担科研项目，实现科研成果产业化转化。以市场为导向，结合企业生产经营实际，确定、申报科研项目，充分利用学校科研、技术优势，以及企业生产一体化平台，优势互补，共同开发，实现资源、成果共享，将科研成果转化为社会化商品，实现应有的经济效益和社会效益（李翠萍，2011）。广东徽商结合目前的市场需求，以及合作院校的优势专业，积极组建专业的研发团队，开展新产品开发、新技术应用、现有工艺改造等工作。例如，易事特集团与西安交通大学建立多层次的交流与合作，双方共同组建东莞市“轨道交通电气设备与系统”院士专家企业工作站，开展产学研合作，并且联合开办电气硕士班和培养博士后。2017 年 6 月，易事特集团与西安交通大学签署“战略合作协议”，建立更为全面的战略合作关系，进一步推进中低速磁浮轨道交通项目在科技开发、成

果转化、产品推广及人才培养等方面的合作。易事特集团与西安交通大学的合作，是高校与企业在专业领域高度契合、合作项目深度融合、优质资源有效整合的典范，对于深化产学研对接，推动人才培养、科研攻关、科技成果转化及产业化等意义重大。

（3）共享企业资源，推动高校人才培养工作。随着高等教育、职业教育的普遍化以及人才市场形势的严峻性，高校的人才培养难以跟上市场化形势的变化。高校亟须加强与企业的合作，注重实践，积极迎合市场化需求，与企业人才需求高效对接。广东徽商一方面基于自身发展的人才所需，积极主动地与高校合作，达成战略合作伙伴，通过为高校创建校外实习基地等助推高校教育改革；另一方面基于自身所担负的社会责任，积极主动地吸纳高校学生就业，为高校学生提供锻炼机会，间接推动高校的人才培养。例如，天源迪科慷慨捐资促学，深化校企合作。2017 年 3 月，天源迪科分别与合肥工业大学计算机与信息学院、软件学院，安徽大学计算机科学与技术学院签署协议，在两校设立天源迪科“软件奖学金”，用于奖励品学兼优、富有创新思维、家庭贫困的在校大学生，以支持后备人才培养，促进校企合作，加深与高校在学生就业与发展、大学生创新创业、大数据等方面的合作。该次校企合作是天源迪科对其肩负的社会责任的践行，一方面，为深化校企合作提供良好开端；另一方面，也提高了该公司在安徽高校的美誉度，为后续校园招聘奠定良好基础。

广东徽商通过校企合作，助推高校科研成果转化，不断提升企业的科研能力及产学研一体化水平；同时，校企合作为高校人才培养提供良好的实践平台，间接为企业的发展储备人才。未来，广东徽商应继续加强与高校的合作，拓宽合作路径，在校企合作的道路上越走越远。

三、加强政企战略共赢

政府与企业是现代社会中两种最有影响力的组织，二者的关系决定了一个国家经济发展的模式和效率。政企关系的形成是政府和企业作为组织

共同发育、相互联系的结果，有效的政企关系能够提高效率、推进经济发展（吴蔚，2011）。政府作为企业的重要合作伙伴，是企业进行战略合作的重要对象。随着共享理念的日益深入，企业如何将发展成果与政府共享也成为企业重点关注的问题。

企业与政府开展战略合作，共同构建战略合作框架，是构建当前政企关系的重要方向。加强政企之间战略合作，一方面，企业可以借助政府力量实现长远发展；另一方面，政府可以以企业为依托和突破口，加快市场化改革，实现经济的快速发展。广东徽商在发展过程中历来重视与政府的沟通与合作，历来主张与政府合作共赢，不仅为地方贡献大量的财政税收，而且积极参与社会治理，为区域经济发展和社会建设贡献力量。从广东徽商政企合作的具体实践可看出，其携手政府共赢发展主要有以下三种方式。

（1）开展项目投资，推动地区经济发展。企业拥有资本、技术等方面的配套资源，通过与地方政府建立战略合作关系，开展一系列项目投资，有助于推动地区经济的发展。广东徽商积极与各地政府合作，借助自身优势为地区发展贡献力量。例如，2017 年 8 月，正威集团与云南省玉溪市人民政府签订战略合作协议。借助该次战略合作，正威集团利用其世界 500 强的品牌优势、资金优势、技术优势、人才优势和观念优势，以及对世界经济运行规律、国家经济运行规律、行业经济运行规律、企业经济运行规律等经济规律的正确把握，在玉溪市进行大规模投资，与玉溪市在智能终端制造、金属新材料产业园（含金、银提炼加工项目）、非金属新材料产业园、东南亚总部项目、庭院式酒店及花园住宅项目、特色小镇、文化创意、大健康产业、智慧农业、高新技术研究院、孵化器、大数据、物联网等方面展开一系列合作。该次合作是正威集团与政府合作的典范，反映了正威集团坚持共享理念，将自身发展成果与当地政府共享，携手政府共赢的决心，不仅为玉溪市带来了大量的项目投资，也为当地企业带来全新的商业模式、商业产品和商业文化，对推动当地企业转型升级，助推玉溪市社会经济发展做出突出贡献。

（2）发挥产业优势，助推地区建设。基于自身产业优势，企业加强与地方政府合作，对于完善地区产业配套，加速地区产业转型升级，助推地区建设意义重大。近年来，广东徽商开始充分利用自身产业优势，与各地政府开展合作，实现优势互补，互利共赢，成果共享，带动地区产业转型。例如，2016 年 9 月，易事特集团基于自身在充电桩、IDC 数据中心、光伏发电逆变器、智能微电网等战略性新兴产业的优势，借助安徽省阜阳市在“智慧城市”建设中拥有的良好产业基础和政策环境，与阜阳市临泉县开展战略合作，推进阜阳在“智慧交通”、智能微电网、大数据信息化平台等领域的建设，助力阜阳市“智慧城市”建设。

（3）积极依法纳税，共享企业发展成果。企业纳税是企业对政府、对公众所必须履行的税务职责，更是其作为企业公民应担负的社会责任。企业积极纳税是企业将发展成果与政府共享的一个重要方面，对于推动地区经济建设意义重大。广东徽商在追求经济效益的同时，始终坚持依法纳税、诚信纳税、及时纳税，为服务社会经济以及广东区域发展贡献力量。例如，2016 年，安徽水利及其下属企业共纳税 6.94 亿元，较 2015 年度增长 23.05%，连续多年在安徽省蚌埠市纳税企业排名中位于前列，促进了地方经济建设和社会事业的发展，安徽水利也因此获得蚌埠市“2015 年度高新区财政贡献奖”“2016 年度 A 级纳税人”（国、地税联合评定）等荣誉称号。广东徽商坚持依法纳税，近年来，随着企业规模的不断壮大，纳税额也在逐年增长，大大增加了政府的财政收入，对地区经济发展做出了突出贡献。

加强政企合作，实现战略共赢，是企业共享发展成果的重要表现。从广东徽商的实践经验来看，加强与地方政府合作，通过项目投资、产业共建、积极纳税等方式，能够有效地助推地区经济建设，实现企业与政府的共建、共享、共赢。未来，广东徽商应加强与政府合作，积极拓宽合作路径，创新合作方式，携手政府共同为地区发展做贡献。

第三节　关注社会民生

党的十九大报告对保障和改善民生做出新的要求，报告指出，“保障和改善民生要抓住人民最关心最直接最现实的利益问题，既尽力而为，又量力而行，一件事情接着一件事情办，一年接着一年干。坚持人人尽责、人人享有，坚守底线、突出重点、完善制度、引导预期，完善公共服务体系，保障群众基本生活，不断满足人民日益增长的美好生活需要，不断促进社会公平正义，形成有效的社会治理、良好的社会秩序，使人民获得感、幸福感、安全感更加充实、更有保障、更可持续”。近 20 年来，社会群体越来越关注企业在提升民生方面的举措和投入力度。近年，一系列自然灾害、社会事件的频繁发生引起人们对社会民生问题的广泛关注。最贴近民生的举措就是增加公民的收入，普遍采取的方式是直接开展扶贫活动等公益事业（苗青，2014）。公益事业一直是我国关爱弱势群体的主要表现手段，也是企业关注民生的主要表现方式。近几年，广东徽商在维持自身可持续发展的同时，积极开展精准扶贫，吸纳社会就业，热心各类公益事业，造福于社会民众，成效显著，获得了社会各界的广泛赞誉。

一、开展精准扶贫

自从习近平总书记 2013 年 11 月在湖南省湘西州考察时提出“扶贫要实事求是，因地制宜”以来，全国便大范围地开展精准扶贫活动。精准扶贫是为了抵消经济减贫效应的下降而必须采取的措施，将成为未来中国农村扶贫的主要方式。国务院办公厅在 2013 年 25 号文《关于创新机制扎实推进农村扶贫开发工作的意见》中，将建立精准扶贫工作机制作为六项扶贫机制创新之一。习近平总书记在党的十九大报告中强调，“要动员全党全国全社会力量，坚持精准扶贫、精准脱贫，重点攻克深度贫困地区

脱贫任务，确保到二〇二〇年我国现行标准下农村贫困人口实现脱贫，贫困县全部摘帽，解决区域性整体贫困，做到脱真贫、真脱贫”。精准扶贫是新时期我国扶贫开发的战略导向，是对接经济新常态要求扶贫资源优化配置和发展质量提升的政策回应（邓维杰，2014）。目前，我国还有7000多万贫困人口，大多分布在革命老区、贫困集群地区或生态脆弱区，这些地区普遍存在自然资源贫乏、生态环境脆弱、生存条件恶劣等特点，而且往往基础设施落后，产业发展严重滞后，减贫难度比过去大幅度增加。因为时间紧、任务重、减贫形势复杂，所以国家政策立足减贫效果导向，关注减贫措施精准，实现减贫资源与减贫目标供需对接，全国按照全面小康社会目标要求，接短板，补缺口，精准施策。广东徽商积极配合国家精准扶贫工作的开展，通过对贫困户的精准识别和精准帮扶、产业扶贫以及社会扶贫等方式开展扶贫工作。

（1）实施对困难群众扶贫。精准扶贫在于扶贫对象精准、考察情况精准、措施到户精准、项目安排精准、资金使用精准、脱贫成效精准，其中，精准识别扶贫对象是精准扶贫的首要环节。只有通过实地考察了解，鉴别出真正的贫困户、贫困村、贫困县，才能做到真扶贫、扶真贫。精准帮扶是在精准识别的基础上，针对贫困家庭的致贫原因，因户和因人制宜地采取有针对性的扶贫措施，消除致贫的关键因素和脱贫的关键障碍（郑瑞强、王英，2016）。广东徽商积极参与到精准扶贫中，在一定程度上推动着广东和安徽等地的扶贫工作，对于2020年全面建成小康社会做出了重大贡献。例如，古井集团通过实施实地考察等方式了解贫困地区的实际情况，并在贫困县安排了专职的扶贫干部。选派的驻村扶贫干部认真负责，定期向集团汇报扶贫工作，及时指出扶贫工作中存在的困难和需要解决的问题，为集团进一步调整扶贫战略提供参考。此外，古井集团征集全国范围内有关扶贫工作和贫困区自然、人文景观及生产生活方式的照片，通过这些照片了解不同区域、不同文化的人的需求，做到“对症下药”。古井集团通过驻村干部的实际调研等方式准确把握扶贫工作重点，精准施策，积极配合当地党委，着力在加强基层组织、为民办事服务、推动精准扶贫、提升治理水平上下功夫，成效显著，曾连续三年冠名

“CCTV 感动中国人物评选”活动。

（2）开展新兴产业扶贫。产业扶贫是指以市场为导向、以经济效益为中心、以产业发展为杠杆的扶贫开发过程，是促进贫困地区发展、增加贫困农户收入的有效途径，同时也是扶贫开发的战略重点和主要任务。产业扶贫是一种内生发展机制，目的在于促进贫困个体或家庭与贫困区域协同发展，根植发展基因，激活发展动力，从根源上有效阻断贫困的发生。广东徽商积极拓展新兴产业，积极为贫困农户开拓增加收入的途径，有效地加快推进扶贫开发进程。例如，易事特集团作为全国光伏产业的优秀企业，紧跟国家光伏扶贫产业的利好政策，在承接河南省社旗县政府光伏扶贫项目中，创新村级电站、农户光伏、水库光伏、渔光互补、农光互补、滩涂分布式光伏等产业发展模式。社旗作为国家扶贫开发工作重点县，县人民政府把光伏扶贫作为脱贫攻坚的重要抓手，积极争取国家光伏产业扶贫项目资金，将光伏发电项目向“失能、弱能”贫困户重点倾斜，确保特殊贫困群体有稳定收入，通过小型地面电站、屋顶电站、光伏农业大棚等光伏应用模式，达到可持续的“造血扶贫”、尽快脱贫的效果以及节能减排、环保低碳的社会效益。2016 年 6 月 30 日，由易事特集团承建的社旗县 2017 年度光伏扶贫项目（一标段）顺利并网发电，覆盖社旗县下属的桥头、大冯营、晋庄、李店、赵河 5 个乡镇（街道），495 户贫困户将因此受益。这种新的模式在安徽、山东、河南、河北、湖南、广东、广西等全国大部分省（自治区）得到广泛应用。

（3）践行社会组织扶贫。从扶贫方式上看，当前中国扶贫主要是由政治扶贫、社会扶贫和市场扶贫几部分组成。政治扶贫即政府扶贫，主要是借助公共财政资源。政府扶贫取决于政府的执政观念、公共财力和行政运行的效率与廉洁。社会扶贫的主体是政府非专职扶贫机构和非政府组织，主要借助社会力量，依托扶贫济困、助人为乐的爱心和慈善文化，由非政府组织推动的扶贫善举（叶文振、严静，2013）。社会扶贫取决于文化传统、社会氛围以及政府鼓励，在中国扶贫中扮演重要角色。市场扶贫是以企业为主体。广东徽商一直是社会扶贫组织的表率，积极与贫困群体开展互惠互利的合约式扶贫，使贫困群体与市场之间平等地利用资源进行

协作与互动，这一过程使得贫困群体能够融入市场运作，通过市场运作机制有效进行扶贫，提高其自主脱贫的能力，实现长期稳固的脱贫。2013年6月30日，深圳市开展“广东扶贫济困日”活动，一向在社会公益活动中反应迅速、行事低调的比亚迪公司作为重要参与者参与此次活动，继向四川汶川地震捐款1000万元、青海玉树地震捐款2000万元后，又在“广东扶贫济困日”活动中捐赠1300万元，让社会再次见证了比亚迪公司对社会公益事业义不容辞的责任心。该捐款作为贫困群体的生意启动资金，让贫困群体平等地进入市场，使用市场资源，创造财富，改变生活现状。比亚迪公司的此次扶贫举动对广东徽商积极参与扶贫具有较大的带动作用，众多广东徽商纷纷参与到对社会的扶贫济困中，且扶贫方式更加多元、更加有效。

在“精准扶贫工作已进入‘深水期’，进入了啃硬骨头、攻坚拔寨的冲刺期”的大背景下，广东徽商积极响应国家号召，选择最适合企业自身发展情况的做法，因地制宜，探索多渠道、多方位的精准扶贫新路径。未来，广东徽商应协同发力，以长远的眼光制定扶贫规划，以发掘优势资源推动产业扶贫，以引入金融机构资金扶持、提供精准技术帮扶来提升贫困群众创业、守业能力，让更多“扶贫活水”瞄准穷根精准滴灌，真正做到因村施策、因户施策。

二、吸纳社会就业

中国社会科学院2016年12月发布的《社会蓝皮书：2017年中国社会形势分析与预测》显示，2016年，中国城镇实际失业率为4.02%，2017年，就业形势将更加严峻，预计城镇实际失业率为4.5%。为促进就业，2017年政府工作报告大篇幅阐释应采取更加积极的就业政策。企业作为提供就业岗位的主体，应积极为社会创造更多的就业机会，协助政府解决社会就业形势严峻的问题。

企业的存续发展和企业就业促进之间有着密切联系。一是二者有着共同的实现途径，即存续发展和就业促进都需要充足的人力资源来保障落

实，对企业内部员工的深化培养及对外部新鲜血液的不断吸纳，才能为企业的存续发展提供人才支撑；二是高效的企业发展战略要求加强企业在招聘、培训和员工激励等方面的效用，促进就业。因此，广东徽商积极参与促进就业，将企业自身发展与推动社会就业紧密联系起来。从广东徽商的具体实践来看，其在吸纳社会就业方面的表现主要有以下三点。

（1）利用政策红利吸纳就业。民营企业是现阶段吸纳就业的中坚力量，2017 年政府工作报告中提到，提升中小微企业的就业“蓄水能力”，不仅需要企业自身的努力和完善，通过良好的口碑和人力资源管理，吸引人才、留住人才，同时也需要政府提供有效的公共服务。政府出台扶持政策对于劳动密集型企业来说不仅可以为社会减轻就业压力，同时也可减轻企业的劳动力成本。目前，广东省已印发并实施了《就业补助资金管理暂行办法》（以下简称《办法》），这对于劳动力需求大的广东徽商而言是一大利好政策。例如，劲胜智能就是其中的受益者，2016 年，劲胜智能在职员工数量为 16830 人，新招纳员工数 1365 人，符合《办法》中的补助对象范围和标准的规定，因此获得政府提供的职业介绍补贴、职业培训补贴等各项政策优惠。劲胜智能敏锐地把握政府政策，借助政府的就业扶持政策，不仅招聘大量的新员工，保证了工厂的正常生产运营，而且极大地减轻了社会就业压力，树立了企业积极承担就业责任的良好形象，同时，来自政府的财政补贴也大大降低了公司的用人成本和培训成本。

（2）遵循公平原则吸纳就业。社会能否平等地分配就业机会，关乎每一个求职者的根本利益；而企业能否平等地分配就业，不仅关乎求职者的根本利益，更是企业履行社会责任的重要表现，关乎企业整体形象的维护。在遵循就业机会均等化方面，比亚迪公司的做法值得推荐。一直以来，比亚迪公司坚持以人为本的用人方针，在制度层面上，注重员工的人品道德、综合素质、发展潜力、学业背景和工作经验，遵循公开选拔和公平竞争原则，无种族、宗教、性别、年龄及残疾等歧视行为；在执行层面上，比亚迪公司给予员工提供平等、公平的就业机会。从比亚迪公司的员工地区分布结构看，其在向全社会提供就业岗位时无任何形式的歧视行为（见图 6－1）。

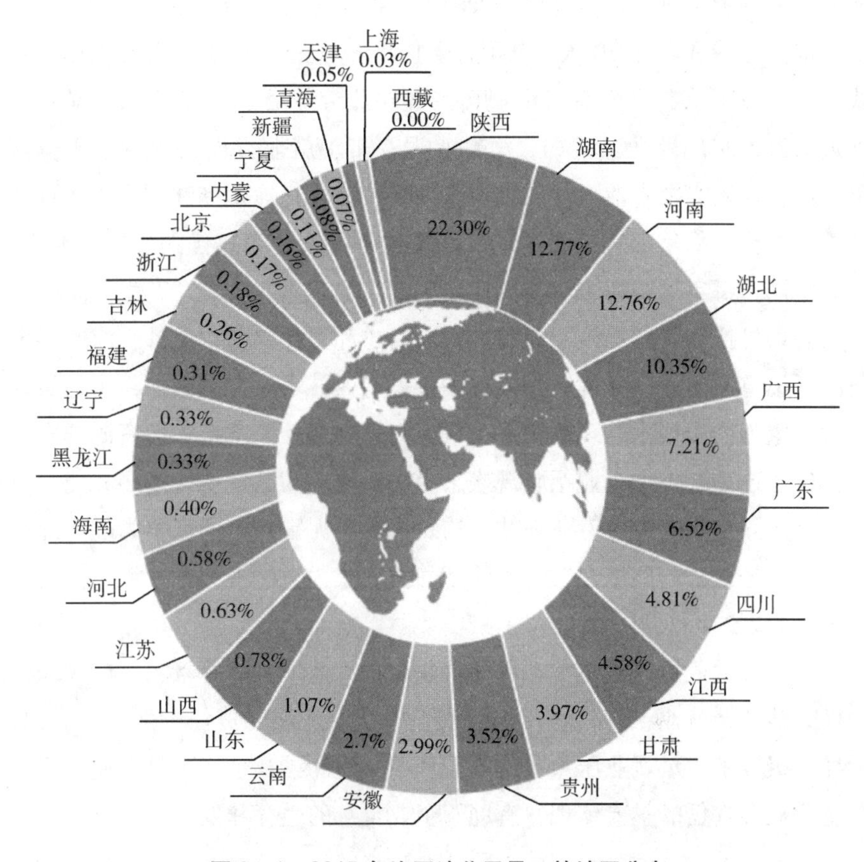

图 6－1　2015 年比亚迪公司员工的地区分布

（3）扩大企业招聘规模吸纳就业。企业招贤纳士、促进就业，从微观上看能够稳定员工队伍，保障企业发展所需人力资源，从宏观上看能够刺激经济发展，维护社会稳定。这既是政府工作的重点，又是广大员工的真切期盼，更是企业的公民责任，需要每一个企业正确看待、深刻认识、积极实践并充分履行（于海波等，2014）。随着企业规模的不断壮大，全方位、多层次人才的吸纳逐渐成为企业发展必须关注和面对的问题。人才的多样性、专业方向的多样化为企业发展注入活力，有助于企业打造一支复合型的人才队伍。近年来，越来越多的广东徽商开始注重人才队伍建设，不断扩大企业招聘规模，对人才的选拔要求日趋多元化，尤其是在专业要求上更是越加宽广。例如，2016 年，安徽水利招录新员工 140 人，引进成熟性持证人才 20 人，100 名委托培养电工完成顶岗实习工作，正式入职，员工总数达 5319 人；此外，建筑业劳务用工 1.42 万人，总计带动近 2 万人实现就业。又如，海螺水泥在带动就业方面的表现也十分突出，该企业始终把专业人才的加盟作为保持公司高速发展和增强人才优势的重要途径，每年都从全国各地重点高校中吸收品学兼优的应届毕业生，近 6 年来，每年加盟海螺水泥的应届毕业生均超过 500 人，新生力量的加入为公司可持续发展提供了充足的人力资本和人才储备；此外，海螺水泥还广开渠道面向社会择优选聘，吸纳各类专业技术及管理人才，再通过培养融合成为公司技术管理的中坚力量。海螺水泥始终坚持人力资源开发一体化，通过系统扩大企业招聘规模来吸引、培养和造就一大批多元化、复合型、国际型的高素质专业人才，构筑海螺水泥富有全面竞争力的人才高地，这也是该公司能够在短短十几年间发展成为全国最大的水泥厂商之一的重要原因。

在后金融危机时代，劳动群体就业压力日益增大的背景下，广东徽商积极吸纳社会就业，尤其是在积极承担大学生就业的责任方面贡献突出，为社会减轻了大量就业压力，这既有利于构建和谐社会，也是企业积极践行企业社会责任的重要体现，有助于企业自身的生存和发展。

三、热心公益事业

和谐社会，公益先行。社会公益事业作为一种非营利性事业，其目的是为了造福他人乃至社会，它的社会性、共享性以及福利性等特点，使其能够在缩小贫富差距、整合社会资源、缓解社会矛盾、弘扬社会道德风尚、构建和谐社会等方面发挥重要作用，为社会可持续发展提供重要保障（李月娥、李真，2010）。改革开放以来，我国的整体经济水平得到了质的飞跃，慈善公益事业随之获得长足的发展，“企业公民观”理念开始被国内企业广泛接受，企业关注民生的重要表现之一是参与社会公益事业。对企业而言，投身慈善事业不仅意味着企业社会责任的履行，同样也为其

提供多层面的资源，企业参与社会慈善事业实现了企业与社会的双赢（Zoltan J. Acs，2014）。随着社会主义市场经济的发展，我国企业的综合实力普遍增强，众多企业的社会责任意识明显提高。许多重大社会公益项目，广东徽商纷纷参与其中，“希望工程”、“光彩事业”、西部的扶贫与开发等公益事业的顺利开展，都离不开广东徽商的捐赠和支持。“胡润慈善榜”显示，参与社会捐赠的广东徽商数量逐年增加，捐赠额逐年提高，这也从一个侧面反映出越来越多的广东徽商认同“企业公民观”，并自觉承担起了相应的社会责任。企业热心慈善促进了社会慈善事业的发展，企业捐款构成了我国慈善公益组织资金的一个重要来源，用以整合社区资源，促进社区发展，在更为广阔的社会系统中表达“关爱与和谐”的理想和信念。

2014 年，把承担社会义务、热心公益事业当作商会主要工作的各地安徽商会占 97% 以上。广东徽商热心公益事业的主要表现是捐资助学、应急救灾、扶贫济困等，且领头雁的榜样作用明显。2014 年，30 家徽商商会的统计资料显示，当年全国 117 家商会年捐赠款额突破 2 亿元，而徽商捐赠社会款额达 4000 万元，几乎占了总额的 1/5。

（1）兴教助学。广东徽商积极参与公益慈善，为贫困学校和困难学生捐款捐物、设立贫困基金。2016 年 9 月 9 日，安徽省人民政府驻广州办事处主任朱丹、勤天集团董事长王硕朋等前往安徽省安庆市政协出席“广州勤天集团扶贫捐款仪式”，此次捐赠活动中，勤天集团向安庆市捐款 100 万元，此笔扶贫款项主要用于安庆市定向扶贫，解决困难家庭子女上学问题。勤天集团举办此次活动的主要目的不仅是为家乡受灾和贫困地区尽绵薄之力，更为重要的是履行企业社会责任。王硕朋希望把自身所学以及勤天集团在专业领域的水平和优势转变成对家乡实际的服务，为安庆市的经济发展和城市建设贡献一分力量。广东徽商多年来的慈善行为体现了其强烈的社会责任感，树立了现代徽商的良好形象，传播了社会正能量。

（2）应急救灾。近年来，由于气候变化而引起的自然灾害逐年增加，面对突发的灾害侵袭，应急救灾体系在不断建设和完善当中（白书祥、杜旭宇，2010）。地方各级政府高度重视预防和应急救灾措施的采取，广东徽商也积极参与到应急救灾中。例如，2016 年 6 月，安徽省岳西县和平乡发生特大洪水，广东省安徽商会立即组织“广东省安徽商会向岳西县和平乡（特大洪灾）捐款仪式”（具体明细见表 6 - 1），王硕朋会长以个人名义向岳西县和平乡人民政府捐赠 104 万元善款，这笔善款主要用于岳西县和平乡洪灾后的道路桥梁修缮工作，希望善款能早日解决和平乡居民的出行难题，为和平乡居民建设平安之路、致富之桥。广东徽商的团结彰显了其作为商帮团体的凝聚力，也展现了企业强烈的社会责任感。

表 6 - 1　2016 年广东省安徽商会部分会员企业及兄弟商会安徽特大洪灾捐款明细

捐款单位或个人	金额/万元	捐款单位或个人	金额/万元
比亚迪股份有限公司	500	融捷投资控股集团有限公司	150
易事特集团股份有限公司	200	广州勤天集团有限公司董事长王硕朋	104
正威国际集团有限公司	100	深圳市至正文博集团有限公司吴福庆	12.8
森阳银瑞投资管理有限公司夏阳	12.8	粤宏石油化工有限公司徐克伟	10
广州至信药业股份有限公司董事长魏平	10	深圳市宏泰科技有限公司吴芸	10
深圳市安徽商会	72	广州徽商发展促进会	43
江门市安徽商会	41	珠海市安徽商会	30.3
中山市安徽商会	23.2	东莞市安徽商会	16.47
广东省安徽商会	12.37	六安市在外人才协会	8.5
清远市安徽商会	8.22	梅州市安徽商会	5

（3）困难帮扶。困难帮扶是社会群体深入实施“送温暖工程”、促进社会稳定的主要载体和窗口。困难帮扶是徽商践行公益事业的主要表现形式之一。为贫困户捐款捐物，投资修建公共设施已经成为广东徽商履行社会责任的重要内容。例如，2014 年年初，江苏省镇江市安徽商会第十组的 15 名企业家与该市的凤凰家园社区签署了共建协议书，对 20 户困难家庭长期资助，并开展公益帮扶活动。又如，正威集团从 2002 年开始就不断地举行公益慈善活动，通过在家乡捐款修路、捐款助教及灾区救灾等方式参与社会公益活动，不断提高集团全员的社会责任意识。此外，正威集团每年向公司所在地深圳市光明新区公明办事处楼村社区所有年满 80 岁的老人每人发给 1000 ～2000 元慰问金，并通过当地政府每年扶贫 200 多名学生上学，因此，该公司连续获得深圳市光明新区“支持教育工作先进单位称号”，其董事长王文银先生也因此获得深圳市光明新区“支持教育工作先进个人”等荣誉称号。

近几年，广东徽商不断创新公益事业参与方式，如，推动体育事业发展、使用创新科技产品、关注公共医疗扶贫等新形式。参与公益事业的新方式是广东徽商顺应时代发展创造出的新模式，广东徽商应进一步贯彻落实国家相关方针政策，积极开展适合我国国情的新型公益事业，并将前沿尖端科技与当前的公益事业完美结合，有效地提高公益事业开展的质量和效率。

（4）推动体育事业发展。为促进我国体育事业全面协调可持续发展，努力实现建设体育强国的目标，充分发挥体育在建设健康中国、推动经济转型升级、增强国家凝聚力和文化竞争力等方面的独特作用，广东徽商根据党中央、国务院的总体部署和“十三五”时期我国体育事业发展面临的新形势、新任务、新要求，投身于体育事业，积极推动我国体育事业的发展。例如，2016 年 4 月 13 日，融捷集团承诺将在安徽省投资 100 亿元人民币用于体育产业发展，对此，安徽省体育局将组建专门工作机构，集团则无偿承办国内外重大体育赛事，全省体育基础设施建设，体育产业园区投资、建设及运营管理等，推进全省体育产业发展，力争实现多方共赢。近年来，体育产业逐步升温，这不仅是国际社会重视的结果，更是中国人对健康高品质生活追求的结果。

（5）使用创新科技产品。科技产品与慈善事业的结合可以充分发挥企业在科技创新领域的优势，拓展多方在科技创新、医疗卫生、慈善教育以及人才培训等方面的交流合作，共同推动慈善事业发展，不断提升地区专业化和国际化水平（Stefano Barbieri，2017）。广东徽商努力打造创新型慈善事业，开展公益事业的同时融入目前的创新科技成果，实现了公益事业与科技领域的有效结合。例如，比亚迪公司在致力于自主科技创新、不断提升国际竞争力的同时，积极参与到社会公益事业之中，用科技带动企业的慈善事业，将社会公益作为企业义不容辞的使命。2010 年 7 月，比亚迪公司捐资设立了比亚迪慈善基金会，该基金会以“科技创新推动慈善事业发展”为理念，以“科技帮困、关爱弱小、携手助学、用心关怀、支持与推动企业慈善和社会公益事业的进步与发展”为宗旨，开展了一系列帮困活动，如“将家庭能源系统带往西藏”活动，积极推动社会公益事业的发展，以实际行动承担社会责任，回报社会。

（6）关注公共医疗扶贫。由于贫困地区公共医疗设备较为落后，有关的健康卫生知识无法得到有效的传播，因此，在贫困地区，多数疾病的发病率相较于发达地区高出很多。部分广东徽商针对这一问题，在全国各贫困地区开展医疗知识普及和预防行动。例如，比亚迪慈善基金会开展了“贝壳计划”，“贝壳计划”是由基金会与深圳狮子会联合开展的以“关注宫颈健康，呵护女性，传递大爱”为宗旨的大型公益活动，聚焦宫颈癌知识普及与筛查工作。自 2016 年 11 月 8 日启动以来到 2016 年 12 月 31 日，“贝壳计划”已为 369 名比亚迪股份有限公司员工开展免费宫颈筛查。未来，“贝壳计划”还将面向国家级贫困县、革命老区的女性开展免费筛查，力争覆盖千万女性，提升女性健康水平。

对于广东徽商而言，关注社会民生，不仅是企业履行其应尽的职责，更是企业提升公共形象，更好地发挥品牌效益的途径。近年来，广东徽商无论是在助推精准扶贫活动的开展上，还是在公益事业的开展上都有所建树，获得了非常良好的社会反响，同时涌现出一批优秀的慈善企业家，为我国企业开展慈善事业树立了典范。未来，广东徽商将以身

作则，以更加慷慨和热情的姿态投身我国的公益事业。可通过开展一系列慈善公益活动和设立慈善基金会等方式帮扶社会弱势群体，运用创新科技更好地解决社会民生问题，努力拓展新兴慈善事业。

第七章　广东徽商发展展望

2017年是我国全面深化改革之年，也是广东徽商实施创新驱动、转型升级的攻坚之年。2017年政府工作报告中指出，2017年政府要通观全局、统筹兼顾，突出重点、把握关键，正确处理好各方面关系，着重抓好以下五个方面工作：一是用改革的办法深入推进“三去一降一补”，二是深化重要领域和关键环节改革，三是进一步释放国内需求潜力，四是以创新引领实体经济转型升级，五是积极主动扩大对外开放等。党的十九大则对全面建成小康社会决胜期做出新的部署。党的十九大报告指出，“要按照十六大、十七大、十八大提出的全面建成小康社会各项要求，紧扣我国社会主要矛盾变化，统筹推进经济建设、政治建设、文化建设、社会建设、生态文明建设，坚定实施科教兴国战略、人才强国战略、创新驱动发展战略、乡村振兴战略、区域协调发展战略、可持续发展战略、军民融合发展战略，突出抓重点、补短板、强弱项，特别是要坚决打好防范化解重大风险、精准脱贫、污染防治的攻坚战”。国家的战略部署引领着广东徽商未来的发展方向。如何紧跟政府工作部署，完成新时期的新任务是广东徽商作为社会主义市场经济的活跃力量亟须解决的问题。因此，“十三五”时期，广东徽商应继续围绕两个主旋律开展经营活动，一是加快推进新旧动能转换，二是深入实施创新驱动发展战略。同时，把握当前机遇，迎合国家战略，积极融入“一带一路”建设、供给侧结构性改革和粤港澳大湾区建设；紧跟国际形势，顺应国际化发展要求，主动适应新一轮科技浪潮，发展新兴产业，坚持国际对话，推动广东徽商品牌走向国际；抓住“中国制造2025”战略机遇，大力发展智能制造，推动制造业

向中高端迈进，助力制造业企业做强做优。

第一节　贯彻落实国家重大发展战略

近年来，我国经济运行缓中趋稳、稳中向好，经济发展的质量和效益明显提高，在重要领域和关键环节改革取得突破性进展。党的十九大报告对我国近年来的经济建设做出评价，报告指出，“我国经济建设取得重大成就，经济保持中高速增长，在世界主要国家中名列前茅，国内生产总值从五十四万亿元增长到八十万亿元，稳居世界第二，对世界经济增长贡献率超过百分之三十。供给侧结构性改革深入推进，经济结构不断优化，创新驱动发展战略大力实施，创新型国家建设成果丰硕”。随着“一带一路”建设深入实施，与沿线国家战略对接、合作力度加强，一批重大工程和国际产能合作项目落地。同时，政府着力抓好“三去一降一补”，以钢铁、煤炭行业为重点去产能，2016 年全年退出钢铁产能超过 6500 万吨、煤炭产能超过 2.9 亿吨，超额完成年度目标任务，供给侧结构性改革初见成效。粤港澳大湾区建设也随着国家的重视上升为国家战略，成为未来中国经济发展的新引擎。各项国家战略的推进，使我国各民营经济体面临着诸多的机遇。在这样的大环境下，广东徽商作为民营经济中的活跃分子，应当发挥其先锋带头作用，积极“走出去”参与“一带一路”倡议，顺应供给侧结构性改革，加快推进企业转型升级，融入粤港澳大湾区建设，推动区域经济发展。

一、积极“走出去”参与“一带一路”倡议

改革开放是中国企业“走出去”的开端，经历了近 40 年的发展，中国经济取得了飞速的进步，经济形态也发生了巨大的变化，到如今的新常态，经济结构面临着巨大的挑战，中国的开放政策随着时代发展和社会进

步亟须调整。改革开放名义上是中国企业“走出去”，实际上更多的是“引进来”，引进外资、引进技术、引进管理经验，等等。而“走出去”的企业大多为低端制造，处于产业链低端。随着经济社会的发展，低端制造“走出去”已不是当前经济的主流，当前更多的应该是中国高端制造的“走出去”，是中国国际化品牌的“走出去”。“一带一路”倡议的实施正好为中国深层次开放提供了机遇，为中国企业真正“走出去”提供了条件，更为广东徽商“走出去”提供新的契机。未来，广东徽商应主动抓住当前“一带一路”的重大历史机遇，不断提升能力，应对随时可能出现的风险和挑战。

第一，要结合供给侧结构性改革，引领市场发展趋势。从需求端来看，广东徽商要迎合海外市场需求，提供适销对路的产品和服务，参与大众化的竞争。从供给侧来看，更要引领市场潮流，具备独特的竞争优势，提供更超前的产品、服务和技术，特别是要具有创造新需求的能力，这一点对于广东徽商而言更为重要。在推进“一带一路”建设的过程中，企业要紧密结合中央提出的供给侧结构性改革，有意识地将发展方式从投资驱动向创新驱动转换，将产品服务从劳动密集型向科技密集型转变，真正发挥引领市场、创造需求的作用。

第二，要结合开发性金融资源，加强产融深度合作。2015 年以来，丝路基金、亚洲基础设施投资银行、中国国家开发银行等金融机构，以开发性金融的创新方式，为“一带一路”建设规划提供了有力的资金支持。广东徽商应当充分发挥开发性金融机构的先导和引领作用，结合开发性金融特点设计企业经营模式，共同打造产融结合的海外投资运营平台；同时，充分发挥产融结合的优势，用好、用活、用足金融资源，创新海外发展的金融支撑体系，以金融的力量长期稳定地驱动国际化发展（徐念沙，2015）。

第三，要结合国际化经营运作，促进企业管理提升。“一带一路”沿线国家众多，政治、经济、社会环境等各不相同、差异显著，因此，广东徽商要有一套行之有效的组织机构和管理制度，实现规范化管理和运营，促进企业管理提升。在国际化经营中，要深入研究所在国的政治、经济、

法律、文化等背景，无论何时、身处何地，都能适应海外发展需要和国际竞争环境。在海外拓展的过程中，更要注重因地制宜，加强合作，搭建本土化的人才队伍和管理制度。

"一带一路"倡议的实施是实现中华民族伟大复兴的重要途径，既顺应了当今世界经济、政治、外交格局的新变化，也迎合了国内企业的发展诉求。面对"一带一路"倡议新机遇，"走出去"的广东徽商应当加强与各国政府、金融机构、企业之间的交流和互动，广泛寻求合作机会，共同探讨国际经济合作，为把握"一带一路"发展机遇进而推动企业"走出去"做出新的贡献。

二、推进转型升级顺应供给侧结构性改革

改革开放 30 多年来，我国企业的经营范式基本上是遵循低成本、同质化、平面规模扩张这一路径。供给侧结构性改革在微观层面将倒逼企业重构经营范式，坚定不移地放弃低成本、同质化、平面规模扩张的发展路径，在尽可能短的时间内迈上高创新、差异化、立体效益增长的发展路径，并且全面参与到新一轮全球产业体系重构中，从而塑造出新的可持续的竞争优势。"十三五"时期，广东徽商应把握创新驱动发展的主旋律，深入推进供给侧结构性改革，以创新促发展，实现企业的转型升级。

第一，重构企业发展观。对于企业来说，经营范式的重构首先体现在对企业发展观的重构。换句话说，要从战略的高度重新审视、确定企业的经营理念和发展目标。首先，广东徽商应摒弃单一追逐规模化和速度式的企业"成长观"。企业规模的扩大和增长速度是企业发展的基本特征之一，但仅仅反映的是企业发展的规模或数量维度。企业的发展更重要的是在质量不断改善和效益持续提高基础上的成长。只有建立起坚实的质量和效益基础，才能保障持久的规模或数量增长。广东徽商应当借助供给侧结构性改革之势，改变急功近利的思维模式和鼠目寸光的机会心理，坚决摒弃短期化、投机化、功利化的行为方式，将品质修炼、效率提高和效益改善视为促进企业发展的根本。其次，树立企业的长期成长观，取代短期功

利性、投机性增长。在企业的生命周期中，会出现多个高速增长的阶段。然而，从企业成长的整个过程来看，这是一系列资源、能力、绩效等不断改善和积累的过程，也是内部结构不断调整和优化的过程。这个过程需要时间、知识、客户、品牌等不断地积累和沉淀。得益于供给侧结构性改革营造的创新驱动氛围，广东徽商应回归对企业成长周期和规模、速度的理性认识，要以一种可持续发展的眼光看待企业的成长，培育一种对事业的坚定信心和坚强毅力以及锲而不舍的工匠精神，抑制短期功利主义、机会主义的心态，避免短视带来的成长泡沫。最后，要将社会责任纳入企业发展的框架体系中。社会责任不是“企业办社会”，而是在追求经济目标的同时注重对利益相关者的关注。企业是一种社会组织，需要将自身的发展与利益相关者的发展结合起来，除紧紧盯住市场外，还要全面考虑员工、供应商、政府、社区等相关者的利益，将运营企业视为一种长期的事业而非短期牟利的手段。

第二，重塑企业的经营行为。在重构发展观的基础上，企业需要重新审视自身行为并予以调整和改进，培育和强化动态能力建设，以形成可持续的核心竞争力，开拓创新发展、绿色发展、协调发展、开放发展和共享发展的经营方式。面对国内外经济环境的变化和市场竞争的加剧，企业经营者要以全球性的视野和战略性的眼光来应对市场趋势，时刻保持敏锐的嗅觉和准确的判断。一方面，广东徽商要以产品创新来开拓市场需求。个性多样化的消费偏好导致产品在进入市场后很快被新产品所替代，不断加大的国际化竞争又使得企业必须不断更新产品和服务以获取消费者的青睐（黄剑，2016）。因此，产品及服务创新是企业开展供给侧结构性改革的基础所在。针对消费者不断变化的消费偏好进行细致的市场调查及预测，以市场需求为导向制定企业的产品战略，方能提升企业产品的竞争力。另一方面，广东徽商要注重以技术创新来提高效率，降低成本。传统生产要素中，土地供给固定有限，增加劳动、资本投入更多的是体现在规模经济上，且受到资源限制及环境约束。只有技术提升才能降低成本，形成超额利润，并提高全要素生产率，因此，技术创新在未来一定时间内将成为广东徽商立足长远发展的核心所在。同时，广东徽商还应致力于良好商业生

态的打造，注重企业相互间的合作、协同关系。新形势下的经营范式要求企业以良好合作、共同促进的企业间关系形成专业化、差异化与柔性化的产业网，形成核心优势互补性的创新型商业生态。

第三，加快产业转型升级，引导产业向中高端攀升。供给侧结构性改革下，广东徽商应遵循市场经济规律，结合自身产业特点，一方面，改造提升传统产业，化解低端低效产能，引导产业向中高端攀升，把去产能作为深化产业结构调整的重要举措，坚持企业的主导作用，通过淘汰落后产能、引导退出低效产能、主动压减过剩产能、大力实施产业结构调整等举措，加快推进产业转型升级，为广东徽商建设岭南地区具有国际竞争力的先进制造业基地提供强大支撑；另一方面，通过“互联网+”行动计划以及通过供给侧结构性改革助力广东徽商“中国制造2025”，推进服务业、先进制造业发展，实施以新工艺、新装备、新技术、新材料推广应用为主要内容的技术改造，提升质量品牌，优化产品结构，推动广东徽商进一步转型升级。

推进供给侧结构性改革，是适应和引领经济发展新常态的重大创新，是适应国际金融危机发生后综合国力竞争新形势的主动选择，是适应我国经济发展新常态的必然要求，也是我国在全面深化改革战略布局下进一步深化举措、改进中国经济生产方式的重要手段。广东徽商作为广东民营经济的代表，不仅是我国社会主义市场经济的重要组成部分，也是供给侧结构性改革的直接参与者和执行者，在大力推进供给侧结构性改革的大趋势下，面临着极大的挑战和机遇。为此，广东徽商应充分利用供给侧结构性改革的机遇，推动自身转型升级，并且积极参与到供给侧结构性改革之中，从而激发企业发展新活力，为我国经济的长期稳定发展注入新动力。

三、对接国家战略融入粤港澳大湾区建设

打造粤港澳大湾区，建设世界级城市群，是贯彻落实习近平总书记“四个坚持、三个支撑、两个走在前列”重要批示精神和国家“十三五”规划纲要、2017年政府工作报告的重要举措，也承载着推动广东跨越式

发展的重大使命。2017 年 3 月 5 日召开的十二届全国人大五次会议上，国务院总理李克强在政府工作报告中提出，要推动内地与港澳深化合作，研究制定粤港澳大湾区城市群发展规划，发挥港澳独特优势，提升粤港澳大湾区在国家经济发展和对外开放中的地位与功能。粤港澳大湾区建设在国家发展中的战略地位日益重要。

作为一种重要的滨海经济形态，湾区往往在地区乃至国家经济中发挥着重要的引领性作用。从实践经验来看，国际大湾区已经成为带动全球经济发展的重要增长引擎和引领技术变革的领头羊，发挥着引领创新、聚集辐射、转型升级的核心驱动作用（申明浩、杨永聪，2017）。因此，当前在加快“一带一路”倡议布局、推动供给侧结构性改革、打造对外开放新格局等要求的推动下，我国建设世界级大湾区的重要性也日益凸显；同时，粤港澳大湾区呈现出的一些特点也为地区经济的发展带来诸多机遇。基础设施高度一体化，区域分工高度协同，要素流动高度自由化，营商环境高度包容化等对广东徽商未来的发展提供了更加广阔的空间。如何把握住粤港澳大湾区建设带来的重大发展机遇对于广东徽商来说也是亟待解决的问题。

第一，积极整合港澳的人才、资金、技术等优势资源。30 多年前，广东的对外开放主要靠“三来一补”为主的传统贸易，而珠三角得以发展起来，最早就是受益于承接香港所转移的制造业。现在，国家从战略层面提出粤港澳大湾区建设，将有利于培育利益共享的产业价值链，加速区域生产要素的流动，尤其是高端人才、资金和先进技术的流动，这将进一步升级珠三角地区的制造业，由过去的曲线两端的研发与销售由西方发达国家控制、生产则由珠三角完成，转化为“微笑曲线”，两端可能在香港、深圳、广州，其他城市则协同完成生产。因此，广东徽商可以借助粤港澳大湾区建设，积极主动地整合港澳的人才、资金和技术等优势资源，并努力抢占“微笑曲线”的两端。

第二，加快推动产业升级。粤港澳大湾区建设将大大推动粤港澳三地经济资源的汇聚，尤其是港珠澳大桥的建成，将会推动区域内立体化交通体系的打造，极大促进沿线经济要素的流动，形成规模和集聚效应。因

此，广东徽商应积极汇聚各类经济要素，坚持以智能化、绿色化为导向，重点依托汽车、通信装备、船舶及海洋工程装备、电子信息等跨区域优势产业链，加快推动制造业转型升级，培育发展新一代信息技术、生物技术、高端装备、新材料、节能环保、新能源汽车等战略新兴产业集群，推动广东徽商的业务方向从低端产业向高端产业升级。

第三，扩大对外投资优势。近年来，我国已由资本净输入国变成资本的净输出国。2016 年，我国对外投资整体实现高速增长，全年非金融类对外直接投资达 1700 多亿美元，同比增长 44.1%，开展境外投资正在成为中国投资者的重要投资方向。但是，由于不同国家和地区存在会计制度、法律制度以及商务规定等差异，近年来，许多民营企业向海上丝绸之路沿线国家投资时，非常依赖香港特别行政区金融服务业的作用。珠三角企业在处理法律、会计、商务等方面问题时，往往通过香港的中介机构进行，香港的中介机构的一些资质能够得到国际认同，而内地的中介机构尚未获得国际认可。因此，借助粤港澳大湾区建设带来的优势条件，广东徽商可以利用地理优势积极发展对外投资，转嫁自身发展危机，将加工环节转移到劳动力成本更加低廉的印度、缅甸、老挝等国家，以投资谋发展。

第四，充分利用粤港澳的创新资源优势。2017 年政府工作报告中提出，未来要实施创新驱动战略、增强创新能力、走产业转型升级之路，要进一步强化企业科技创新的主体地位，全面提升企业科技创新能力，以创新为动力，推进企业加快转型升级步伐，不断增强企业的核心竞争力，真正把企业发展转到创新驱动轨道上来。因此，广东徽商应充分利用企业的优势资源打造粤港澳科技、高端教育培训、人才创新合作平台，建设具有国际知名度的科研机构，为社会与经济发展培养高端国际化人才，支持并推动企业创新发展。

粤港澳大湾区拥有得天独厚的区位优势，同时，粤港澳大湾区也具有改革开放和制度创新的先行优势，经济发展水平较高，市场经济体系较完善，国际经济贸易联系十分密切，在全球产业分工链条中也形成了持续上升的能力，是我国经济转型的排头兵［哈尔滨工业大学（深圳）经济管理学院课题组，2017］。广东徽商作为粤港澳大湾区内较为活跃的经济力

量，如果在当下以及未来能够成功把握住粤港澳大湾区建设的机会和机遇，化解各类挑战，将大大有助于企业转型升级的成功，也有助于塑造企业的竞争优势，开拓新的发展空间。

第二节　重点实施创新驱动发展战略

随着生产要素成本上升，广东徽商及时着手技术创新已迫在眉睫。世界经验表明，没有创新就没有企业的可持续发展。党的十八大提出，要实施创新驱动发展战略，坚持走中国特色的创新道路，争取早日进入创新型国家行列。党的十九大提出，要加强国家创新体系建设，强化战略科技力量，深化科技体制改革，建立以企业为主体、市场为导向、产学研深度融合的技术创新体系。这为广东徽商转变发展方式指明了方向并明确了战略任务。广东徽商能否在激烈的市场竞争中立于不败之地，赢得竞争优势，关键取决于其自身的市场竞争力；而创新是提升企业竞争力的必要条件，是企业持续发展的动力，两者相辅相成。在此背景下，广东徽商加快实施创新驱动发展战略，抓住新的发展机遇，提高竞争力和抗风险能力，是实现转型升级、未来保持企业竞争力、持续发展的重要保障。

一、营造企业创新氛围

良好的企业创新氛围是广东徽商提高创新能力的前提。企业创新氛围是企业员工与企业环境相互作用所形成的一种复杂关系，创新氛围的建设能够促进员工及企业创新行为的产生；而创新意识的培养则会直接推动企业创新氛围的营造。创新意识常常被认为是个体对创新的认识和态度，是个体进行创造活动的内在推动力（张华、张庆林，2011）。中国企业家调查系统课题组（2001）认为，“创新意识是企业家精神的核心内容，而经

营者风险偏好程度的大小则是其创新意识强弱的重要表现”[①]。企业家作为企业的决策者和管理者，是企业创新活动的核心。企业家的创新意识对于企业能否持续有效创新尤为重要。近几年来，广东徽商自主创新能力得到明显加强，但仍相对薄弱。因此，对广东徽商来说，从企业整体创新意识的培养着手，营造良好的企业创新氛围，进而推动企业全员创新，提升企业自主能力变得十分必要。

第一，培养和选拔具有使命感、责任感、忧患意识和创新意识的企业领导者。企业家是企业自主创新的决策者和领导者。管理大师彼得·德鲁克（Peter F. Drucker，1988）将20世纪70年代至80年代初期美国经济的高速增长，归功于比“管理者经济”更具创新能力的“企业家型经济”的崛起。[②] 同样，近年来广东徽商的快速发展也同部分“企业家型企业”的不竭创新有关。为此，培养和选拔具有使命感、责任感和忧患意识的企业领导者，对于企业提高自主创新能力至关重要。创新行为具有天然的不确定性，需要强烈的信念支撑，创新的最大障碍并非物质条件，而是缺乏信心和进取精神。企业家首先对创新要有必胜的信心和敢为的决心；同时，企业家要有采取创新行动的紧迫感、危机感，要将创新作为企业生存的必要条件。

第二，营造有利于创新的企业环境。正确的创新价值观需要通过营造适宜创新的文化、建立相应的规章制度来确保贯彻落实。创造力的发挥有赖于信息的流动，如果公司鼓励员工勇于冒险和创新，就增加了员工去打破常规、创造性地解决问题的心理安全感，这将有利于创造力的发挥（苏红玲，2008）。因此，营造全员创新的企业环境对于广东徽商来说迫在眉睫。为此，需要广东徽商从管理层到工人层都要参与进来，将创新融入企业所有流程、部门中，通过鼓励员工之间进行各种形式的交流与讨论，打造员工自由发挥的空间，形成全面参与网络，对员工的即使“小

---

① 中国企业家调查系统课题组：《企业创新：现状、问题及对策——2001年中国企业经营者成长与发展专题调查报告》，载《管理世界》2001年第4期。

② 参见［美］彼得·德鲁克：《企业家与创新》，陈家振译，广西人民出版社1988年版。

创新”也要加以关注，采取包括物质激励和精神激励在内的多种奖励方式促进创新，给创新者合理的回报与荣誉感。

第三，建立对基层创新的推动机制。创新意味着冒险，不正确的创新浪费企业的资源，有价值的创新也有可能被企业浪费掉。如果不想浪费创新，避免过早扼杀有前景的机会，帮助识别最有可能带来收入增长的可行想法，广东徽商可以在内部构建孵化器，创造良好的创新空间，滋养创新的茁壮成长。同时，可以以网络为平台设立创意自由市场，使员工看到组织内所有正在进行的创新项目，可以自愿参与其中任何一个项目，可以在创意自由市场里自由发挥，提出想法，参与创新。以创意积分为效标，内部员工或外部客户、合作伙伴每提交一次创意就获取相应的积分，积分可兑换成物质奖励；公司可每年召开创新成果颁奖晚会，给最佳创意颁奖，以示公司对创新的高度重视，也向员工传达创新是公司的头等大事的信号。

企业创新氛围是个体创新中人际关系的融合剂和企业创新流程的润滑剂。不论在企业还是在其他非营利组织中，从创造性想法的提出，到新产品、新技术的问世，都需要成员的协同配合，其间涉及一系列个体、群体与组织的社会化交互过程，并且创新成效与创新者个体的情绪等心理要素密切相关（孙锐、张文勤，2013）。企业创新氛围可以在企业员工和企业环境之间起到关键的连接功能，直接影响到员工是不是能创新、敢创新、愿创新。因此，广东徽商创新除了要求企业投入必要的物质资源和人力资源支持以外，更加需要企业形成鼓励创新的氛围。企业只有在内部塑造和培育一种支持与鼓励创新的良好气氛，才能够激发其成员的内在创造力，形成全员创新的氛围，并最终实现企业的持续创新发展。

二、突破创新发展瓶颈

创新过程充满风险和艰辛，存在着许多人为和非人为的内外部制约因素。企业创新是多个因素相互作用的过程，各变量之间存在较为复杂的因果关系。对于不同规模的广东徽商来说，其创新能力参差不齐。规模以上

企业，在技术设备和资源禀赋方面必然优于中小微企业，具有技术创新的资源优势，相对来说更具备自主技术创新的能力和条件；但大企业拥有的较强市场垄断地位和企业组织刚性则有可能会阻碍企业提升其技术创新能力。与此同时，中小企业体制灵活，在较强的市场竞争压力下，往往具有较强的创新意识，渴望在新产品和新工艺方面有所突破，注重把握创新机会，具有明显的“行为优势”及“创新活力”；但受规模有限，缺乏资金、人才、技术的影响，在自主技术创新活动中先天不足（李政、任妍，2015）。因此，对于不同规模的广东徽商来说，影响其创新能力的因素大致相同，但在提升创新能力的过程中侧重点略有差异。

第一，加大科技创新投入提高广东徽商创新能力。技术创新需要较高的投入，同时又是一项高风险、高收益的投资行为，而目前的技术创新总是缺乏利益和风险的保障机制。广东徽商大多数中小型企业科技含量低，融资渠道狭窄，技术人才短缺，政策扶持滞后，主要依靠低廉劳动力和原材料进行低开发成本、低科技含量的经营活动，其产品结构单一，分散风险的能力较差。“创新”对于中小型企业而言，心有余而力不足，用模仿的方式获取技术似乎成为其在现有条件下最现实的选择。然而，“不创新，就死亡”，“创新”是中小微型民营企业生存发展进而做强做大主业的中心环节，仅仅依靠模仿永远无法实现企业的长远发展。为此，在有限条件下增加创新的各项投入对中小型广东徽商来说势在必行。

第二，培养和吸引创新人才提高广东徽商创新能力。科技人员作为企业进行自主创新的主力人员及具体施行者，在自主创新过程中，具有非常重大的推进作用。企业要想在自主创新的道路上走得更远，必须加强人才队伍的建设，必须努力搭建有利于引才、育才、留才的环境条件和培养机制。为加大科技创新人才的引进力度，除了与大学、职业院校建立定向、订单式培养机制外，广东徽商可以通过企业自身的力量，着重培养企业创新领军人物和创新团队。此外，广东徽商需制定合理的人才激励机制，基于对企业技术研发人员的考核结果，对科技人员实施不同层次、不同等级的奖励，同时确保人才合理晋升与流动，从而为创新营造良好的氛围。只要能吸引优秀人才共同努力，整合各种有效资源，广东徽商就能不断创造新的价值，走上可持续发展道路。

第三，加强外部合作提升广东徽商创新能力。企业创新是否能够取得成功需要依靠外部技术的获取与内部基础研发活动的完美结合。部分广东徽商研发机构由于自身经济实力、研发力量等因素制约，难以独立完成一项科技研发和产品创新，同时又不擅长借助“外力”，则创新难以进行。因此，在自身技术力量比较薄弱的情况下，借助外部力量是广东徽商的必然选择，如采取产学研联合创新的方式，加强与高校、科研院所合作，或与社会服务机构合作，接受地方企业孵化器的培养，或通过与大企业合作、建立产业联盟，进行共性技术研发和重大项目攻关，取长避短，迅速提升企业技术创新能力。此外，广东省安徽商会应充分发挥行业协会和组织的作用，加强共性技术研发，注重不同企业之间的战略联盟和协同创新，积极实施开放创新战略，通过制度创新、商业模式创新促进技术创新。为了弥补自身技术与人才不足，广东徽商可以通过并购等战略充分利用全球创新资源，如通过并购国内科技型小企业的方式提升自身创新能力，或通过跨国并购、直接建立国外研究与开发机构以及建立国际技术联盟等形式，将技术创新活动扩展到国外，实现创新能力的迅速提高（沈一娇、刘超，2011）。

面对当前复杂严峻的国内外经济形势，党中央、国务院正在大力推进大众创业、万众创新，积极营造良好的创新生态环境。广东徽商面临政策利好与重大发展机遇。虽然在现行条件下，大多数广东徽商依然面临着创新投入不足、科技人才匮乏等制约企业发展的诸多问题，但诸如正威集团、比亚迪公司、达实智能等一批民营企业则极力破除创新障碍，取得骄人业绩，成为创新典范。因此，在新常态下，广东徽商既要把自主创新作为强筋壮骨、赢得优势的根本途径，提高自身创新能力，又要着眼于解决制约经济发展的一些重大科技问题，形成一批具有自主知识产权的关键技术和产品，努力突破创新发展瓶颈，从而增强广东徽商的整体素质和发展后劲。

三、选择创新发展模式

选择适当的创新模式是广东徽商提高创新能力的捷径。技术创新一定要符合竞争地位的要求，量力而行，并非所有企业一开始就要采取技术领先战略。处于竞争优势地位的广东徽商一般要通过增强自主创新能力来保持其技术的先进性，而对于处在劣势地位的广东徽商来说，通过模仿创新的手段则是其推动企业技术进步最为理性和务实的选择。模仿本身就是一种系统性的学习，然而在现实中，部分广东徽商对先进技术多局限于单纯的照抄照搬，只重视引进后的使用，而轻视引进后的学习、消化与吸收，重视短期经济效益，而轻视技术创新能力的培养，造成技术的“引而未进”。因此，选择适合自己的创新发展模式是广东徽商获取成功的关键。

第一，技术较为落后的广东徽商以模仿创新为主。机械模仿必然陷入被诉侵权的“泥潭”，盲目追随必然丧失竞争优势，时机把握不当又会因技术壁垒较强导致模仿难度加大；而有目的的技术追随则可减少创新支出，降低风险，带来成功。该方式将使广东徽商创新少走弯路，降低创新给企业带来的巨大成本和风险。追随者在技术追随的同时，要通过细节方面的改进，提供高质量、低成本的产品，以取得竞争优势。企业依靠后发优势具备一定基础和条件后，最终走向技术超越。日本、韩国很多知名企业当年就是采用技术追随方式逐渐发展壮大起来并成为行业翘楚的。因此，广东徽商在引进技术设备后，应充分挖掘其各种功能，发挥其最大效用。以企业的具体情况为依据，提高企业自身的研究与开发能力，对技术进行进一步改进，使企业的技术体系按照既定轨迹继续发展；同时，广东徽商可依托自身研究确定新的发展方向，实现技术范式的更新。企业在二次创新上虽然会存在不足，但在模仿中成长，在模仿中创新，将最终实现自主创新。

第二，技术先进的中小型广东徽商选择以自主创新为主、模仿创新为辅的方式。技术先进的企业因技术条件比较好，大多以自主创新为主，大部分最先进的企业都经历了模仿创新的过程。技术先进企业各有不同的先

进技术、不同的技术优势，企业之间可以取长补短，互相进行模仿创新。比如，日本汽车产业在20世纪60年代为减少成本，先是“模仿”美国公司的技术，经过近30年的模仿和不断创新后超越了美国技术，反过来美国汽车行业转向模仿日本的技术。美国和日本的汽车工业是在各自自主创新的过程中，相互之间又进行模仿，取长补短，这种相互模仿创新，提高了汽车产业整体创新水平。因此，技术先进企业的模仿创新和自主创新也是有阶段性和时间性的，只不过它们已过渡到自主创新阶段。成功的企业创新模式也证明，“引进、模仿创新、自主创新”是先进企业创新成功的捷径。

第三，技术先进的大型广东徽商选择自主创新模式。自主创新是企业发展的关键因素之一，也是企业实现又快又好发展的动力。一个企业必然有独立的技术，如果在技术上依赖他人，就难以摆脱被动的局面，而企业要实现技术上的完全独立，就必须自主创新。技术先进的大型广东徽商具有技术创新的融资能力，在市场上占有相当大的份额，可以分散高风险的技术创新成本。创新型的大企业可以通过技术创新摆脱产品生命周期的影响，以应对产品生命周期的变化；而一般的中小企业技术创新项目融资困难，很难打破这种产品生命周期的约束。所以，作为自主创新主体的大型广东徽商，可以通过自主创新走出一条从“中国制造”到“中国创造”之路。

广东徽商的创新发展不能局限于过去僵化不变的模式，也不能依靠生搬硬套其他企业已有的一种或几种模式，而必须结合当前国家的整体发展环境，针对企业发展目前存在的主要问题，融合各种模式的长处，大胆进行模式创新，开拓企业的未来发展路径（徐维，2014）。中国的经济已进入新常态，李克强总理在政府工作报告中两次提到“大众创业、万众创新”，这要求企业加大创新力度。在此利好的大环境下，广东徽商审慎选择创新模式对于其未来发展意义重大。

第三节　着力推动国际化发展战略

经过30多年的改革开放，我国已经完成多个领域产品的进口替代，许多企业及其产品在激烈的市场竞争中不断成长，企业规模日益扩大，实力也越来越强。但是，近年来，随着市场条件的变化，国内市场总供给出现相对过剩现象，而国内市场相对饱和也导致了内需的相对不足。因此，政府开始注重引导和推动国内企业的调整和升级，企业也开始将目光投向新兴产业和国际市场。广东徽商身处中国经济改革的前沿阵地，在未来的发展中更应顺应国际化发展要求，积极发展新兴产业，迎合新一轮国际科技革命，助推企业的升级改造；同时，国际品牌的培育以及国际人才的培养也是未来企业国际化发展的趋势，打造国际化品牌是增加产品附加值的有效途径，培养国际化人才是企业国际化经营的关键。因此，能否抢占国际高端品牌的市场高地，提升国际化运作能力对广东徽商来说意义重大。

一、发展新兴产业迎接新一轮国际技术革命

当今世界，新一轮科技革命蓄势待发，物质结构、宇宙演化、生命起源、意识本质等一些重大科学问题得到原创性突破，正在开辟新前沿新方向，一些重大颠覆性技术创新正在创造新产业新业态，将对社会、政治、经济、科技等领域产生深刻影响。基于此背景，国家提出要培育和发展战略性新兴产业，选择新一代信息技术、高端装备制造、节能环保、生物、新能源和新材料等产业作为重点发展领域。目前，全国大部分省市把培育和发展战略性新兴产业作为推动经济发展方式转变和应对全球经济危机的战略选择，并确定了重点发展战略性新兴产业的方向（苑广继，2012）。广东徽商作为广东国民经济发展的重要部分，应充分发挥积极性，在“十三五”时期全力融入新兴领域，打造新型业态，参与并主导战略性新

兴产业的建设。

第一，广东徽商应充分认识到转型升级的重要性，发展新兴产业。战略性新兴产业对于广东徽商实现转型升级、突破企业发展瓶颈、保持企业持续稳定发展、参与未来市场竞争有着至关重要的作用。因此，广东徽商需要改变传统观念，勇于改革，用改革创新思维、通过政策支持、凭借市场手段等破除约束自身发展的障碍，创造改革创新需要的动力、优势、资源和空间。

第二，广东徽商应努力克服自身发展模式问题，创新发展模式。随着社会主义市场经济的发展及市场竞争的日益激烈，传统的粗放型发展模式已经不适应现代企业的发展，企业应探索出与企业发展相适应的新的发展模式。对于广东徽商而言，一方面，要构建企业的创新制度体系，增加企业研发投入，加大高端人才引进力度，提升企业自主创新能力；另一方面，要扩大与外部企业的合作范围，打造新型的合作关系，积极与各行业企业、科研院所、金融机构等组织建立长期战略合作关系，向新兴产业靠拢，搭建合作平台，实现双方及多方的共建、共享、共赢。

第三，广东徽商应注重开展国际技术交流，参与国际合作。在全球经济科技一体化的大背景下，战略性新兴产业的开拓、发展越来越需要国际合作，这是一种既联合又竞争的发展格局，是共享研究资源及科研成果，培育国际高端人才，开拓国际核心竞争力，保持企业科技创新能力的必然选择（郑晓娟，2012）。广东徽商可以通过参与国际产品展览，与大型跨国公司进行沟通、交流、学习，或借助科技管理部门、国际科技组织等建立共同研究领域、实验室和研发中心，开发具有市场前景的高技术产品，共同培养高层次人才。

战略性新兴产业的培育是一项复杂而庞大的系统工程，必然要经受漫长而曲折的发展历程。战略性新兴产业的发展需要政府、企业和市场等多方的共同参与，而主导性产业的选择和培育、产业链的建设、配套设施的完善、相关服务体系的建立以及市场环境的培育等也都需要各方付出诸多的努力。广东徽商作为这项工程的主体参与者，一定要对整体发展环境和发展趋势做到认识充分，对未来的科技发展动向做到把握十足。只有这

样，才能更好地应对新一轮科技浪潮所带来的变革，才有可能成为科技动向的引导者和行业的领导者。

二、培育国际品牌助推广东徽商国际化

我国经济社会的发展正处于重要的战略转型期，经济增长正逐渐由“数量”型发展向“质量”型发展转向，这一变化对我国企业国际化进程提出了新的更高要求。企业如何通过全面提高产品质量标准，创立国际知名品牌进入国际市场，不仅事关我国企业国际市场地位和企业的国际化发展的后劲，而且还关系到我国经济的整体发展速度、质量和方向（赵晔涵，2014）。随着经济进入新常态，广东的经济发展模式也将发生重要的变化，低附加值的贴牌生产模式受到广东高生产成本的制约，已经不再适应新的经济环境。因此，品牌国际化将成为未来广东乃至全国企业的重要发展战略。广东徽商以制造业居多，大部分以加工贸易、生产制造为主，在生产要素成本提高的驱使下，培育国际品牌，以品牌效应提升产品附加值将不可避免地成为企业发展的重要战略。在下一个经济阶段，广东徽商必须将品牌国际化战略提上日程，以高质量的产品培育出国际化的品牌。品牌的塑造是一个漫长的过程，需要经过5年、10年甚至几十年的努力。在“十三五”时期，广东徽商可以从以下四个方面迈出品牌国际化的第一步。

第一，培育产品的创新性。产品的创新性是产品在与其他产品比较时所具有的独特性，也是企业将产品品牌推向国际的重要基础。品牌的独特之处、新颖之处主要由产品的创新性决定，缺乏产品创新的品牌必然缺乏在国际市场上的竞争力。因此，要培育国际品牌，广东徽商必须从多角度出发开发新产品，培育产品的创新性，逐渐淘汰传统的、缺乏创新性的产品和技术，加大对新产品的研发投入，并且在品牌管理和产品营销方面进行适当的创新，逐步探索国际品牌的推广之路。

第二，制定完善的品牌国际化战略。品牌国际化是一个复杂而庞大的系统工程，它需要企业制定适合自身的品牌国际化战略推动企业的产品和

品牌迈向国际社会。从时间上看，品牌国际化是一个漫长的过程，需要企业的品牌国际化战略具有一定的延续性。从实施的角度看，品牌国际化需要企业内部各部门的长期配合。从不同市场的经营难度看，对于不同的地区也需要采取不同的品牌国际化策略。因此，广东徽商应制定一个长期性的、各部门协作的、有市场针对性的品牌国际化战略，才能保证企业产品的市场份额和品牌国际化推广的顺利进行。

第三，培养技术和资本的国际化能力。品牌国际化离不开技术和资本的国际化，技术的国际化水平决定着品牌融入国际市场的深度，资本的国际化则决定着品牌和产品在国际市场上的广度。从技术的国际化能力来看，凡是拥有较高的技术国际化水平的企业，其产品品牌在国际市场上一般都会拥有较高的品牌美誉度，会提升消费者对品牌的信赖。从资本的国际化能力来看，拥有强大国际资本运作能力的企业，会大大增强产品的国际研发能力，同时也会大大提升品牌的国际推广能力，为企业品牌国际化奠定良好的资本基础。

第四，确立明确的需求导向。由于各国社会价值观念、经济发展水平、历史文化传统等方面的差异，消费者在许多产品上的消费行为是不同的，消费需求也各不相同（李静，2009）。因此，品牌国际化进程中，企业要确立明确的需求导向，提升产品和品牌满足顾客需求的能力。近年来，随着消费水平的不断提高，消费者对产品的需求更加多样，对产品的期望值和要求也越来越高，消费者不仅注重产品的外观和性能，也更加注重产品的内涵和品牌。这要求广东徽商在确定产品的需求导向时，应分析不同消费群体的消费心理和消费行为，制定出适合目标消费群体消费需求的品牌推广路径。

品牌国际化需要经历一个漫长的成长过程，经过多次的战略调整。“十三五”时期正是广东徽商布局国际化战略的关键时期和合适时机，未来5年，广东徽商应将品牌国际化理念上升到企业发展的关键性战略，并且制定具体的实施路径，将品牌国际化彻底提升到公司发展日程。只要广东徽商把握新一轮改革开放的机遇，加快推进品牌国际化，未来将会涌现出一批知名的国际化品牌。

三、培养国际化人才推动企业国际化经营

2017 年政府工作报告指出，面对国际环境新变化和国内发展新要求，要进一步完善对外开放战略布局，加快构建开放型经济新体制，推动更深层次更高水平的对外开放。随着世界经济一体化进程的加快，经济全球化已经成为世界的大趋势，企业积极“走出去”，扩大海外市场，拓宽海外业务逐渐成为当下及未来的重要方向。而且，在国际市场的激烈竞争中，越来越多的外国企业瞄准中国市场，给我国企业的发展带来更大的挑战。在此情形下，许多企业开始把目光投向了国际市场，这就需要大量国际化人才来开拓市场，从而对人才素质的要求也提高了，对于国际化人才的需求成为必然（韩凤艳，2012）。

然而，“走出去”企业普遍缺乏国际化人才支撑，因找不到合适的国际化人才进行有效管理，生产经营活动亏损折戟的事件也屡见不鲜。对“走出去”企业国际化人才需求的调研数据显示，国际化人才稀缺主要集中于企业管理类人才（占 37%）、外语类人才（占 22%）、专业技术类人才（占 15%）和项目管理类人才（占 11%）四类，且大部分“走出去”企业的国际化人才培养方式是依靠企业自主完成，所培养之国际化人才素质欠缺主要集中于国际通行的商业规则（占 28%）、跨文化沟通交流（占 21%）、创新能力（占 21%）、国际化视野（占 14%）、东道国社会文化知识（占 10%）五个方面（寸守栋、杨红英，2017）。广东徽商在推进国际化发展过程中，同样需要注意国际化人才缺失问题，并且在未来的发展中要努力将国际化人才培养放在企业国际化发展战略的重要位置。

第一，树立全面的国际化人才培养理念。党的十九大报告指出，要培养造就一大批具有国际水平的战略科技人才、科技领军人才、青年科技人才和高水平创新团队。国际化人才的培养需要企业彻底转变人才管理思维，确立和落实与国际化人才培养相适应的培养理念。企业不能一味地追求效益，忽视国际化人才的培养，在竞争日益激烈的国际市场上，国际化人才所起到的关键性作用应该受到企业更多的重视。企业应该摒弃原有的狭隘的人才管理观念及方法，加深对国际化人才培养的认识，系统地规划适用于企业自身发展的国际化人才培养模式，从而吸引、培养并留住人才。通过企业自上而下的共同努力和积极参与，形成对国际化人才培养的深刻认知。

第二，加强校企合作，提升外语的实际应用能力。掌握外语是走向国际的第一步，而外语能力的提升首先应从学校的教育抓起，让学生能够在学校期间就掌握外语的综合应用能力以及国际交往能力，同时提升文化素养。广东徽商可以与学校合作，通过理论联系实践来培养企业所需要的国际化人才。学校主要负责外语的基础教育，充分调动学生学习外语的积极性，培养学生的自主学习能力，促进学生自我教育和自我发展，使学生的潜能充分发挥出来。企业可以根据市场情况向学校提出外语人才培养的建议，同时也为学校提供资助。通过校企合作，充分发挥学校和企业的不同职能，实现人才培养与经济效益的双赢。

第三，完善国际化人才培训体系。首先，构建定位清晰、目标明确、层次分明、相互衔接、运作高效的国际化人才培养体系，培养既熟悉国际化惯例和规则，又具有国际化视野和理念的国际化人才。其次，建立国际化人才归口管理体系，着眼于企业高端人才的培养和队伍建设。最后，企业在制订人才培养计划时，要对培养对象的年龄、职位、业务能力等硬件进行限定，制定统一的人才选拔和评价指标体系，公示国际化人才的选拔方式、培养课程、培训计划等相关内容。同时，企业还要致力于建立国际化人才培养后备库，建立有效的反馈机制，采集各类需求，进行综合分析，并在此基础上采取相应措施，提高人才培养效率。

第四，树立共同的价值观，打造全球化的企业文化。共同的核心价值观是国际化企业必须具备的，企业的内部冲突会因为共同的核心价值观的建立而减少。在文化共性认识的基础上，根据环境的要求和企业战略的需求建立企业的共同经营观和强有力的企业文化，有助于形成正确的企业国际化意识。因此，广东徽商应确立国际化经营理念，同时要兼顾选择和吸纳外来文化中的优秀元素，做到优势互补。基于已有文化的多元性及其影

响的深远性，新型的企业文化要有足够的包容性，能够被不同文化的员工所接受。而建立具有共同价值观的企业文化体系需要一个长期的过程，无论员工还是高层管理者都应该积极参与，在企业内形成一个良好的氛围，提升企业的凝聚力。

国际化经营已经成为企业获取竞争优势的重要手段，而决定企业间胜负的关键性要素已经不再是一个企业所拥有的物化资本的数量，而是一个企业所拥有的人才。广东徽商的迅速发展必然带动企业人才的进步，国际化人才的培养也为企业增强自身国际竞争力提供重要支撑。未来，能否培养出一批国际型人才将成为广东徽商成功拓展海外市场业务、推进企业国际化进程的关键。

第四节　积极推动制造业做强做优

制造业是国民经济的主体，是立国之本、兴国之计、强国之机。2015年5月8日，国务院发布了《中国制造2025》发展战略规划，明确提出了中国制造业“三步走”的战略目标：到2025年，中国进入制造业强国的行列；到2035年，中国进入制造业强国的中流；到中华人民共和国成立100周年的时候，中国进入制造业强国的前列。2017年政府工作报告提出，要大力改造提升传统产业，深入实施《中国制造2025》战略规划，加快大数据、云计算、物联网应用，以新技术、新业态、新模式推动传统产业生产、管理和营销模式变革。党的十九大报告也提出要加快建设制造强国，加快发展先进制造业的要求。如何发展先进制造业，推动中国制造向中高端迈进成为未来制造业企业面临的重要问题，如何积极推动制造业做强做优也成为广东徽商制造业企业亟待解决的问题。

一、培育制造业企业的“工匠精神”

通过多年不懈努力，我国已成为全球制造业规模最大的国家，制造业在推动我国经济振兴方面发挥了无可替代的作用。制造业是最能发挥我国比较优势、提升国际竞争力的产业（周民良，2016）。然而，尽管我国制造业取得长足发展，但在质量、品牌、创新等方面与发达国家同类产业、产品相比较，还存在一定差距。我国制造业领域工匠精神不足已成为“中国制造”与发达国家制造业之间差距的重要构成因素。党的十八大后，习近平总书记多次强调建设制造强国应培育拥有一技之长的劳动者。2016 年 4 月 26 日，习近平总书记在安徽考察时又明确提出，“无论从事什么劳动，都要干一行、爱一行、钻一行。在工厂车间，就要弘扬‘工匠精神’，精心打磨每一个零部件，生产优质的产品”。2016 年年底，中央经济工作会议进一步强调工匠精神对 2017 年发展部署的作用，“引导企业形成自己独有的比较优势，弘扬‘工匠精神’，加强品牌建设，培育更多‘百年老店’，增强产品竞争力”。习近平总书记在党的十九大报告中也指出，“要激发和保护企业家精神，鼓励更多社会主体投身创新创业，建设知识型、技能型、创新型劳动者大军，弘扬劳模精神和工匠精神，营造劳动光荣的社会风尚和精益求精的敬业风气”。制造业是一个产品类型广泛、可容纳大量工匠和充分体现工匠精神的实体经济部门，是我国参与国际竞争的关键产业部门和实现中华民族伟大复兴的重要支撑。建设制造强国是党中央的重大决策，既需要政府运用好宏观经济政策，也需要制造业企业不懈努力。广东徽商制造业企业坚持弘扬工匠精神，不断打造制造精品，将会更大程度地推动制造业企业做强做优，提升企业的国际竞争力，进而推动我国制造业的发展。

工匠精神倡导精益求精的理想世界，是一种专业、执着、敬业、守规的职业精神。好的工匠精神是训练有素、敬业爱岗的工匠与优质制造工艺与工序的有效链接。从传统制造到现代制造，社会分工与专业化生产发生

了巨大改变，但变化的是生产形态与工作模式，工匠精神的基本要求没有改变，用户对产品性能与质量的更高要求没有改变（周民良，2017）。与传统制造业相比，现代制造业对产品的基本要求也没有改变，即质量优异、经久耐用、安全性好、可靠性高、生态环保、精雕细琢、时尚新颖等。因此，无论是手工生产还是机器大生产，最终产品都是为满足用户的基本需求。不能为用户提供优质产品的企业，必定是在生产、工艺、销售或管理的某些环节上欠缺工匠精神的企业。广东徽商制造业企业要做强做优，就一定要响应国家对弘扬“工匠精神”的号召，积极培育企业的工匠精神。

第一，构建工匠精神保障机制，科学激励。首先，建立合适的组织机制。工匠精神能否有效地落实，关键看组织机制是否秉承工匠精神的理念与要求进行设置。其次，构建适当的制度保障。工匠精神的本质是靠制度支撑起来的。从某种程度上讲，工匠制度比工匠精神更重要，工匠精神更多的是从精神层面影响人，工匠制度不只从精神上引领，更重要的是它指导员工怎么去做。再次，建立相应的奖惩机制。企业发展不能盲目鼓励竞争、简单以绩效定报酬，而要让真正践行工匠精神的人得到应有的奖励。最后，建立培养机制。当前许多企业并不缺技术，但缺真正有工匠精神的大师。培养一个大国工匠需要时间的积累，现在再不培养则极易断层。因此，企业应建立一套科学的工匠培养机制，增加培训投入，遴选出一批“智造之星”“技术劳模”，让工匠能够脱颖而出。

第二，将工匠精神落到员工个人行为，知行合一。工匠精神落到个人层面，就是认真、敬业、钻研的精神。没有对职业的敬畏、对工作的执着、对品牌文化的负责态度，没有精益求精、追求完美的创新活力，就不可能在工作上有所突破，在创新领域推陈出新。企业要通过文化的引导和制度的保障，最终将工匠精神的践行落实到每个员工的行动上。员工要深刻领悟工匠精神的要求，不浮躁、不妥协，静心做事、踏实做人。如果每一位员工都能以工匠精神对待自己的工作，严格要求自己，对产品和服务精益求精，肯多花时间去钻研，艰苦奋斗，主动学习，及时更新知识，勇

于创新，把自己的工作当成雕琢一件艺术品，追求完美，那么每个员工都将成为自己工作上的专家型人才。

第三，让工匠精神与时俱进，不断创新。不同时代的工匠精神有强烈的时代特征，随着时代的变迁与技术的发展，工匠精神不断融入新的元素，但其本质是不变的。科技越是发达，工匠精神越是重要，我们对工匠精神的本质追求没有变。工业与信息化时代，我们所要求的严谨、专注、敬业精神是不变的，在此基础上，我们更加重视创新、重视精度、重视品质。当今时代，企业践行工匠精神并不是要去从事手工手艺，而是如何将工匠精神融入大生产、企业化的生产与管理实践中，推动生产供给品质的提升。当今时代的工匠精神需要更多的时代特征，企业在工匠精神的实践过程中要结合所处行业的时代要求，在理解工匠精神的本质内涵的基础上与时俱进，找到适合行业、企业自身的工匠精神实现路径与方法，从而实现企业供给品质的提升，实现企业的基业长青。

无论是纵向总结我国的工匠精神，还是横向分析发达国家的工匠精神，都可以看出，工匠精神是全人类优秀的制造文化，不因地域而有所改变，不因中外而有大的差别。工匠精神经历千百年的发展变化，但其精神实质一直存在，代表人类在职业领域共同的精神追求。过去的10年是商人的时代，而未来的10年，将是匠人的时代。未来的中国企业，最核心的问题不再是追求业务扩张，而是如何将自己打造成一个对产品和服务一直追求极致完美的“匠人”。因此，每名生产者、每个广东徽商制造业企业都应该秉持这样的精神：摒弃那些投机取巧的思维和浮躁的心态，生产出“工匠产品”，将看似空泛的精神口号落到实处，推动广东徽商制造业企业做强做优。相信随着制造业企业转型升级的推进，会有越来越多的广东徽商制造业企业重视工匠精神、践行工匠精神，也会有越来越多的“工匠人才”，用更多的“工匠产品”征服世界，让企业真正走向世界。

二、坚持质量为先的制造业发展道路

党的十八大以来，习近平总书记就振兴实体经济、做大做强制造业做了一系列重要论述。2017年2月，在中央财经领导小组第十五次会议上，习近平总书记再次强调，“要推动制造业从数量扩张向质量提高的战略性转变，让提高供给质量的理念扎根于每个行业、每个企业，使重视质量、创造质量成为社会风尚”。党的十九大报告也提到，“我国经济已由高速增长阶段转向高质量发展阶段，正处在转变发展方式、优化经济结构、转换增长动力的攻关期，必须坚持质量第一、效益优先，以供给侧结构性改革为主线，推动经济发展质量变革、效率变革、动力变革，提高全要素生产率”。提升发展质量已成为未来产业发展的主攻方向。因此，制造业走质量为先的道路是制造业做强做大的必然选择。

质量是企业竞争力的核心要素，产品质量好是制造业强大的重要标志。从发达国家工业化历程看，制造业普遍经历了从低端粗放到高端精良的质量演进过程，最终通过高品质产品赢得领先地位和国际声誉。近年来，广东徽商制造业企业在制造业发展方面取得了显著的成就，质量管理能力持续提高，质量效益水平稳步提升，在原材料、重大装备、消费品等领域的一些产品和服务质量正在接近国际先进水平，涌现出一批具有国际影响力的知名品牌。但整体上看，广东徽商制造业企业质量持续提升的基础还比较薄弱，质量改善速度仍然滞后于市场需求变化，质量安全事故和纠纷时有发生，以价格为主的产品竞争格局亟待重塑。目前，广东徽商制造业企业正处于质量转型的关键时期，因此，走以质取胜的发展道路，既是广东徽商制造业企业实现转型升级的内在要求，也是增强其产业国际竞争力的必然选择。

第一，夯实质量技术和工艺基础。制造业的生命在于质量，质量基于生产，生产成于技艺。首先，广东徽商制造业企业要在重点领域实施质量技术攻关行动，开展技术创新，破除制约制造业质量提升的关键共性技术

瓶颈。其次，要加强质量设计，加大检测验证技术开发与可靠性试验，不断提高产品的性能稳定性、功能可靠性和质量一致性，尽快向国际先进水平靠拢。再次，要持续推进重点行业工艺优化行动，攻克一批影响质量升级的基础工艺，提高关键工艺过程控制水平，确保好材料能够造出好产品。最后，要围绕提高产品精确度、稳定性和使用寿命来加强产品设计、制造和试验环节关键技术研发，通过质量突破带动产业链整体质量水平提升。

第二，提高企业质量管理能力。技术和管理是企业质量保障体系的“双轮”，其中，技术和工艺是硬基础，管理理念和方法是软支撑。因此，广东徽商制造业企业要革新管理理念，健全管理体系，改善管理方式，全方位加强质量管理与服务。组织开展质量标杆遴选和“标杆经验进千企”活动，普及推广先进的质量管理方法；同时，企业要提高产品全生命周期质量追溯能力，加强从原料采购到生产销售的全流程质量管理。大力推进制造业与互联网深度融合，充分利用物联网、大数据、云计算等先进网络信息技术手段，提升质量精准化控制和在线实时检测能力。开展面向未来制造模式的质量管理研究，探索数字经济环境下的质量管理创新，总结出适用于广东徽商制造业企业的质量管理理论和方法。

第三，健全质量建设标准体系。健全质量建设标准体系，是提高质量的重要举措。广东徽商制造业企业要坚持标准引领，积极争取参与制定国际标准，以高标准引领质量提升，制定和实施与国际先进水平接轨的质量标准；同时，企业要采用先进的质量标准，推动产品质量不断迈上新台阶。此外，广东徽商制造业企业可以充分借助行业协会等中介组织，共同努力建立健全检验检测、质量鉴定、职业培训等质量服务体系，探索建立行业质量奖励制度，促进企业质量创新和精细化管理水平。

质量强则制造业强，制造业竞争归根结底是质量竞争。推进广东徽商制造业企业迈上以质取胜的发展道路，关键在于坚持创新、协调、绿色、开放、共享的新发展理念，以全面提高产品和服务质量、实现供给体系向中高端转变为中心任务，扎实推动实施《中国制造2025》发展战略规划，

使“创造质量”成为中国制造新的主旋律，努力实现生产速度向生产质量的转变。未来，广东徽商制造业企业能否坚持质量为先，扎实推进以质取胜的发展道路是其做强做优的关键一环。

三、抓住《中国制造2025》战略新机遇

进入21世纪以来，发达国家先后制定并实施了加快高端制造业发展的国家战略和计划，以应对新工业革命挑战，提振实体经济，增强国家竞争优势；新兴发展中国家也先后出台了加快制造业发展的规划和战略，以要素成本优势抢占制造业中低端市场。基于国内外制造业竞争新态势和我国制造业发展现状，国务院总理李克强在2015年政府工作报告中提出《中国制造2025》发展战略规划，以应对新工业革命和科技变革的挑战。2017年政府工作报告也重点提出深入实施《中国制造2025》发展战略规划，推动中国制造向中高端迈进。《中国制造2025》发展战略规划将立足于我国转变经济发展方式的实际需要，围绕创新驱动、智能转型、强化基础、绿色发展、人才为本等关键环节，以及先进制造、高端装备等重点领域，实施加快制造业转型升级、提质增效的重大战略任务和重大政策举措，力争到2025年使我国从制造业大国迈入制造业强国行列。

《中国制造2025》发展战略规划给广东徽商制造业企业带来诸多机遇。其一，加快了战略性新兴产业和先进制造业发展步伐。在《中国制造2025》发展战略规划的实施下，新能源、新材料、先进重大装备制造、电子信息等战略性新兴产业以及先进制造业将获得快速发展。其二，加快了制造业通过生产方式变革实现转型发展的步伐。在《中国制造2025》发展战略规划的推动下，传统的制造业生产方式将逐渐被新兴技术改造和提升，制造业将逐渐走上数字化、网络化、智能化和低碳化发展之路。其三，为制造业提升自主创新能力带来机遇。在《中国制造2025》发展战略规划的实施下，以新一代信息技术为核心的新技术范式正处于形成阶段，智能化、数字化和信息化技术将向工业和服务业全面嵌入（余东华

等，2015）。机遇摆在面前，如何抓住《中国制造2025》发展战略规划给广东徽商制造业企业带来的机遇将会成为未来10年广东徽商制造业企业能否占领全国乃至全球制造业高地的关键。

第一，创新产品生产，占据全球产业链高端。在我国制定《中国制造2025》战略背景下，广东徽商制造业企业应逐步构建完善且具有持续创新能力的创新性体系，全面推行智能制造模式，让生产的主要产品逐渐达到国际化领先水平。同时，借助《中国制造2025》战略，加快制造业由“中国制造”向“中国创造”转变，全面推进广东徽商传统制造业转型升级，有效提升整个信息产业、电子工业和材料工业等相关性产业链的整体实力，助推中国由“制造大国”朝着“制造强国”发展。

第二，应用智能化技术，提升市场竞争力。在《中国制造2025》战略实施背景下，广东徽商制造业企业的整个生产、经营和管理过程是获取信息、交流信息、共享信息和物化的整体过程。其中，智能化技术应用主要是指企业在经营生产、管理决策、研究开发和市场销售各个环节均采用信息化技术，如自动化、数字化、智能化技术和管理技术，等等。通过全面开发制造业企业内外信息和知识资源，集成、利用、调整或者重构企业组织结构等，从整体上优化制造业企业的各项活动，全面提升广东徽商制造业企业的安全生产能力和经营管理水平，增强企业的综合竞争力。

第三，加大科技创新“精准”投入，推动企业向智能制造转型。首先，加大科技创新的“优选精选”，提高企业资金使用效率。科技创新存在很大的不确定性，为降低风险，提高科研资金使用效率，必须强调技术创新的“优选精选”，在科技创新中对关键领域和关键技术加大投入。其次，加强科技创新与智能制造结合，突出成果转化应用。为实现《中国制造2025》第一步战略目标，广东徽商制造业企业必须加强科技创新，向智能制造转型。过去，企业科技创新常常与实际制造相脱离，导致科技成果转化滞后，因此，今后，科技创新投入必须与智能制造和成果转化紧密结合。最后，加大科技协同创新网络建设投入，构建“创新—制造—创新”的无缝对接。在工业互联网时代，必须加快科技协同创新网络建

设，充分发挥企业、高校、社会、政府、技术人才等多方资源协同创新、成果共享并实现技术创新与生产制造的无缝对接（邹俊，2015）。

制造业是国民经济的主体，是立国之本、兴国之器、强国之基。《中国制造2025》中提出，将实施制造业创新中心建设工程、智能制造工程、工业强基工程、绿色制造工程、高端装备创新工程等五类重大工程。在这些工程的实施中，广东徽商制造业企业也将扮演重要角色。因此，随着《中国制造2025》战略的实施，广东徽商制造业企业能否成功转型升级不仅关系着企业目前的发展，而且也关系着未来其能否占领高端制造高地，保持企业持续稳健增长。

参 考 文 献

[1] 安志蓉，丁慧平．环境绩效、环境成本内部化与环境保护：一个研究综述［J］．中国科技论坛，2013（1）：126－131．

[2] 白书祥，杜旭宇．宏观社会资本在突发事件应急管理中的作用探析——基于社会组织和社会参与的分析［J］．前沿，2010（11）：26－39．

[3] 蔡冬青，刘厚俊．对外直接投资与区域比较优势动态转变［J］．财经科学，2017（1）：47－58．

[4] 蔡敏，杨玉华．当代徽商志在“中国制造”[N]．经济参考报，2007－05－28．

[5] 查勇，梁云凤．在公用事业领域推行 PPP 模式研究［J］．中央财经大学学报，2015（5）：19－25．

[6] 陈艳君．徽商文化对企业成长的影响——以安徽奇瑞现象为例［J］．江苏商论，2011（1）：112－113．

[7] 迟本坤．低碳经济视角下新能源 CDM 项目的国际合作问题研究［D］．长春：吉林大学，2011．

[8] 寸守栋，杨红英．知识创新理论下的企业国际化人才培养——基于“一带一路”战略视域［J］．技术经济与管理研究，2017（1）：43－47．

[9] 单红梅，胡恩华，黄凰．工会实践对企业绩效影响的实证研究［J］．管理科学，2014，27（4）：33－50．

[10] 单菁菁．粤港澳大湾区：中国经济新引擎［J］．环境经济，2017

(7)：44 - 47.

[11] 邓斌豪．民营经济在中国的恢复与发展［D］．成都：西南交通大学，2004.

[12] 邓维杰．精准扶贫的难点、对策与路径选择［J］．农村经济，2014 (6)：81 - 90.

[13] 丁堃，唐焕文．试论技术市场细分及其对科技成果转化的意义［J］．科学管理研究，1999 (6)：42 - 44.

[14] 丁阳．"一带一路"战略中的产业合作问题研究［D］．北京：对外经济贸易大学，2016.

[15] 甘志霞．企业战略联盟合作关系研究［D］．哈尔滨：哈尔滨工程大学，2001.

[16] 高良谋，马文甲．开放式创新：内涵、框架与中国情境［J］．管理世界，2014 (6)：157 - 169.

[17] 高云娜．基于技术差异的企业技术合作效应的研究［D］．石家庄：石家庄铁道大学，2016.

[18] 广东省社会科学院课题组．广东大型企业国际竞争力评价［J］．广东社会科学，2003 (3)：5 - 12.

[19] 郭朝先，王宏霞．中国制造业发展与"中国制造2025"规划［J］．经济研究参考，2015 (31)：3 - 13.

[20] 郭妮妮．基于生命周期理论的员工培养研究［J］．人力资源管理，2014 (10)：37 - 38.

[21] 哈尔滨工业大学（深圳）经济管理学院课题组．粤港澳大湾区发展规划研究［J］．开放导报，2017 (4)：13 - 19.

[22] 韩凤艳．浅析我国企业国际化人才的培养［J］．对外经贸，2012 (11)：143 - 144.

[23] 何飞．我国民营企业海外投资发展问题探索［D］．成都：西南财经大学，2004.

[24] 黄宝平．员工培养流程与企业执行力关系研究［D］．大连：大连海事大学，2013.

[25] 黄剑．论创新驱动理念下的供给侧结构性改革［J］．河北经贸大学学报，2016（5）：12－17.

[26] 黄娟．科技创新与绿色发展的关系——兼论中国特色绿色科技创新之路［J］．新疆师范大学学报，2017（2）：33－41.

[27] 黄茂兴，陈伟雄．国内外促进科技成果转化的典型经验及其启示［J］．东南学术，2013（6）：138－144.

[28]（美）Jeremy Rifkin. 第三次工业革命——新经济模式如何改变世界［M］．北京：中信出版社，2012.

[29] 贾若祥，刘毅，侯晓丽．企业合作模式及其对区域经济发展的影响——以江苏省通州市企业为例［J］．地理研究，2005（4）：641－651.

[30] 金伦希．在华中小韩资企业的本土化影响因素及绩效实证研究［D］．上海：复旦大学，2010.

[31] 郎咸平．产业再次转移，中国还剩什么［EB/OL］．东方财富网名家频道，2016－12－11．http://finance.eastmoney.com/news/1371，20151116566154242.html

[32] 黎友焕，廖子灵．当前国内外经济新走势及企业的应对思路［J］．经营管理者，2017（1）：237－239.

[33] 李翠萍．关于校企合作平台建设的思考［J］．当代职业教育，2011（8）：10－12.

[34] 李慧．基于国际比较的企业环境污染事故应急预案评估体系研究［D］．上海：华东师范大学，2010.

[35] 李慧．生产性服务业与制造业融合的绩效研究［D］．天津：天津财经大学，2015.

[36] 李静．企业品牌国际化战略探析［J］．经济论坛，2009（12）：132－133.

[37] 李佩，李媛媛，曾莹莹．“绿色办公”：21世纪环保新潮流［J］．生态经济，2009（5）：204－208.

[38] 李维安，马超．“实业＋金融”的产融结合模式与企业投资效

率——基于中国上市公司控股金融机构的研究 [J]. 金融研究，2014 (11)：109 - 126.

[39] 李艳. 适应性调整：新制度主义视角下的中国体制转型研究 [D]. 天津：南开大学，2013.

[40] 李媛. 中国战略性新兴产业的成长机制与实证研究 [D]. 天津：南开大学，2013.

[41] 李月娥，李真. 社会公益事业研究综述 [J]. 社会工作（下半月），2010 (12)：37 - 39.

[42] 李云奇，施一军. 中部地区发展循环经济若干问题探析 [J]. 江西社会科学，2005 (10)：147 - 150.

[43] 李哲. 科技创新政策的热点及思考 [J]. 科学学研究，2017，35 (2)：177 - 182，229.

[44] 李政，任妍. "新常态"下民营企业的创新驱动发展战略 [J]. 理论学刊，2015 (10)：32 - 39.

[45] 李佐军. 引领经济新常态　走向好的新常态 [J]. 国家行政学院学报，2015 (1)：21 - 25.

[46] 梁双陆. 国际区域经济一体化进程中的边界效应研究综述 [J]. 思想战线，2008 (2)：109 - 114.

[47] 廖媛媛. 对提升我国企业品牌竞争力的思考 [D]. 成都：西南财经大学，2009.

[48] 刘炳江. 改革排污许可制度　落实企业环保责任 [J]. 环境保护，2014 (14)：14 - 16.

[49] 刘刚，张揆文，李灵. 员工生活满意度、工作投入与心理健康的相关研究 [J]. 社会心理科学，2015，30 (12)：35 - 39.

[50] 刘世陶. 项目导向型中小企业动态联盟构建与运行机制研究 [D]. 长春：吉林大学，2012.

[51] 刘玮. 开放式创新环境下技术密集型企业创新能力演化机理研究 [D]. 武汉：中国地质大学，2013.

[52] 陆学，陈兴鹏. 循环经济理论研究综述 [J]. 中国人口、资源和环

境，2014（s2）：204－208.

[53] 吕文艳．创新环保体制机制加快生态强省建设［J］．政策，2014（1）：60－63.

[54] 梅青．YR 集团多元化经营战略研究［D］．南京：南京理工大学，2013.

[55] 苗青．社会企业：链接商业与公益［M］．杭州：浙江大学出版社，2014.

[56] 明旭．明代徽商“贾而好儒”现象的研究［D］．杭州：浙江大学，2012.

[57] 倪红卫．试谈企业面临“供给侧结构性改革”的风险和机遇［J］．上海质量，2016（5）：27－30.

[58] 聂鹏．中国经济持续增长研究［D］．成都：西南财经大学，2011.

[59] 宁宇．高校绿色办公指标体系的设计与评价研究［D］．石家庄：河北工业大学，2011.

[60] 欧人．粤商人格特征论［J］．重庆大学学报，2003（5）：58－61.

[61] 欧晓华．基于价值网络重构的移动互联网企业商业模式创新研究［D］．西安：西北大学，2015.

[62] 彭学宝．论明清时期的徽商［D］．郑州：郑州大学，2004.

[63] 彭莹．“新三板”挂牌公司股权融资绩效及优化研究——基于中海阳公司的案例分析［D］．北京：北京交通大学，2016.

[64] 钱瑜．企业社会责任和企业绩效的典型相关分析——基于利益相关者视角［J］．企业经济 2013，32（3）：79－82.

[65] 任立良，黄林楠．知识创新与高校教育［J］．河海大学学报，2000（4）：74－78.

[66] 申明浩，杨永聪．国际湾区实践对粤港澳大湾区建设的启示［J］．发展改革理论与实践，2017（7）：9－13.

[67] 沈一娇，刘超．国外推动创新国际化的经验与做法比较［J］．行政与法，2011（5）：96－100.

[68] 石束．我国私营家族企业成长的困境及对策［J］．兰州商学院学

报，2001（1）：72－77.

[69] 宋丽萍. 区域创新系统绩效评价及创新能力提升路径研究［D］. 武汉：中国地质大学，2014.

[70] 宋文生. 社会主义初级阶段理论研究［D］. 武汉：华中师范大学，2014.

[71] 宋晓刚. “新三板”市场发展的特征、动因及启示［J］. 证券市场导报，2015（11）：4－12.

[72] 苏红玲. 组织内工作伙伴支持影响员工创造力的过程模型研究［D］. 杭州：浙江大学，2008.

[73] 孙连才. 商业生态系统视角下的企业动态能力与商业模式互动研究［D］. 武汉：华中科技大学，2013.

[74] 孙倩. 基于技术创新的制造业竞争战略对绩效的影响研究［D］. 长沙：湖南大学，2014.

[75] 孙锐，张文勤. 重大项目实践、组织学习机制与创新人才培养研究［J］. 科学学与科学技术管理，2013（3）：136－144.

[76] 孙伟. 节能降耗指标与企业社会责任［J］. 中国统计，2008（1）：53.

[77] 孙亚男. 基于社会网络结构演化的产学研合作项目治理风险研究［D］. 济南：山东大学，2012.

[78] 孙早. 家族制与中国私营企业的成长［J］. 经济问题，1999（9）：4－6.

[79] 孙中伟，贺霞旭. 工会建设与外来工劳动权益保护——兼论一种“稻草人机制”［J］. 管理世界，2012（12）：34－39.

[80] 唐李渊. 新徽商的经营理念研究［D］. 上海：复旦大学，2010.

[81] 陶世隆. 新中国私营经济发展研究［D］. 武汉：武汉大学，2004.

[82] 佟德志. 当代中国政商关系博弈复合结构及其演变［J］. 人民论坛，2015（5）：16－18.

[83] 张海鹏，王廷元. 明清徽商资料选编［M］. 合肥：黄山书社，1985.

[84] 王春雷. 成本领先战略与差异化战略耦合研究 [D]. 大连：东北财经大学，2012.

[85] 王华. 国际工程项目联合体合作模式的分析与思考 [J]. 中国勘察设计，2017 (6)：52－55.

[86] 王佳宁，盛朝迅. 重点领域改革节点研判：供给侧与需求侧 [J]. 改革，2016 (1)：35－51.

[87] 王健，张晓媛. 企业竞争力指标体系研究 [J]. 山东社会科学，2014 (11)：135－140.

[88] 王锦秀. 产业集群竞争力评价指标体系研究 [D]. 广州：广东省社会科学院，2007.

[89] 王玲. 环境经济政策下环保投资的中日对比研究 [D]. 北京：中央民族大学，2012.

[90] 王璐. 以绿色办公促进循环经济的发展 [J]. 办公自动化，2009 (16)：10－11.

[91] 王仁荣. 跨国公司跨境并购法律问题研究 [D]. 上海：复旦大学，2012.

[92] 王恕立. 全球价值链模式下的国际产业转移——基于贸易增加值的实证分析 [J]. 国际贸易问题，2017 (5)：14－24.

[93] 王素斋. 科学发展观视域下中国新型城镇化发展模式研究 [D]. 天津：南开大学，2014.

[94] 王卫星. 全球视野下的“一带一路”：风险与挑战 [J]. 人民论坛，2015 (9)：6－18.

[95] 王昱，成力为. 创新投入、金融发展及对外投资的动态关系研究 [J]. 研究与发展管理，2014 (10)：48－59.

[96] 韦慧卿. 如何提高企业职工安全生产教育工作水平 [J]. 安全生产与监督，2012 (8)：58－67.

[97] 韦琳，要世聪，石玉. 成本领先战略对企业核心竞争力的影响研究——基于经济危机前后上市公司经验数据 [J]. 河北经贸大学学报，2014 (12)：88－95.

[98] 魏莉．基于知识链的企业创新路径选择研究［D］．西安：西安电子科技大学，2011.

[99] 魏霞，刘正刚．明清安徽与广东的贸易往来［J］．安徽史学，2001（4）：18－21.

[100] 文瑞．“一带一路”战略背景下的中欧经贸合作［J］．国际经济合作，2015（5）：58－62.

[101] 吴迪．区域产业集群竞争优势构建——基于产业集群与区域创新能力互动关系视角［J］．企业经济，2012（2）：128－131.

[102] 吴蔚．政企合作：构建服务型政府与国有企业的新型关系［D］．长春：吉林大学，2011.

[103] 吴文清．我国环保产业发展的影响因素研究［D］．北京：北京林业大学，2014.

[104] 肖称萍．企业参与校企合作的动因分析与激励机制探究［J］．职教论坛，2012（34）：77－80.

[105] 谢洪明，任艳艳，陈盈，等．网络互惠程度与企业管理创新关系研究——基于学习能力和成员集聚度的视角［J］．科研管理，2014（1）：11－20.

[106] 徐国伟．低碳经济下消费者参与环保公益活动的动机及其影响机制研究［J］．经济问题探索，2010（8）：8－17.

[107] 徐念沙．“一带一路”战略下中国企业走出去的思考［J］．经济科学，2015（3）：17－19.

[108] 徐维．推进广东民营经济发展模式转型创新的思考［J］．南方金融，2014（5）：27－31.

[109] 闫翔宇．民营企业员工职业状况及生活质量调查研究［D］．哈尔滨：黑龙江大学，2012.

[110] 杨宝珍．企业经营战略创新研究［J］．企业经济，2012，31（12）：35－37.

[111] 叶文振，严静．以企带村 济困共荣——新扶贫时代民营企业参与市场扶贫的视角［J］．福建行政学院学报，2013（2）：49－56.

[112] 于海波，郑晓明，许春燕，等．大学生可就业能力与主客观就业绩效：线性与倒 U 型关系［J］．心理学报，2014（6）：27－34.

[113] 于海威．社会主义核心价值观的社会认同研究［D］．长春：吉林大学，2014.

[114] 于新东，牛少凤，于洋．培育发展战略性新兴产业的背景分析、国际比较与对策研究［J］．经济研究参考，2011（16）：2－39，51.

[115] 余东华，胡亚男，吕逸楠．新工业革命背景下“中国制造 2025”的技术创新路径和产业选择研究［J］．天津社会科学，2015（4）：98－107.

[116] 俞海，张永亮，夏光，等．最严格环境保护制度：内涵、框架与改革思路［J］．中国人口·资源与环境，2014（10）：1－5.

[117] 袁中华．我国新兴产业发展的制度创新研究［D］．成都：西南财经大学，2011.

[118] 苑广继．黑龙江省战略性新兴产业发展问题研究［D］．哈尔滨：东北农业大学，2012.

[119] 张华，张庆林．企业家创新意识的探索性研究［J］．科技管理研究，2011（4）：250－254.

[120] 张敬伟．商业模式构建视角下新企业成长过程研究［D］．天津：南开大学，2012.

[121] 张明明．大学科技园及科技企业孵化器工作的思考［J］．科学管理研究，2011，29（6）：36－39.

[122] 张蕊．企业经营业绩评价理论与方法的变革［J］．会计研究，2001（12）：46－50.

[123] 张亚雄，张晓兰．从“十三五”时期国际经济环境看我国经济发展面临的机遇与挑战［J］．经济纵横，2015（11）：11－17.

[124] 赵文喜，张建军，桑换新．我国环保科技成果转化和推广的创新思考［J］．环境保护，2015（Z1）：71－73.

[125] 赵晔涵．中国企业品牌国际化路径分析［D］．长春：吉林大学，2014

[126] 郑瑞强，王英．精准扶贫政策初探［J］．财政研究，2016（2）：101－112.

[127] 郑晓娟．民营科技企业发展战略性新兴产业的思路与对策建议［J］．科技管理研究，2012（15）：155－158，163.

[128] 中央党校省部级干部进修班（第57期）“战略思维与领导能力”研究专题第二课题组，王卫星．“一带一路”战略面临的风险挑战及对策研究［J］．理论视野，2015（8）：58－64.

[129] 中央党校哲学教研部．五大发展理念——创新 协调 绿色 开放 共享［M］．北京：中共中央党校出版社，2016.

[130] 钟明春．基于利益视角下的环境治理研究［D］．福州：福建师范大学，2010.

[131] 钟元邦．绿色发展责任实现路径研究［D］．南昌：江西师范大学，2013.

[132] 周经，张利敏．制度距离、强效制度环境与中国跨国企业对外投资模式选择［J］．国际贸易问题，2014（11）：17－27.

[133] 周开禹．金融支持粤东西北地区经济发展研究［D］．广州：华南理工大学，2016.

[134] 周良武．智能化生产力与中国自主创新战略研究［D］．广州：华南理工大学，2015.

[135] 周民良．积极加快制造强国建设：国际环境、国内要素与政策匹配［J］．经济纵横，2016（4）：31－38.

[136] 周民良．建设制造强国应重视弘扬工匠精神［J］．经济纵横，2017（1）：62－67.

[137] 周雅琴．我国中小企业员工培训存在的问题研究［D］．武汉：华中师范大学，2016.

[138] 周燕．包容性增长与和平发展［J］．思想战线，2011（S1）：270－272.

[139] 朱洁．关于环境影响评价中公众参与的研究［D］．石家庄：河北工业大学，2006.

[140] 邹俊. “中国制造2025”战略下推进国有企业转型升级的难点及对策 [J]. 经济纵横, 2015 (11): 78-82.

[141] (美) 佐尔坦·J. 艾斯. 公益之重: 富裕阶层如何兼济社会福祉 [M]. 李昆, 译. 大连: 东北财经大学出版社, 2014.

[142] Trappey A J C, Trappey C V, Govindarajan U H, et al. A review of essential standards and patent landscapes for the internet of things: A key enabler for Industry 4.0 [J]. Advanced Engineering Informatics, 2017 (33): 208-299.

[143] Xue C G, Xu Y W. Influence factor analysis of enterprise IT innovation capacity based on system dynamics [J]. Procedia Engineering, 2017 (174): 232-239.

[144] LIU F. The research on enterprise management innovation [J]. International Business and Management, 2015, 10 (2): 98-101.

[145] Hymer S H. The international operations of national firms: A study of direct foreign investment [D]. Cambridge: The MIT Press, 1976.

[146] Yi J T, Hong J J, Hsu W C, et al. The role of state ownership and institutions in the innovation performance of emerging market enterprises: Evidence from China [J]. Technovation, 2017 (62-63): 4-13.

[147] Balmer J M T, Greyser S A. Corporate marketing: Integrating corporate identity, corporate branding, corporate communications, corporate image and corporate reputation [J]. European Journal of Marketing, 2006, 40 (7/8): 730-741.

[148] Harries M. Human resource management [M]. Orlando Fl: Harcourt Brace College Publisher, 1997.

[149] Min H, Galle W P. Green purchasing practices of US firms [J]. International Journal of Operations&Production Management, 2001, 21, (9): 1222-1238.

[150] Schwartz P. Capitalism, international investment law and the development conundrum [J]. The Law and Development Review, 2013, 6

（2）：217 –253.

[151] Pipkin S，Fuentes A. Spurred to upgrade：A review of triggers and consequences of industrial upgrading in the global value chain literature [J]. World Development，2017（98）：536 –554.

[152] Barbieri S. Voluntary public good provision with private information using order statistics [J]. Economics Letters，2017（150）：63 –66.

[153] White W R. Past financial crises，the current financial turmoil，the need for a new macro financial stability framework [J]. Financial Stability，2008，4（4）：307 –312.

后　　记

2012 年，广东省安徽商会在皖粤两省政府领导及有关部门的大力支持下，在安徽省人民政府驻广州办事处指导下，由正威国际集团、比亚迪股份有限公司、融捷投资控股集团等 16 家在粤皖籍知名企业发起成立。经过 5 年的摸索和发展，目前，广东省安徽商会会员企业近 2000 家，在联结皖粤两地经济，促进在粤皖籍企业全方位、多渠道资源同享、信息互通、合作共赢等方面做出卓越贡献，成为广东备受瞩目和最具潜力的商会组织之一。

2017 年是国家深化改革的攻坚之年，是广东推进供给侧结构性改革的深化之年。在此背景下，正值广东省安徽商会成立五周年之际，为更好地服务粤皖两地经济，助推国家全面深化改革，广东省安徽商会萌生了编写广东徽商发展报告（2017）的想法，试图通过对其发展过程的全面总结，反思发展的不足，寻找具有启迪意义的宝贵经验。为此，广东省安徽商会特委托广东省社会科学院，由广东省社会科学综合研究开发中心、广东省社会科学院社会责任评估与研究中心、广东省社会责任研究会、《企业社会责任》杂志社等单位的学者共同组成广东省社会科学院《广东徽商发展报告（2017）》课题组，编撰《广东徽商发展报告（2017）》。课题组人员构成如下。

课题督导：

章扬定：广东省社会科学院副院长、研究员

课题组长：

黎友焕：经济学博士，广东省社会科学综合研究开发中心主任，广东省社会科学院社会责任评估与研究中心主任，广东省社会责任研究会会长，二级研究员、博士生导师

课题组成员：

韩树宇：经济学硕士，《企业社会责任》杂志编辑部主任

付毓卉：经济学硕士，《企业社会责任》杂志编辑部副主任

李东璠：经济学硕士，广东省社会科学综合研究开发中心研究助理

高颖：广州市黄埔区统计局统计师

林淑惠：广东省社会科学院社会责任评估与研究中心助理研究员

马少华：管理学博士，广东省社会科学院社会责任评估与研究中心副主任、助理研究员，《企业社会责任》杂志总编辑，广东省社会责任研究会副秘书长

李新家：管理学博士，第九届全国人大代表，广东省社会科学院原副院长、二级研究员，国务院特殊津贴专家

陈远良：广东省社会科学综合研究开发中心研究员，《企业社会责任》杂志副总编辑，广东省社会责任研究会副秘书长

阮纪正：广东省社会科学综合研究开发中心研究员

邓江年：管理学博士，广东海上丝绸之路研究院副院长，广东省社会科学院人力资源研究中心副主任、研究员

黎祥嘉：中国人民大学法学院硕士研究生

黎春辰：北方民族大学数学与信息科学学院学生

钟季良：经济学硕士，广东省社会科学综合研究开发中心研究助理

张梦迪：经济学硕士，广东省社会科学院社会责任评估与研究中心研究助理

廖子灵：经济学硕士，广东省社会科学院社会责任评估与研究中心研究助理

从 2017 年 4 月开始，课题组基于对广东省安徽商会、会员企业以及

相关职能部门实地调研，通过各种途径的数据资料收集以及各种形式的专家论证，于2017年9月完成了广东徽商报告的撰写，这是历时5个月多方努力的结果。借此机会，对广东省社会科学院和广东省安徽商会领导的大力支持表示衷心感谢，特别鸣谢广东省安徽商会秘书长杨娟女士、会员部主任莫志峰先生和宣传部部长黄倩等人，并向所有为此报告调研、撰写和提供服务支持的单位和个人表示真诚的谢意。

《广东徽商发展报告（2017）》编写的完成只是我们课题组对各大商帮、商会研究的开始，我们希望通过自己的努力和研究，为中国各大商帮的百家争鸣、共促中国经济社会发展做出贡献。

广东省社会科学院《广东徽商发展报告（2017）》
课题组
2017年9月